国家安全学系列丛书

总 主 编：叶　青
执行主编：李　翔

Research on the Construction of the Rule of
LAW SYSTEM
for Cyber Security Supervision

网络信息安全监管法治体系建设研究

主 编 李 翔

北京大学出版社
PEKING UNIVERSITY PRESS

图书在版编目(CIP)数据

网络信息安全监管法治体系建设研究/李翔主编—北京:北京大学出版社,2024.4
ISBN 978-7-301-34955-7

Ⅰ.①网… Ⅱ.①李… Ⅲ.①计算机网络—信息安全—法律—汇编—中国
Ⅳ.①D922.179

中国国家版本馆CIP数据核字(2024)第068234号

书　　名	网络信息安全监管法治体系建设研究 WANGLUO XINXI ANQUAN JIANGUAN FAZHI TIXI JIANSHE YANJIU
著作责任者	李　翔　主编
责任编辑	张宇溪
标准书号	ISBN 978-7-301-34955-7
出版发行	北京大学出版社
地　　址	北京市海淀区成府路205号　100871
网　　址	http://www.pup.cn　　新浪微博:@北京大学出版社
电子邮箱	zpup@pup.cn
电　　话	邮购部 010-62752015　发行部 010-62750672 编辑部 021-62071998
印 刷 者	天津和萱印刷有限公司
经 销 者	新华书店
	730毫米×980毫米　16开本　16印张　270千字
	2024年4月第1版　2024年4月第1次印刷
定　　价	68.00元

总　序

国家安全学系列丛书由华东政法大学与北京大学出版社联合推出。系列丛书坚持总体国家安全观，注重体现新时代国家安全特点，注重反映国家安全理论与实践最新动态，包括教材、专著、论文集等多种形式，旨在为高校院所国家安全相关专业学生、研究人员和国家安全实务工作者提供可资学习、研究和工作指导的专业读物。

国家安全是指国家政权、主权、统一和领土完整、人民福祉、经济社会可持续发展和国家其他重大利益相对处于没有危险和不受内外威胁的状态，以及保障持续安全状态的能力。习近平总书记在2014年4月15日召开的中央国家安全委员会第一次会议上强调指出："当前我国国家安全内涵和外延比历史上任何时候都要丰富，时空领域比历史上任何时候都要宽广，内外因素比历史上任何时候都要复杂，必须坚持总体国家安全观，以人民安全为宗旨，以政治安全为根本，以经济安全为基础，以军事、文化、社会安全为保障，以促进国际安全为依托，走出一条中国特色国家安全道路。"习近平总书记明确提出了总体国家安全观，为我国国家安全工作提供强大思想武器。坚持总体国家安全观，统筹发展和安全，增强忧患意识，做到居安思危，已经成为我们党治国理政的一项重大原则。在总体国家安全观指引下，我国不断完善国家安全战略体系、政策体系和法治体系，持续推进国家安全治理体系和治理能力现代化，取得了前所未有的成果。

我国具有悠久历史，也曾多次经历治乱循环和兴衰更替，国家安全和社会安定是全体人民的共同期待，历代仁人志士为之不断探索奋斗，形成了非常丰富的国家安全经验和智慧。中国共产党诞生于国家内忧外患、民族危难之时，对国家安全的重要性有着刻骨铭心的认识。中华人民共和国成立后，党和国家高度重视国家安全工作，通过一系列重大举措巩固新生政权，巩固国防，不断推进社会主义改造和工业化、现代化建设，有力捍卫国家安全。改革开放以来，党和国家把维护国家安全和社会安定作为一项基础性工作来抓，为改革开放和社会主义现代化建设营造了良好安全环境。进入新时代，我国面临更为严峻的国家安全形势,外部压力前所未有,传统安全威胁和非传统安全威胁相互交织,“黑天鹅”事件和“灰犀牛”事件时有发生,国家安全工作在党和国家事业全局中的重要性进一步提升。习近平总书记指出,党的十八届三中全会决定成立国家安全委员会,是推进国家治理体系和治理能力现代化、实现国家长治久安的迫切要求,是全面建成小康社会、实现中华民族伟大复兴中国梦的重要保障,目的就是更好地适应我国国家安全面临的新形势、新任务,建立集中统一、高效权威的国家安全体制,加强对国家安全工作的领导。

国家安全工作在中央国家安全委员会统一部署下,坚决贯彻落实总体国家安全观。我国对内对外国家安全工作实践的突飞猛进对国家安全学术研究和学科发展提出迫切要求。与法学、政治学、经济学、社会学等传统学科相比,国家安全学学科发展相对滞后,相关研究长期分散在其他学科领域,未能形成独立的理论体系、话语体系和学科体系。全面贯彻落实总体国家安全观,要求建立与之相匹配的国家安全理论体系、话语体系和学科体系。2018年以来,教育部在试点基础上不断推进国家安全学学科建设。2020年12月30日,国务院学位委员会、教育部在交叉学科门类下正式设立国家安全学一级学科,标志着我国国家安全理论研究和学科建设迈入新的历史阶段。

一般认为,国家安全研究起源于20世纪六七十年代,是在反思第一次世界大战、第二次世界大战和思考冷战的基础上逐渐形成的一个特定研究领域,是对战略研究的延续和拓展。早期的国家安全研究受战略研究影响比较明显,研究议题较为狭窄,主要局限于政治安全、军事安全、国土安全等传统安全领域,相关研究成果也主要分布于政治学、军事学、国际关系学等传统学科之中。随着国家安全环境和形势变化,人们对国家安全的认识也不断深入,新兴安全领域如经济安全、金融安全、社会安全、文化安全、生态安全、生物安全、科技安全、网络安全、数字安全、人工智能安全、资源安全、粮食安全、核安全、海外利益安全、太空安全、深海安全、极地安全、公共卫生安全等不断出现。当前,在总体国家安全观指引下,我国国家安全体系日益扩大,国家安全领域不断拓展,国家安全任务日益复杂化和专业化,新时代呼唤新的国家安全学。

在2017年2月17日召开的国家安全工作座谈会上,习近平总书记明确要求:“要加大对维护国家安全所需的物质、技术、装备、人才、法律、机制等保障方面的能力建设，更好适应国家安全工作需要。”国家安全工作，特别是维护国家安全的专门工作，是对抗性、专业性、机密性极强的工作，从事这项专门工作的人员除具有坚定的政治立场、爱国主义精神外，还必须具备一定的专业知识和较强的专业能力。为此，《中华人民共和国国家安全法》规定，国家采取必要措施，招录、培养和管理国家安全工作专门人才和特殊人才。华东政法大学是中华人民共和国成立后创办的第一批高等政法院校。建校 70 年来，华政人遵循“笃行致知，明德崇法”的校训，发扬“逆境中崛起，忧患中奋进，辉煌中卓越”的精神，把学校建设成为一所以法学学科为主，兼有经济学、管理学、文学、工学等学科的办学特色鲜明的多科性应用研究型大学，被誉为“法学教育的东方明珠”。

依托法学、政治学等学科优势，华东政法大学多年来为我国政法战线、国家安全战线培养了一大批讲政治、懂法律、精外语的国家安全专业人才。进入新时代，华东政法大学在国家安全学术研究、智库研究、学科建设和人才培养上不断探索。2016 年，华东政法大学整合校内多学科资源，组建成立中国法治战略研究中心。六年来，中心围绕法治中国、平安中国、美丽中国、科技强国、长三角一体化等国家重大战略持续开展学术与智库研究，积极发挥咨政建言和社会服务作用，取得了丰硕成果，先后获评“上海高校二类智库”和“上海市重点培育智库”。中心多位老师长期从事国家安全研究，发表了一系列高质量研究成果，为国家相关决策部门提供了许多有价值的智库专报。2020 年，由我担任首席专家、上海市国家安全机关专门研究团队和我校中国法治战略研究中心的专门研究人员共同参与的国家社科基金重大项目“新时代国家安全法治的体系建设与实施措施研究”获批立项，阶段性成果已分别在《光明日报》《中国社会科学报》《法学》《政治与法律》等核心报刊公开发表。同年，在上海市法学会的领导与支持下，上海市法学会国家安全法律研究会成立，并有组织地开展国家安全法律理论与实务研究活动，编辑出版了《国家安全比较研究》会刊。2021 年，我校“十四五”规划将国家安全学一级学科列为“十四五”时期学科建设重点任务，明确由中国法治战略研究中心具体承担国家安全学一级学科培育任务。2022 年 2 月，我校自主设置交叉学科“国家安全法学”获教育部备案通过。未来，我校将不断拓展国家安全学二级学科布局，不断丰富国家安全学一级学科内涵，逐渐形成本硕博一体化人才培养体系，努力打造以国家安全法治为特色、覆盖各重点安全领域的国家安全科研智库品牌和人才培养高地。

长期以来，由于缺乏独立的国家安全学学科，我国从事国家安全教学科研的人员力量较为分散，研究成果相对也比较薄弱，很多领域缺少高质量的专著、译著和教材。鉴于此，我校联合北京大学出版社推出国家安全学系列丛书，希望对国家安全学理论创新、学科发展、人才培养起到一定推动作用。系列丛书由我担任总主编，我校发展规划处处长、学科建设办公室主任李翔教授担任执行主编，撰稿人均为我校长期研究国家安全理论的优秀中青年学者。系列丛书以习近平新时代中国特色社会主义思想为根本遵循，坚持总体国家安全观，着力阐述习近平法治思想，内容涉及国家安全学基础理论、国家安全战略、国家安全法治以及各重点安全领域等。目前，该系列丛书已有多部定稿，有的还在写作之中，之后将陆续出版面世。

“安而不忘危，存而不忘亡，治而不忘乱。”当今世界正经历百年未有之大变局，新一轮科技革命和产业变革深入发展，国际力量对比深刻调整，国际经济政治格局复杂多变，单边主义、保护主义、霸权主义对世界和平与发展构成威胁，我国所面临的国家安全风险挑战日益严峻复杂。必须坚持总体国家安全观，坚持统筹发展和安全，深入推进国家安全理论研究和学科建设，夯实国家安全的理论基础、制度基础、人才基础。“不积跬步，无以至千里。”华东政法大学将以系列丛书的编著为依托，扎实推进国家安全学一级学科建设，大力培养能够胜任各安全领域工作的专门人才。由于我国国家安全学学科建设刚刚起步，相关研究成果较少，又缺少成熟的建设经验作为参考，加之作者研究能力与写作水平有限，系列丛书难免存在诸多不足之处，希望各位方家不吝赐教，我们将虚心听取，并逐步完善和努力提升系列丛书质量，为我国国家安全事业和国家安全学学科发展添砖加瓦。

是为序。

华东政法大学校长、教授　叶青

2022 年 6 月 19 日于华政园

前　言

百年未有之大变局加速演进，世界进入动荡变革期，我国国家安全所面临的风险挑战更加严峻复杂。《中华人民共和国国民经济和社会发展第十四个五年规划和2035年远景目标纲要》提出，要坚定维护国家政权安全、制度安全、意识形态安全，全面加强网络安全保障体系和能力建设，切实维护新兴领域安全，严密防范和严厉打击敌对势力渗透、破坏、颠覆、分裂活动。中共十八大以来，习近平总书记反复强调网络和信息安全牵涉到国家安全和社会稳定，是我们面临的新的综合性挑战；没有网络安全就没有国家安全；过不了互联网这一关，就过不了长期执政这一关；网络犯罪已成为危害我国国家政治安全、网络安全、社会安全、经济安全等的重要风险之一。在回应网络信息安全风险挑战的过程中，我国持续完善网络信息安全监管体系，不断加强网络信息安全监管法治体系建设，有力保持了我国总体安全和大局稳定。鉴于网络信息安全风险因素的综合性、交叉性、扩散性、动态性以及内外交织等特点，在百年未有之大变局加速演进、新一轮科技革命和产业革命深入发展、中美战略博弈不断深化背景下，我国亟需进一步完善网络信息安全监管法治体系，充分发挥法治的巩固、引领、规范作用，进一步推进我国网络信息安全的保障体系和能力建设，切实维护网络信息安全以及与其相关的政治安全、经济安全、社会安全、文化安全、国际安全等。

网络信息安全监管是伴随着网络信息行业产业发展和网络社会演变而兴起的监管领域。作为全面加强我国网络信息安全监管的一项标志性政治决策，2014年2月，中央网络安全和信息化领导小组宣告成立，由习近平总书记亲自担任组长。2018年3月，中共中央印发《深化党和国家机构改革方案》，其中将中央网络安全和信息化领导小组改为中央网络安全和信息化委员会。2013年11月成立的中央国家安全委员会也把网络信息安全作为国家安全的一个重要领域。在中央国家安全委员会和中央网络安全和信息化委员会的领导、决策、协调和推动下，我国初步形成党中央统一领导、多部门协同、社会共治的网络信息安全综合监管体系。在网络信息安全监管法治体系建设方面，我国也取得丰硕成果，四梁八柱基本建立。比如，立法方面代表性成果包括《全国人民代表大会常务委员会关于维护互联网安全的决定》《全国人民代表大会常务委员会关于加强网络信息保护的决定》和《中华人民共和国电子签名法》(以下简称《电子签名法》)，《中华人民共和国电子商务法》(以下简称《电子商务法》)，《中华人民共和国网络安全法》(以下简称《网络安全法》)，《中华人民共和国密码法》(以下简称《密码法》)，《中华人民共和国数据安全法》(以下简称《数据安全法》)，《中华人民共和国个人信息保护法》(以下简称《个人信息保护法》)以及《网络信息内容生态治理规定》《网络安全审查办法》《关键信息基础设施安全保护条例》等。再如，党内法规方面，《党委(党组)国家安全责任制规定》《中国共产党宣传工作条例》《中国共产党政法工作条例》等都涉及网络信息安全监管。总体来看，自中央国家安全委员会和中央网络安全和信息化领导小组(委员会)成立以来，我国网络信息安全领域法治建设进程明显加快，有力推进了网络信息安全监管法治体系建设。伴随着网络信息安全监管及其法治建设的不断推进，有关网络信息安全监管及其法治的研究也越来越多。这些研究成果分布在法学、公共管理、政治学、国家安全学、经济学、社会学、管理学、新闻传播学、信息安全、网络空间安全等诸多学科领域。

中共十八大以来，尤其是中央国家安全委员会和中央网络安全和信息化领导小组(委员会)成立以来，我国网络信息安全监管工作和法治建设持续加强，取得前所未有的成绩。在此基础上，相关研究也越来越全面深入，很多成果具有借鉴意义。总体来说，已有研究成果体现出三个明显特征：一是前期研究非常贴近网络信息技术进步和安全实践发展，具有很强的现实意义；二是研究议题覆盖面越来越广，涉及网络信息安全监管的各种事项、要素、环节和领域；三是研究重点较为集中，大量研究围绕关键信息基础设施安全保护、网络信息内容安全治理、数据安全监管、新型网络犯罪治理等。不过，由于网络信息安全监管总体上属于一种新兴监管领域，再加上网络信息技术不断进步、网络空间疆域不断拓展、网络信息安全风险不断迭代升级，已有网络信息安全监管及其法治研究仍有一些不足之处，具体表现为：理论研究滞后于改革实践；已有研究虽然形成了若干重点领域，但系统性有待提高；对重要领域、环节、事项、主体等的监管及其法治研究仍有薄弱之处。面对网络信息安全监管的高度复杂性，对中共十八大以来我国在网络信息安全监管及其法治建设方面取得的成绩和形成的重要经验的研究也有不足。除此之外，在波谲云诡的网络安全、国家安全新形势面前，我国在网络信息安全领域存在哪些短板不足和重大风险因素；为了有效维护网络信息安全以及相关领域安全，我国在网络信息安全监管体系建设及其法治体系建设方面还需要做哪些重点工作等问题也有待进一步关注。

基于对上述问题的思考，我们组织华东政法大学国家安全学研究团队的部分中青年学者共同写作本书。全书共分六章：第一章：网络信息安全监管法治化的理论基础与实践探索（党东升），第二章：网络信息内容安全监管法治体系构建（尹晗），第三章：网络平台企业监管法治体系构建（周海源），第四章：关键信息基础设施安全监管法治体系构建（费秀艳），第五章：重点领域数据安全监管法治体系构建（王泽群），第六章：网络信息安全犯罪防控法治体系构建（杨海强），最后全书由我和党东升负责统稿。由于写作时间有限，再加上网络信息安全监管法治化的新问题不断涌现，书中有些问题还需要进一步深入研究，书中如有错误之处，尚祈理论界和实务界的方家贤达指正。

华东政法大学刑事法学教授、博士生导师：李　翔

2022 年 12 月 10 日于华东政法大学明镜楼

目　录

第一章 网络信息安全监管法治化的理论基础与实践探索

网络信息技术的不断创新和广泛应用极大地改变了经济社会面貌，推动人类社会迈向新的发展阶段。伴随着网络空间的不断延伸，越来越多的政治、经济、社会、文化等活动在网络空间开展，网络化生存成为人的基本生存形态。不过，人们在享受网络信息技术带来的诸多便利之时，也不得不面对随之而来的各种风险。随着网络社会的发展不断迈向深入，网络空间风险日益多元化和复杂化，各种风险相互交织、传导、叠加，给国家安全、社会稳定和可持续发展带来挑战。网络空间天然带有跨越国家边界的属性，也是国际政治博弈的重要领域。为了应对网络空间的综合性风险，主要国家纷纷制定和实施网络空间安全战略，不断完善网络信息安全法律法规和政策。网络空间多方行动者持续互动和碰撞的结果是逐渐形成一个新兴安全领域，即网络信息安全，或者叫网络安全、网络空间安全。

在总体国家安全观视域下，网络信息安全是我国国家安全体系的重要组成部分。作为一个特定的安全领域，网络信息安全有其特殊内涵，同时与其他安全领域呈现出复杂交织的关系。维护和塑造网络信息安全，既需要做好网络信息安全领域的工作，也要善于运用战略思维、系统思维，统筹做好相关安全领域的工作。维护和塑造网络信息安全的资源、路径、方法、模式很多，需要多主体的参与。在我国，党和政府在维护和塑造网络信息安全方面发挥领导和主导作用。近年来，针对网络信息安全领域的新动态、新特点，我国政府在维护和塑造网络信息安全方面更加积极有为，不断创新网络信息安全监管工具，推动网络信息安全监管法治体系不断完善，有效防范应对网络空间的综合性风险，为维护网络安全和国家总体安全做出重要贡献，形成了很多宝贵经验。其中，坚持在法治轨道内加强和完善网络信息安全监管，善于运用法治思维和法治方式维护并塑造网络信息安全，就是近年来形成的重要经验之一。

第一节 网络信息安全监管的现实基础

网络信息技术诞生之初，由于其应用领域较为有限，所产生、伴生和衍生的风险尚未充分显现，人们对网络世界充满很多玫瑰色的想象，希望这里能够成为一片“净土”和一个完全自由的世界。当时，崇尚网络自治、反对网络监管是一种主流主张。不过，随着网络信息技术的不断创新发展和广泛应用，网络空间风险威胁日益凸显，反对监管的主张彻底失去现实基础，要求加强和完善监管的呼声不断增强。

我国于 1994 年接入国际互联网，开启了浩浩荡荡的互联网时代。近三十年来，在政府、市场、科技、社会等综合力量的推动下，我国互联网技术取得长足进步，互联网相关产业迅猛发展，互联网应用遍及政治、经济、社会、文化、生态等各种领域，数字社会、数字经济、数字政府成为现实。当前，网络空间不断延伸，网络生态日益复杂，网络风险也无处不在，网络空间成为国家治理中极为重要和关键的“新疆域”。

1997 年以来，中国互联网络信息中心（CNNIC）每年发布两份《中国互联网络发展状况统计报告》。据 2023 年 8 月发布的第 52 次《中国互联网络发展状况统计报告》，截至 2023 年 6 月，我国网民规模达 10.79 亿，较 2022 年 12 月增长 1109 万人，互联网普及率达 76.4%，其中手机网民规模达 10.76 亿人，占网民整体的 99.8%；我国域名总数为 3024 万个，其中“.中国”域名数量为 18 万个；即时通信用户规模达 10.47 亿人，占网民整体的 97.1%；网络视频（含短视频）用户规模达 10.44 亿人，占网民整体的 96.8%，其中短视频用户规模达 10.26 亿人，占网民整体的 95.2%；网络支付用户规模达 9.43 亿人，占网民整体的 87.5%；网络新闻用户规模达 7.81 亿人，占网民整体的 72.4%；网络直播用户规模达 7.65 亿人，占网民整体的 71%；在线医疗用户规模 3.64 亿人，占网民整体的 33.8%。[①] 总体来看，网络已经渗透到人们工作生活的方方面面，我国已经全面进入网络社会。

在网络社会不断发展的同时，网络信息安全风险挑战也不断增加。据第 52 次《中国互联网络发展状况统计报告》，截至 2023 年 6 月，我国 23.2%的网

① 中国互联网络信息中心，CNNIC 发布第 52 次《中国互联网络发展状况统计报告》，2023 年 8 月 28 日，http://www.cnnic.net.cn/n4/2023/0828/c88-10829.html。

民表示过去半年遭遇过个人信息泄露问题；20.0%的网民表示遭遇过网络诈骗问题；7.0%的网民表示遭遇过设备中病毒或木马问题；5.2%的网民表示遭遇过账号或密码被盗问题。据第50次《中国互联网络发展状况报告》，2022年上半年，中国电信、中国移动和中国联通总计监测发现分布式拒绝服务（DDoS）攻击316542起，较2021年同期下降了14.1%；中华人民共和国工业和信息化部（以下简称工业和信息化部）网络安全威胁和漏洞信息共享平台总计接报网络安全事件（网络安全事件是指基于工业和信息化部网络安全威胁和漏洞信息共享平台和基础电信企业网络安全技术能力监测发现的僵尸木马受控、网页篡改、网页仿冒、数据泄露等网络安全事件）15654件，较2021年同期下降68.4%。截至2022年6月，全国各级网络举报部门共受理举报8601.4万件，较2021年同期增长14.3%。

除了这些面上情况之外，一些典型事例的发生，使人们更加直观地认识到网络安全问题的严峻性和复杂性。以下是近年来发生的几个代表性案例：

案例一：美国斯诺登事件。棱镜（PRISM）项目是一项由美国国家安全局自2007年1月8日开始实施的绝密级网络监控监听计划，正式名称是“US-984XN”。2013年6月6日，美国国防部承包商博思艾伦咨询公司雇员爱德华·斯诺登向英国《卫报》和美国《华盛顿邮报》曝光该项目。随后，美国国家情报总监詹姆斯·克拉珀发布声明，证实该项目确实存在。斯诺登披露文件显示，PRISM项目能够对即时通信和既存资料进行深度监听，许可监听对象包括任何在美国以外地区使用参与计划公司服务的客户，或是任何与国外人士通信的美国公民。国家安全局可以获得数据电子邮件、视频和语音交谈、照片、VoIP交谈内容、文件传输、登录通知，以及社交网络细节，并透过各种联网设备如智能手机、电子式手表等对特定目标进行攻击。[①] 据分析，“棱镜”系统的正常运作至少涉及九家大型互联网企业（微软、雅虎、谷歌、Facebook、Paltalk、YouTube、Skype、美国在线、苹果公司）、四家美国情报机构（联邦调查局、中央情报局、国家安全局、国家情报总监）和十套子系统（“打印光环”“交通贼”“剪刀”“协议开发”“余波”“码头”“主路”“针鲸”“运输工具”“核子”）。[②]

案例二：伊朗“震网”事件。2010年9月26日，伊朗境内的大约3万个互

---

① 李恒阳：《“斯诺登事件”与美国网络安全政策的调整》，载《外交评论》2014年第6期。

② 沈逸：《后斯诺登时代的全球网络空间治理》，载《世界经济与政治》2014年第5期。

联网终端遭遇“震网”(Stuxnet)病毒袭击。德国研究人员最早于当年6月发现这种蠕虫病毒。2010年12月29日,伊朗承认其首座核电站的铀浓缩离心机受到恶意病毒影响。据分析,震网病毒主要通过U盘方式传播,针对微软操作系统中的MS10-046漏洞(Lnk文件漏洞)、MS10-061(打印服务漏洞)、MS08-067等多种漏洞使用伪造的数字签名,利用一套完整的入侵传播流程,突破工业专用局域网的物理限制,对西门子的SCADA软件进行特定攻击。震网病毒传播的过程是首先感染外部主机,然后感染U盘,利用快捷方式文件解析漏洞,传播到内部网络,在内网中,通过快捷方式解析漏洞、RPC远程执行漏洞、打印机后台程序服务漏洞,实现联网主机之间的传播;最后抵达安装了WinCC软件的主机,展开攻击。① 研究表明,震网病毒攻击事件具有三个特点:技术高超,攻击性强,属于典型的国家行为;目标明确,战术清晰,具有典型网络战性质;战略意图明显,旨在破坏核电站的正常生产,意在展现实力和发出警告。②

案例三:阿里巴巴反垄断执法案件。2021年4月10日,国家市场监管总局公布了对阿里巴巴集团在中国境内网络零售平台服务市场实施“二选一”垄断行为的行政处罚决定书,其中指出,自2015年以来,阿里巴巴集团为限制其他竞争性平台发展,维持、巩固自身市场地位,滥用其在中国境内网络零售平台服务市场的支配地位,实施“二选一”行为,通过禁止平台内经营者在其他竞争性平台开店和参加其他竞争性平台促销活动等方式,限定平台内经营者只能与当事人进行交易,并以多种奖惩措施保障行为实施,违反《中华人民共和国反垄断法》(以下简称《反垄断法》)中没有正当理由,限定交易相对人只能与其进行交易的相关规定,构成滥用市场支配地位的行为。其具体违法行为包括:(一)禁止平台内经营者在其他竞争性平台开店,具体包括:一是在协议中直接规定不得在其他竞争性平台开店;二是口头提出不得在其他竞争性平台经营要求。(二)禁止平台内经营者参加其他竞争性平台促销活动,具体包括:一是在协议中直接规定不得参加其他竞争性平台促销活动;二是口头提出不得参加其他竞争性平台促销活动要求。(三)采取多种奖惩措施保障“二选一”要求实施,具体包括:一是减少促销活动资源支持,如部分平台经营者因参加其他竞争性平台的促销活动而被阿里巴巴取消了促销会场优先

① 蒲石等:《震网病毒分析与防范》,载《信息网络安全》2012年第2期。

② 仇新梁、董守吉:《“震网”病毒攻击事件跟踪分析和思考》,载《保密科学技术》2011年第5期。

展示位置;二是取消促销活动参加资格,证据显示,部分平台内经营者因未执行当事人"二选一"要求而被列入"灰名单";三是实施搜索降权,搜索降权直接导致平台内经营者的商品在平台上排序靠后甚至无法被搜索到,严重影响商品销售,对部分未执行"二选一"要求的平台内经营者,当事人调低其搜索权重,以示严厉处罚;四是取消平台内经营者在当事人平台上的其他重大权益,证据显示,部分平台内经营者因未执行当事人"二选一"要求,被取消 KA 资格或者被终止相关合作。决定书认为,阿里巴巴限制平台内经营者在其他竞争性平台开店或者参加其他竞争性平台促销活动,形成锁定效应,以减少自身竞争压力,不当维持、巩固自身市场地位,背离平台经济开放、包容、共享的发展理念,排除、限制了相关市场竞争,损害了平台内经营者和消费者的利益,削弱了平台经营者的创新动力和发展活力,阻碍了平台经济规范有序创新健康发展。根据《反垄断法》相关规定,综合考虑当事人违法行为的性质、程度和持续的时间,同时考虑当事人能够按照要求深入自查,停止违法行为并积极整改等因素,作出如下处理决定:(一) 责令停止违法行为;(二) 对当事人处以其 2019 年度中国境内销售额 4557.12 亿元 4%的罚款,计 182.28 亿元。

案例四:滴滴网络安全执法案件。 2022 年 7 月 21 日,国家互联网信息办公室依据《网络安全法》《数据安全法》《个人信息保护法》和《中华人民共和国行政处罚法》(以下简称《行政处罚法》)等法律法规,对滴滴全球股份有限公司处人民币 80.26 亿元罚款,对滴滴全球股份有限公司董事长兼 CEO 程维、总裁柳青各处人民币 100 万元罚款。国家互联网信息办公室有关负责人在答记者问中表示,经查明,滴滴公司共存在 16 项违法事实,归纳起来主要有 8 个方面:一是违法收集用户手机相册中的截图信息 1196.39 万条;二是过度收集用户剪切板信息、应用列表信息 83.23 亿条;三是过度收集乘客人脸识别信息 1.07 亿条、年龄段信息 5350.92 万条、职业信息 1633.56 万条、亲情关系信息 138.29 万条、"家"和"公司"打车地址信息 1.53 亿条;四是过度收集乘客评价代驾服务时、APP 后台运行时、手机连接桔视记录仪设备时的精准位置(经纬度)信息 1.67 亿条;五是过度收集司机学历信息 14.29 万条,以明文形式存储司机身份证号信息 5780.26 万条;六是在未明确告知乘客情况下分析乘客出行意图信息 539.76 亿条、常驻城市信息 15.38 亿条、异地商务/异地旅游信息 3.04 亿条;七是在乘客使用顺风车服务时频繁索取无关的"电话权限";八是未准确、清晰说明用户设备信息等19项个人信息处理目的。网络安全审查还发现，滴滴公司存在严重影响国家安全的数据处理活动，以及拒不履行监管部门的明确要求，阳奉阴违、恶意逃避监管等其他违法违规问题。滴滴公司违法违规运营给国家关键信息基础设施安全和数据安全带来严重安全风险隐患。国家互联网信息办公室表示，此次对滴滴公司的网络安全审查相关行政处罚，与一般的行政处罚不同，具有特殊性。滴滴公司违法违规行为性质极为恶劣，持续时间长达7年，严重侵犯用户隐私，严重危害用户个人信息权益，违法处理个人信息数量巨大，情节严重，结合网络安全审查情况，应当予以从严从重处罚。

案例五：俄乌军事冲突中的网络信息战。2022年2月以来，乌克兰东部地区局势快速恶化。在此次俄乌冲突中，网络信息战规模空前，作用突出，成为影响战争走向和地缘政治格局的关键因素。主要表现为：一是广泛使用短视频和直播方式反映军事行动现场实况，相比以往图文传播模式，短视频和直播能够更加直观地呈现“第一现场”，提高冲击力、感染力、动员力。二是各种信息铺天盖地，真假难辨，其中既有真实信息，也有大量虚假信息和谣言，包括针对我国的虚假信息和政治谣言。三是西方运用网络信息领域综合优势，对俄罗斯形成全面压制，同时极力压制国内不同观点，全方位对俄罗斯进行负面形象塑造，其中，欧盟27个成员国禁止俄罗斯国家媒体在欧盟各国的传播和活动，美国Facebook、Twitter等社交媒体巨头对亲俄报道进行严格审查，全面删除有利于俄罗斯的信息，破坏推送亲俄叙事的可疑网络。四是双方组织开展网络攻防战，在美国主导下，欧盟成立了由克罗地亚、爱沙尼亚、荷兰、波兰、罗马尼亚、立陶宛等国网络专家组成的网络快速反应小组，帮助乌克兰应对网络攻击；美国前国务卿希拉里公开呼吁美国黑客对俄罗斯发动网络攻击；美国情报机构建议拜登政府对俄罗斯发动“大规模网络攻击”。

案例六：西北工业大学遭美国NSA网络攻击事件。2022年6月22日，西北工业大学发布《公开声明》称，该校遭受境外网络攻击。随后，有关部门展开调查。2022年9月5日，国家计算机病毒应急处理中心发布《西北工业大学遭美国NSA网络攻击事件调查报告（之一）》，其中称，调查发现，近年来，美国国家安全局（NSA）下属“特定入侵行动办公室”（TAO）对我国国内的网络目标实施了上万次的恶意攻击，控制了数以万计的网络设备（网络服务器、上网终端、网络交换机、电话交换机、路由器、防火墙等），窃取了超过140GB

的高价值数据。TAO利用其网络攻击武器平台、“零日漏洞”(0day)及其控制的网络设备等,持续扩大网络攻击和范围。2022年9月13日,国家计算机病毒应急处理中心发布《美国NSA网络武器“饮茶”分析报告》,其中称,在此次针对西北工业大学的攻击中,TAO使用“饮茶”作为嗅探窃密工具,将其植入西北工业大学内部网络服务器,窃取了SSH、TELNET、FTP、SCP等远程管理和远程文件传输服务的登录密码,从而获得内网中其他服务器的访问权限,实现内网横向移动,并向其他高价值服务器投送其他嗅探窃密类、持久化控制类和隐蔽消痕类网络武器,造成大规模、持续性敏感数据失窃。随着调查的逐步深入,技术团队还在西北工业大学之外的其他机构网络中发现了“饮茶”的攻击痕迹,很可能是TAO利用“饮茶”对中国发动了大规模的网络攻击活动。

第二节　网络信息安全监管的指导思想

面对网络空间日益严峻和复杂的形势,我国不断完善网络安全战略、政策和法律,深入推进网络安全治理体系和能力现代化。在总体国家安全观引领下,网络信息安全成为我国国家安全体系的重要组成部分。总体国家安全观是新时代国家安全工作的根本遵循和行动指南,也是网络信息安全监管的指导思想。总体国家安全观对网络信息安全监管原则的确立、监管体系的构建、重点监管领域制度机制建设等具有重要指引意义。进入新时代,我国网络信息安全的领导体制、战略谋划、法治建设、执法监管、机制创新等,都是在总体国家安全观指引下推进的,取得了丰硕成果。

“监管”作为一个概念和实践活动具有广狭二义。从我国网络信息安全体制以及网络信息安全监管实践来看,对于我国网络信息安全监管中的“监管”概念,宜作广义理解,包括监督、管理、管制、规制、调节、调控等。从参与监管的主体来看,我国网络信息安全监管包含了政党监管、行政监管、司法监管、监察监管、平台监管等。在网络信息安全领域风险泛化和复杂化背景下,网络信息安全监管也需要在总体国家安全观指引下不断调适和变革。例如,随着网络电商直播、网络游戏直播、互联网医疗、自动驾驶等网络新业态、新技术的发展,网络信息安全监管也必须不断创新。

由于网络空间和现实社会的高度同构,网络风险与现实风险的复杂交织，网络空间治理在国家治理中具有举足轻重地位。由此，网络信息安全监管的意义就不仅仅是维护网络空间秩序，而且对国家的整体治理也具有重要意义，网络信息安全监管失败可能导致国家的整体失败。而由于网络空间安全的复杂性和不确定性，网络信息安全监管也将是一种复杂性监管和模糊性监管。对于模糊性对象的监管，传统监管模式难以胜任，必须在监管模式和激励方式上进行变革。

在国家安全学的类型划分中，网络信息安全的基本属性是新兴安全或非传统安全。不过，由于政治、军事等传统安全问题不断向网络空间延伸，使得网络信息安全又包含了诸多传统安全因素。网络信息安全涉及的利益类型和利益关系极为复杂，既包括国家利益，也包括社会公共利益和个人利益。网络信息安全所涉及的主体也包括国际、国家、地区、组织和个人等多种层次。从风险角度来看，网络信息安全领域的风险类型多种多样，各种风险之间的关系错综复杂，具有综合性风险的典型特征。有效维护和塑造网络信息安全，必须坚持总体国家安全观，坚持统筹发展和安全，注重运用底线思维、战略思维、系统思维、法治思维，不断推进网络信息安全监管体系和能力现代化。

一、总体国家安全观的形成与发展

总体国家安全观是中国共产党历史上第一个被确立为国家安全工作指导思想的重大战略思想，是习近平新时代中国特色社会主义思想的重要组成部分，是新时代国家安全工作的根本遵循和行动指南。习近平总书记是总体国家安全观的创立者。中国特色社会主义进入新时代，习近平总书记强调，保证国家安全是头等大事，亲自担任中央国家安全委员会主席，亲自谋划、亲自部署、亲自指挥，发表一系列重要讲话、作出一系列重要指示，正式提出和不断丰富完善总体国家安全观。

2013 年 11 月，中共十八届三中全会通过《中共中央关于全面深化改革若干重大问题的决定》，提出设立国家安全委员会，完善国家安全体制和国家安全战略，确保国家安全。

2014 年 4 月 15 日，习近平总书记在中央国家安全委员会第一次会议上指出："当前我国国家安全内涵和外延比历史上任何时候都要丰富，时空领域比历史上任何时候都要宽广，内外因素比历史上任何时候都要复杂，必须坚持总体国家安全观,以人民安全为宗旨,以政治安全为根本,以经济安全为基础,以军事、文化、社会安全为保障,以促进国际安全为依托,走出一条中国特色国家安全道路。"同时强调要贯彻落实总体国家安全观,必须既重视外部安全,又重视内部安全;既重视国土安全,又重视国民安全;既重视传统安全,又重视非传统安全;既重视发展问题,又重视安全问题;既重视自身安全,又重视共同安全。

2015 年 1 月 23 日,中共中央政治局审议通过《国家安全战略纲要》。这是中国共产党历史上也是共和国历史上第一份专门的国家安全战略。《国家安全战略纲要》提出,新形势下维护国家安全,必须坚持以总体国家安全观为指导,坚决维护国家核心和重大利益,以人民安全为宗旨,在发展和改革开放中促安全,走中国特色国家安全道路。要做好各领域国家安全工作,大力推进国家安全各种保障能力建设,把法治贯穿于维护国家安全的全过程。

2017 年 2 月 17 日,习近平总书记在国家安全工作座谈会上强调,维护国家安全,要立足国际秩序大变局来把握规律,立足防范风险的大前提来统筹,立足我国发展重要战略机遇期大背景来谋划;要坚持国家安全一切为了人民、一切依靠人民,坚持以全球思维谋篇布局,坚持统筹发展和安全,坚持底线思维;坚持原则性和策略性相统一,坚持党对国家安全工作的领导。

2017 年 10 月 18 日,中共十九大将坚持总体国家安全观纳入新时代坚持和发展中国特色社会主义的基本方略,提出统筹发展和安全,增强忧患意识,做到居安思危,是我们党治国理政的一个重大原则。必须坚持国家利益至上,以人民安全为宗旨,以政治安全为根本,统筹外部安全和内部安全、国土安全和国民安全、传统安全和非传统安全、自身安全和共同安全,完善国家安全制度体系,加强国家安全能力建设,坚决维护国家主权、安全、发展利益。10 月 24 日,十九大通过《中国共产党章程(修正案)》,将总体国家安全观写入党章。

2018 年 4 月 17 日,习近平总书记主持召开十九届中央国家安全委员会第一次会议,强调全面贯彻落实总体国家安全观,必须坚持统筹发展和安全两件大事,既要善于运用发展成果夯实国家安全的实力基础,又要善于塑造有利于经济社会发展的安全环境;坚持人民安全、政治安全、国家利益至上的有机统一,实现人民安居乐业、党的长期执政、国家长治久安;坚持立足于防,又有效处置风险;坚持维护和塑造国家安全,塑造是更高层次更具前瞻性的维护;坚持科学统筹,始终把国家安全置于中国特色社会主义事业全局中来把握,充分调动各方面积极性,形成维护国家安全合力。

2019年1月21日,习近平总书记在省部级主要领导干部"坚持底线思维着力防范化解重大风险"专题研讨班上发表重要讲话,对防范化解政治、意识形态、经济、科技、社会、外部环境、党的建设等领域重大风险作出分析,强调提高风险防控能力并着力防范化解重大风险,保持经济持续健康发展和社会大局稳定。

2019年10月31日,中共十九届四中全会审议通过《中共中央关于坚持和完善中国特色社会主义制度 推进国家治理体系和治理能力现代化若干重大问题的决定》,提出坚持总体国家安全观,统筹发展和安全,坚持人民安全、政治安全、国家利益至上有机统一。以人民安全为宗旨,以政治安全为根本,以经济安全为基础,以军事、科技、文化、社会安全为保障,健全国家安全体系,增强国家安全能力。完善集中统一、高效权威的国家安全领导体制,健全国家安全法律制度体系。加强国家安全人民防线建设,增强全民国家安全意识,建立健全国家安全风险研判、防控协同、防范化解机制。提高防范抵御国家安全风险能力,高度警惕、坚决防范和严厉打击敌对势力渗透、破坏、颠覆、分裂活动。

2020年10月29日,中共十九届五中全会通过《中共中央关于制定国民经济和社会发展第十四个五年规划和2035年远景目标的建议》,明确将"统筹发展和安全"纳入"十四五"时期经济社会发展的指导思想,设置"统筹发展和安全,建设更高水平的平安中国"专章,强调"坚持总体国家安全观,实施国家安全战略,维护和塑造国家安全,统筹传统安全和非传统安全,把安全发展贯穿国家发展各领域和全过程,防范和化解影响我国现代化进程的各种风险,筑牢国家安全屏障"。

2021年11月18日,中共中央政治局审议《国家安全战略(2021—2025年)》。会议指出,新形势下维护国家安全,必须牢固树立总体国家安全观,加快构建新安全格局。必须坚持党的绝对领导,完善集中统一、高效权威的国家安全工作领导体制,实现政治安全、人民安全、国家利益至上相统一;坚持捍卫国家主权和领土完整,维护边疆、边境、周边安定有序;坚持安全发展,推动高质量发展和高水平安全动态平衡;坚持总体战,统筹传统安全和非传统安全;坚持走和平发展道路,促进自身安全和共同安全相协调。要坚定维护国家政权安全、制度安全、意识形态安全，严密防范和坚决打击各种渗透颠覆破坏活动。要增强产业韧性和抗冲击能力，筑牢防范系统性金融风险安全底线，确保粮食安全、能源矿产安全、重要基础设施安全，加强海外利益安全保护。要强化科技自立自强作为国家安全和发展的战略支撑作用。要积极营造良好外部环境，坚持独立自主，在国家核心利益、民族尊严问题上决不退让，坚决维护国家主权、安全、发展利益。

二、总体国家安全观的核心要义

总体国家安全观根植于中国特色社会主义新时代，也全面指导新时代国家安全实践。进入新时代，面对百年大变局，我国国家安全形势发生重大变化。当前，国际政治经济格局深刻演变，新一轮科技革命和产业革命加速演进，世界进入动荡变革期，维护各领域安全的任务日益繁重。必须坚持总体国家安全观，不断完善国家安全体系，扎实做好各安全领域工作，确保国家长治久安。

总体国家安全观是一个科学理论系统，内涵极为丰富。总体国家安全观也是一个不断发展和完善的动态理论体系。总体国家安全观的核心要义集中体现在习近平总书记提出的“十个坚持”之中。

2020 年 12 月 11 日，习近平总书记主持中央政治局第二十六次集体学习并发表重要讲话，就全面贯彻落实总体国家安全观提出“十个坚持”。具体包括：一是坚持党对国家安全工作的绝对领导，坚持党中央对国家安全工作的集中统一领导，把党的领导贯穿到国家安全工作各方面全过程。二是坚持中国特色国家安全道路，贯彻总体国家安全观，坚持政治安全、人民安全、国家利益至上有机统一，以人民安全为宗旨，以政治安全为根本，以经济安全为基础，捍卫国家主权和领土完整，防范化解重大安全风险，为实现中华民族伟大复兴提供坚强安全保障。三是坚持以人民安全为宗旨。四是坚持统筹发展和安全，实现高质量发展和高水平安全的良性互动，努力实现发展和安全的动态平衡。五是坚持把政治安全放在首要位置。六是坚持统筹推进各领域安全，统筹应对传统安全和非传统安全。七是坚持把防范化解国家安全风险摆在突出位置。八是坚持推进国际共同安全，高举合作、创新、法治、共赢的旗帜，推动树立共同、综合、合作、可持续的全球安全观，加强国际安全合作，完善全球安全治理体系，共同构建普遍安全的人类命运共同体。九是坚持推进国家安全体系和能力现代化，构建系统完备、科学规范、运行有效的国家安全制度体系，提高运用科学技术维护国家安全的能力，不断增强塑造国家安全态势的能力。十是坚持加强国家安全干部队伍建设。

2021 年 11 月，中共十九届六中全会审议通过《中共中央关于党的百年奋斗重大成就和历史经验的决议》(以下简称《决议》)，从 13 个方面总结了新时代以来党的历史性成就，进一步补充和丰富了总体国家安全观的内涵。《决议》进一步明确，总体国家安全观的核心要义是坚持国家利益至上，以人民安全为宗旨，以政治安全为根本，以经济安全为基础，以军事、科技、文化、社会安全为保障，以促进国际安全为依托，统筹发展和安全，统筹开放和安全，统筹传统安全和非传统安全，统筹自身安全和共同安全，统筹维护国家安全和塑造国家安全。在国家安全领域上，《决议》明确指出政治、军事、国土、经济、文化、社会、科技、网络、生态、资源、核、海外利益、太空、深海、极地、生物等诸多领域。在国家安全治理上，《决议》要求全党增强斗争精神、提高斗争本领，落实防范化解各种风险的领导责任和工作责任；着力推进国家安全体系和能力建设，设立中央国家安全委员会，完善集中统一、高效权威的国家安全领导体制，完善国家安全法治体系、战略体系和政策体系，建立国家安全工作协调机制和应急管理机制；把安全发展贯穿国家发展各领域全过程，注重防范化解影响我国现代化进程的重大风险。在现阶段维护国家安全的重点任务上，《决议》强调要坚定维护国家政权安全、制度安全、意识形态安全，加强国家安全宣传教育和全民国防教育，巩固国家安全人民防线，推进兴边富民、稳边固边，严密防范和严厉打击敌对势力渗透、破坏、颠覆、分裂活动，顶住和反击外部极端打压遏制，开展涉港、涉台、涉疆、涉藏、涉海等斗争，加快建设海洋强国，有效维护国家安全。

三、总体国家安全观对网络信息安全监管的指导意义

第一，总体国家安全观确立了网络信息安全在我国国家安全体系中的地位，为网络信息安全监管奠定坚实基础。总体国家安全观提出之前，党和政府虽然也高度重视网络信息安全，但对网络信息安全在整个国家安全体系中的地位和重要性的认识还不够系统深入。基于总体国家安全观，习近平总书记鲜明提出“没有网络安全就没有国家安全”和“过不了互联网这一关，就过不了长期执政这一关”等系列重要论述，确立了网络信息安全在国家安全体

系中的重要地位。

第二，总体国家安全观推动建立网络信息安全监管的总体体制架构。总体国家安全观具有鲜明的战略思维、系统思维特点，强调从整体上谋划各安全领域工作。在总体国家安全观视域下，网络信息安全不仅本身是一个内涵丰富的安全领域，而且是一个与其他安全领域复杂交织的安全领域；维护和塑造网络信息安全，必须加强党中央的集中统一领导，整合各方面治理资源，实行整体治理、综合治理、系统治理。为此，中央先后组建中央网络安全和信息化领导小组、中央网络安全与信息化委员会，建立起具有中国特色的网络信息安全领导体制和监管架构。

第三，总体国家安全观有助于网络信息安全监管确立监管目标、监管原则、监管模式和重点监管任务。例如，在总体国家安全观视域下，网络信息安全监管要树立多重目标，不仅要致力于维护网络空间秩序和安全，还要维护政治、经济等其他领域安全；在监管原则上，要坚持统筹发展和安全、统筹内外安全、统筹各领域安全等；在监管模式上，要采取全要素监管、综合监管等模式；在监管任务上，要聚焦影响网络安全和国家安全的重点事项、重点环节等。

第三节　网络信息安全监管的理论依据

网络信息安全事关国家核心利益和重大利益，事关社会公共利益和个人利益，维护和塑造网络信息安全，既要发挥党和政府的主导作用，也要发动全社会的力量。网络信息安全监管作为防范应对网络空间综合性风险的重要工具，具有坚实的理论、战略和法律依据。

一、网络空间主权

对于网络信息安全监管而言，网络主权是一个前提性、基础性概念。只有在承认网络主权的前提下，一国才能合法有效地行使网络治理权，才能为网络信息安全监管构筑坚实的法理和法律基础。

自互联网兴起以来，围绕传统主权概念能否适用于网络空间的问题，曾引发长期的争论。早期的网络主权否定论者认为，网络空间无主权，网民与传统主权国家之间不存在社会契约，网民通过自由联合建立一个全新的虚拟空间和社会共同体，主权国家不应以任何方式染指网络空间。在“雷诺诉美国公民自由联盟”一案中，互联网无国界、网络空间独立自治的主张获得美国司法机构的认可。有的研究者把网络主权否定论概括为三种类型，一是基于网络特征否定网络主权，二是基于网络空间作为一种全球公域而否定网络主权，三是基于网络空间自由秩序论而否定网络主权。[①]

不过，随着网络信息技术向人类政治、经济、社会、文化等各领域的广泛渗透，全球政治经济不断发展变化，互联网领域国际竞争日趋激烈，网络主权否定论很大程度上失去了现实基础。近年来，随着网络安全风险不断加大，尤其是网络政治安全风险威胁日益突出，即便是美国政府也逐渐改变其长期宣扬的网络自由主义立场，更大程度上接受网络主权概念。网络主权是主权概念在网络时代的新发展，虽然外部条件发生了变化，但其内涵和逻辑并未颠覆主权范畴。[②] 而从网络信息技术发展和应用的真实实践来看，美国政府自始至终都对其国互联网乃至国际互联网的核心部分保持着实际控制，网络空间从未彻底摆脱国家主权，网络空间始终是现实世界的组成部分，最终仍然要从属于国家主权。[③] 从世界范围看，在网络空间这一新疆域，各国网络资源和网络攻防力量的不均衡、不平等问题尤为突出，“网络鸿沟”“数据鸿沟”是一种冰冷的政治社会现实，网络霸权主义已经成为全球公害。

近年来，网络主权肯定论逐渐成为国际共识。2003 年，联合国信息社会世界峰会通过的《日内瓦原则宣言》提出“互联网公共政策的决策权是各国的主权”。2013 年 6 月，第 68 届联合国大会通过“从国际安全的角度来看信息和电信领域发展政府专家组”所形成的决议，提出国家主权和源自主权的国际规范和原则适用于国家进行的信息通信技术活动，以及国家在其领土内对信息通信技术基础设施的管辖权，该决议事实上承认了网络主权。2015 年，二十国集团领导人《安塔利亚峰会公报》指出：确认国际法，特别是《联合国宪章》，适用于国家行为和信息通信技术运用，并承诺所有国家应当遵守进一步确认自愿和非约束性的在使用信息通信技术方面的负责任国家行为准则。2016 年，欧洲议会通过《通用数据保护条例》(GDPR)，取代 1995 年的《数

---

① 程卫东：《网络主权否定论批判》，载《欧洲研究》2018 年第 5 期。

② 鲁传颖：《主权概念的演进及其在网络时代面临的挑战》，载《国际关系研究》2014 年第 1 期。

③ 刘晗：《域名系统、网络主权与互联网治理：历史反思及其当代启示》，载《中外法学》2016 年第 2 期。

据保护指令》，体现出加强数据主权的鲜明立场和明确政策主张。2016年6月25日，中俄签署《关于协作推进信息网络空间发展的联合声明》，在推动尊重各国网络主权，反对侵犯他国网络主权等七个方面达成共识。2016年10月16日，金砖国家领导人第八次会晤《果阿宣言》重申：在公认的包括《联合国宪章》在内的国际法原则的基础上，通过国际和地区合作，使用和开发信息通信技术。这些原则包括政治独立、领土完整、国家主权平等、以和平手段解决争端、不干涉别国内政、尊重人权和基本自由和隐私等。这对于维护和平、安全与开放的网络空间至关重要。①

关于网络主权或网络空间主权的定义，学界尚未形成一致看法。一种观点认为，网络空间主权是指：(1) 国家按其意志在领域内对网络设施、网络主体和网络行为所拥有的"最先权力""最终权力""普遍权力"；(2) 国家向其他国家主张的、对网络设施、网络主体、网络行为享有的"单边权力"和"共治权力"以及相应的合作义务。② 由武汉大学、中国现代国际关系研究院、上海社会科学院联合发起，中国社会科学院、清华大学、复旦大学、南京大学、对外经贸大学、中国网络空间安全协会联署发布的《网络主权：理论与实践(2.0版)》，从权利和义务两个维度定义网络主权，其中指出在权利维度，网络主权是国家主权在网络空间的自然延伸，是一国基于国家主权对本国境内的网络设施、网络主体、网络行为及相关网络数据和信息等所享有的最高权和对外独立权，具体包括独立权、平等权、管辖权(立法规制权、行政管理权、司法管辖权)、防卫权；在义务维度，网络主权包括不侵犯他国、不干涉他国内政、审慎预防义务、保障义务。

在网络主权肯定论者中，对于网络主权的内涵也有不同看法，形成强主权和弱主权的差异化主张。基于克拉斯纳(Stephen David Krasner)的主权分类法(威斯特伐利亚主权、国际法主权、相互依赖主权、内部主权)，结合网络空间的分层特性，研究者提出一种分层建构网络主权概念的主张，认为在物理层可以直接适用传统威斯特伐利亚主权概念，在逻辑层需要将主权概念转化为一国平等参与互联网基础资源分配决策的权利，在内容层面，一方面需要坚持传统主权，塑造符合一国社会文化观念体系的内容治理制度，另一方

---

① 金砖国家领导人第八次会晤《果阿宣言》(译文)，人民网，http://politics.people.com.cn/n1/2016/1016/c1001-28782629.html，2016年10月17日。

② 张新宝、许可：《网络空间主权的治理模式及其制度构建》，载《中国社会科学》2016年第8期。

面需要接受相互依赖的主权概念，参与并推动数据跨境流动的国际合作。①

对于网络主权，我国政府态度非常明确，是网络主权肯定论的重要倡导者和践行者。2014年中央网络安全与信息化领导小组（2018年改为中央网络安全和信息化委员会）成立以来，习近平总书记在多个重要场合对网络主权作出系统阐述，反复强调要理直气壮维护我国网络空间主权。2015年12月，习近平总书记在第二届世界互联网大会开幕式上的讲话明确指出尊重网络主权。《联合国宪章》确立的主权平等原则是当代国际关系的基本准则，覆盖国与国交往各个领域，其原则和精神也应该适用于网络空间。我们应该尊重各国自主选择网络发展道路、网络管理模式、互联网公共政策和平等参与国际网络空间治理的权利，不搞网络霸权，不干涉他国内政，不从事、纵容或支持危害他国国家安全的网络活动。

我国法律也明确写入“网络空间主权”概念。2015年7月1日起施行的《中华人民共和国国家安全法》（以下简称《国家安全法》），在维护国家安全的任务一章中，对维护网络信息安全的任务作出原则性规定，其中包括加强网络管理，防范、制止和依法惩治网络攻击、网络入侵、网络窃密、散布违法有害信息等网络违法犯罪行为，维护国家网络空间主权、安全和发展利益。

2016年11月7日审议通过、2017年6月1日正式施行的《网络安全法》总则中规定：“为了保障网络安全，维护网络空间主权和国家安全、社会公共利益，保护公民、法人和其他组织的合法权益，促进经济社会信息化健康发展，制定本法。”与《国家安全法》相比，《网络安全法》不再是从国家利益角度相对模糊地阐述网络空间主权利益，而是将“网络空间主权”予以单独表述，消除立法语言的模糊性，更加明确清晰地确立“网络空间主权”概念。在法律上确立“网络空间主权”概念，是《网络安全法》以及相关法律法规实施的基石，网络信息安全监管也因此具有了更加坚实和厚重的法理和法律基础。

二、国家网络安全战略

针对网络空间日益突出的诸多问题，各国不断完善网络信息安全战略、法律和政策，不断加强和优化网络信息安全监管，持续提升网络信息安全治理能力。

---

① 刘晗、叶开儒：《网络主权的分层法律形态》，载《华东政法大学学报》2020年第4期。

美国在网络安全战略谋划方面具有领先性和借鉴意义。2011年，美国奥巴马政府发布《网络空间国际战略》，这是美国也是国际社会第一份网络空间治理的战略性文件。同年，美国国防部发布首份《网络空间行动战略报告》，对美国军方网络攻防能力建设以及相关事项进行谋划部署。2014年，奥巴马政府宣布启动美国网络安全框架(CCSF)，进一步完善和强化美国网络安全战略。特朗普政府时期，美国先后出台涉及网络空间安全的《国家安全战略报告》《国家网络战略》，以及《增强联邦政府网络与关键性基础设施网络安全》行政令等战略文本。拜登政府时期，美国在网络安全领域动作频频。2022年12月，美国众议院通过《量子计算网络安全防范法案》，旨在应对信息技术系统向后量子密码学时代迁移的状况。在亚洲，日本在《网络安全战略》中明确提出"网络安全立国"。印度于2011年出台《国家网络安全策略(草案)》。在网络空间国际治理方面，2018年，法国提出《网络空间信任与安全巴黎倡议》。

我国政府和社会在21世纪初就认识到网络信息安全领域存在诸多风险隐患，并围绕一些突出问题不断探索防范应对方法。进入新时代，网络空间风险挑战日益突出和复杂化，引起中央高度重视。中共十八大以来，习近平总书记发表一系列重要讲话、作出一系列重要指示批示，对网络信息安全工作作出战略定位和周密部署。

2013年11月，《中共中央关于全面深化改革若干重大问题的决定》的说明中明确指出，网络和信息安全涉及国家安全和社会稳定，是我们面临的新的综合性挑战。基于这种重大判断，中央决定成立网络安全和信息化领导小组，着眼国家安全和长远发展，统筹协调涉及经济、政治、文化、社会、军事等各个领域的网络安全和信息化重大问题，研究制定网络安全和信息化发展战略、宏观规划和重大政策，推动国家网络安全和信息化法治建设，不断增强网络信息安全保障能力。

2014年2月27日，习近平总书记在中央网络安全和信息化领导小组第一次会议上指出，网络安全和信息化是事关国家安全和国家发展、事关广大人民群众工作生活的重大战略问题，要从国际国内大势出发，总体布局，统筹各方，创新发展，努力把我国建设成为网络强国。同时强调指出，没有网络安全就没有国家安全，没有信息化就没有现代化。建设网络强国，要有自己的技术，有过硬的技术；要有丰富全面的信息服务，繁荣发展的网络文化；要有良好的信息基础设施，形成实力雄厚的信息经济；要有高素质的网络安全和信息化人才队伍；要积极开展双边、多边的互联网国际交流合作。

2015 年 12 月 16 日，习近平总书记在第二届世界互联网大会开幕式上的讲话指出：《联合国宪章》确立的主权平等原则是当代国际关系的基本准则，覆盖国与国交往各个领域，其原则和精神也应该适用于网络空间；一个安全稳定繁荣的网络空间，对各国乃至世界都具有重大意义。"网络安全是全球性挑战，没有哪个国家能够置身事外、独善其身，维护网络安全是国际社会的共同责任。国际网络空间治理，应该坚持多边参与、多方参与，由大家商量着办，发挥政府、国际组织、互联网企业、技术社群、民间机构、公民个人等各个主体作用，不搞单边主义，不搞一方主导或由几方凑在一起说了算。

2016 年 4 月 19 日，习近平总书记在网络安全和信息化工作座谈会上指出，网络空间是亿万民众共同的精神家园。网络空间天朗气清、生态良好，符合人民利益。网络空间乌烟瘴气、生态恶化，不符合人民利益。谁都不愿生活在一个充斥着虚假、诈骗、攻击、谩骂、恐怖、色情、暴力的空间。互联网不是法外之地。利用网络鼓吹推翻国家政权，煽动宗教极端主义，宣扬民族分裂思想，教唆暴力恐怖活动，等等，这样的行为要坚决制止和打击，决不能任其大行其道。同时强调指出，互联网核心技术是我们最大的"命门"，核心技术受制于人是我们最大的隐患。一个互联网企业即便规模再大、市值再高，如果核心元器件严重依赖外国，供应链的"命门"掌握在别人手里，那就好比在别人的墙基上砌房子，再大再漂亮也可能经不起风雨，甚至会不堪一击。我们要掌握我国互联网发展主动权，保障互联网安全、国家安全，就必须突破核心技术这个难题，争取在某些领域、某些方面实现"弯道超车"。

在这次座谈会上，习近平总书记还指出，从世界范围看，网络安全威胁和风险日益突出，并日益向政治、经济、文化、社会、生态、国防等领域传导渗透。特别是国家关键信息基础设施面临较大风险隐患，网络安全防控能力薄弱，难以有效应对国家级、有组织的高强度网络攻击。还强调，要依法加强对大数据的管理。一些涉及国家利益、国家安全的数据，很多掌握在互联网企业手里，企业要保证这些数据安全。企业要重视数据安全。如果企业在数据保护和安全上出了问题，对自己的信誉也会产生不利影响。

2016 年 12 月 27 日，经中央网络安全和信息化领导小组批准，国家互联网信息办公室发布《国家网络空间安全战略》。《国家网络空间安全战略》是我国网络信息安全领域的第一个国家战略。从风险防控角度，该战略将我国网络空间安全风险分为五大类。一是网络政治安全风险，包括利用网络干涉他国内政、攻击他国政治制度、煽动社会动乱、颠覆他国政权，以及大规模网络监控、网络窃密等活动严重危害国家政治安全和用户信息安全。二是网络经济安全风险，是指网络信息系统遭受攻击破坏、发生重大安全事件，将导致能源、交通、通信、金融等基础设施瘫痪，造成灾难性后果，严重危害国家经济安全和公共利益。三是网络文化安全风险，包括网络上各种思想文化相互激荡、交锋，冲击优秀传统文化和主流价值观，以及网络谣言、颓废文化和淫秽、暴力、迷信等违背社会主义核心价值观的有害信息侵蚀青少年身心健康，败坏社会风气，误导价值取向，危害文化安全。四是网络社会安全风险，包括恐怖主义、分裂主义、极端主义等势力利用网络煽动、策划、组织和实施暴力恐怖活动，直接威胁人民生命财产安全、社会秩序，以及计算机病毒、木马等在网络空间传播蔓延，网络欺诈、黑客攻击、侵犯知识产权、滥用个人信息等不法行为大量存在，一些组织肆意窃取用户信息、交易数据、位置信息以及企业商业秘密，严重损害国家、企业和个人利益，影响社会和谐稳定。五是网络国际安全风险，是指国际上争夺和控制网络空间战略资源、抢占规则制定权和战略制高点、谋求战略主动权的竞争日趋激烈，个别国家强化网络威慑战略，加剧网络空间军备竞赛，世界和平受到新的挑战。①

三、网络安全法律法规

对于新兴安全领域而言，法律具有多重作用。从法治实施的四个环节来说，立法有助于巩固新兴安全领域的“安全化”成果，确立新兴安全领域在国家安全体系中的正式地位；执法、司法是推进和加强新兴安全领域治理的重要途径和内容；守法有助于凝聚社会力量共同参与新兴安全领域工作。对于网络信息安全监管而言，网络信息安全法律法规既具有规范引导作用，也为其运行和实施提供了合法化依据。

网络信息安全是一个复杂巨系统，也是一个不断发展变化的安全领域，该领域的立法带有较为明显的回应型法特点。从世界主要国家来看，针对网络信息安全的特点，网络信息安全立法基本上都采取了分散立法模式。例如，美国 1986 年《计算机欺诈和滥用法》、1986 年《电子通信隐私法》、1987 年

① 中央网络安全与信息化办公室：《国家网络空间安全战略》，http://www.cac.gov.cn/2016-12/27/c_1120195926.htm，2016 年 12 月 27 日。

《计算机安全法》、2001 年《关键基础设施信息安全法案》、2002 年《国土安全法》、2002 年《网络安全研究和发展法》、2002 年《电子政府法》、2002 年《联邦信息安全管理法》、2019 年《开放政府数据法案》等。在欧洲，欧洲议会于 2016 年通过《通用数据保护条例》，经过两年缓冲期后于 2018 年 5 月正式施行。新加坡于 2019 年 5 月通过《防止网络虚假信息和网络操纵法案》。俄乌冲突爆发后，为了应对西方发起的信息战，俄罗斯紧急修改刑法，加大对网络虚假信息的刑事惩治力度。

多年来，我国在网络信息安全领域的立法工作取得长足进步，先后出台《全国人民代表大会常务委员会关于维护互联网安全的决定》《全国人民代表大会常务委员会关于加强网络信息保护的决定》《电子签名法》《电子商务法》《网络安全法》《密码法》《数据安全法》《个人信息保护法》《网络信息内容生态治理规定》《网络安全审查办法》《关键信息基础设施安全保护条例》等系列法律法规。

第四节 网络信息安全监管的原则与模式

网络信息安全监管是维护和塑造网络信息安全的重要途径。监管是手段，安全是目的。网络信息安全的属性和特点决定了网络信息安全监管的原则和模式。网络信息安全既涉及国家利益，也涉及社会公共利益和个人利益，是一个复合安全领域。在总体国家安全观视域下，网络信息安全是我国国家安全体系的重要组成部分。总体国家安全观所确立的安全治理的基本原则和模式，对确立网络信息安全监管的原则和模式具有指引意义。

一、网络信息安全监管原则

第一，统筹发展与安全原则。统筹发展与安全是总体国家安全观的重要组成部分，中共十九届五中全会将其确立为我国经济社会发展的基本原则。在网络信息安全领域，由于我国发展相对滞后，部分领域还存在“卡脖子”问题，尤其需要坚持统筹发展和安全。既要防止只顾发展不顾安全的问题，也要防止为追求短期和局部安全而牺牲发展的问题。坚持统筹发展和安全，要求网络信息安全监管工作在范围和力度上把握好分寸，防止监管过宽过严妨碍技术创新、技术转化和产业发展。基于统筹发展和安全原则，2016 年 4 月，习近平总书记在网络安全和信息化工作座谈会上提出要树立正确的网络安全观：一是网络安全是整体的而不是割裂的；二是网络安全是动态的而不是静态的；三是网络安全是开放的而不是封闭的；四是网络安全是相对的而不是绝对的；五是网络安全是共同的而不是孤立的。我国《国家网络空间安全战略》将"统筹网络安全与发展"作为四项原则之一，明确提出没有网络安全就没有国家安全，没有信息化就没有现代化。网络安全和信息化是一体之两翼、驱动之双轮。正确处理发展和安全的关系，坚持以安全保发展，以发展促安全。安全是发展的前提，任何以牺牲安全为代价的发展都难以持续。发展是安全的基础，不发展是最大的不安全。没有信息化发展，网络安全也没有保障，已有的安全甚至会丧失。

第二，风险防范原则。在国家安全治理的各个领域，从风险源到危机一般会有一个或长或短的演变过程。习近平总书记曾对风险演化过程作出精准、恰当的阐释：各种矛盾风险挑战源、各类矛盾风险挑战点是相互交织、相互作用的。如果防范不及、应对不力，就会传导、叠加、演变、升级，使小的矛盾风险挑战发展成大的矛盾风险挑战，局部的矛盾风险挑战发展成系统的矛盾风险挑战，国际上的矛盾风险挑战演变为国内的矛盾风险挑战，经济、社会、文化、生态领域的矛盾风险挑战转化为政治矛盾风险挑战，最终危及党的执政地位、危及国家安全。网络信息安全风险是一种综合性风险，风险来源多样、风险类型多元、风险之间关系错综复杂，防范不力可能向政治、经济、社会、文化等各领域传导，也可能一步步升级为重大危机。由于网络空间的虚拟性、匿名性、变动性、跨界性，风险治理在网络信息安全治理中极为关键。网络信息安全监管应将风险防范作为基本原则，注重加强对风险源和早期风险的监管，力争将风险化于无形，防止风险演变升级。

第三，社会共治原则。传统国家安全带有鲜明的"国家中心"特点，国家往往既是唯一指涉对象，又是核心治理主体。总体国家安全观内涵极为丰富，推动了国家安全理念革新和治理变革。总体国家安全观之"总体"具有多重意涵，其中就包括统筹多方力量保障国家安全。社会共治强调治理主体、治理资源、治理方式的多元化和主体间协同，相关理论资源包括多中心治理、整体性治理、综合治理等。我国《国家安全战略(2021—2025 年)》《国家网络空间安全战略》以及《国家安全法》《网络安全法》《数据安全法》等法律法规均确立了国家安全社会共治的基本原则。基于这些战略和法律，网络信息安全监管不能让政府唱独角戏，而是应注重发挥其他社会力量的作用，实行合作监管。

第四，依法监管原则。全面依法治国背景下，网络信息安全监管必须纳入法制轨道。在网络信息安全监管领域，实行依法监管是法治中国建设的必然要求和题中应有之义。从功能角度讲，法治对网络信息安全监管具有保障和规范双重作用。一方面，通过构建网络信息安全法治体系，能够为网络信息安全监管提供合法性依据和法律规制工具；另一方面，法治也有助于加强对网络信息安全监管的规范和约束，防止过度监管、违法监管或不履行监管职责。自进入21世纪以来，我国就积极推进网络信息安全法治体系建设，中共十八大以来，随着党和政府高度重视网络信息安全，相关领域法治建设进一步加强，取得前所未有发展成果。尤其是《网络安全法》《数据安全法》《个人信息保护法》《关键信息基础设施安全保护条例》《网络信息内容生态治理规定》等多层次、立体化法律法规的制定实施，对推进依法监管发挥了重要作用。

二、网络信息安全监管模式

网络信息安全是一个复杂巨系统，网络信息安全监管模式必须对应于网络信息安全的构成要素和特性而展开。方滨兴教授认为，网络空间的构成要素可以分为载体、资源、主体和操作四个方面，基于这种分类，他认为应当建立四个层次的网络空间安全框架：一是设备安全，主要包括网络空间中信息系统设备所需要获得的物理安全、环境安全、设备安全等与物理设备相关的安全保障。二是系统安全，主要包括网络空间中信息系统自身所需要获得的网络安全、计算机安全、软件安全、操作系统安全、数据库安全等与系统运行相关的安全保障。三是数据安全，主要包括网络空间中在数据处理的同时所涉及的数据安全、身份安全、隐私保护等与信息自身相关的安全保障。四是应用安全，主要包括在信息应用过程中所涉及的内容安全、支付安全、控制安全、物联网安全等与信息系统应用相关联的安全保障。[①]

我国《国家网络空间安全战略》从风险角度把网络空间安全风险分为网

① 方滨兴：《定义网络空间安全》，载《网络与信息安全学报》2018年第1期。

络政治安全风险、网络经济安全风险、网络文化安全风险、网络社会安全风险、网络国际安全风险五类，为探索网络信息安全监管模式提供了方向性框架。基于总体国家安全观确立的网络信息安全监管原则，对探索网络信息安全监管模式具有指引意义。综合来看，我国在网络信息安全监管实践中，逐渐形成了以下主要监管模式：

第一，全要素监管。网络信息安全是一个由硬件、软件、内容、信息、行动者等构成的互动空间场域，这些要素缺一不可。维护网络信息安全，就要维护所有构成要素的安全。全要素监管是一个总体目标，也是一个动态实现的过程。全要素监管的基本逻辑是将构成网络信息安全的核心要素、关键要素和重要要素全部纳入监管范围，实现监管全覆盖。伴随着网络信息安全战略、政策和法律的不断实施和完善，网络信息安全监管的覆盖范围不断扩大，各个关键要素逐渐都纳入监管体系。全要素监管模式在我国网络信息安全思想、网络信息安全战略、网络信息安全系列法律法规中都有体现。中央网络安全信息化委员会的成立和运转，对推进全要素监管发挥了重要作用。从主要国家网络安全监管实践来看，全要素监管也是一种主流模式。

第二，穿透式监管。穿透式监管是基于风险演化过程的监管模式。与其他安全领域风险类似，网络信息安全风险也存在一个从风险源到重大危机的演化过程。穿透式监管就是着眼于网络信息安全风险演化的全过程，实现对网络空间潜在风险、显性冲突、突发事件、重大危机的监管全覆盖。穿透式监管着眼于监管链条的纵深，与全要素监管形成互补效应。全要素监管涉及的四个主要环节不是相互割裂的，而是一个完整过程的四个组成部分。穿透式监管是一种连续性的监管，致力于将风险演化的主要环节都纳入监管体系。在我国国家安全战略、国家安全法、网络安全法、数字安全法等之中，都可以看到穿透式监管的逻辑和制度设计。

第三，包容审慎监管。全要素监管和穿透式监管致力于建设横到边、纵到底、全覆盖的监管体系。但是，也不能忽视监管的双刃剑效应。密不透风的监管可能窒息网络信息技术创新和产业发展的意愿，造成网络信息技术停滞、产业落后的局面。总体国家安全观强调坚持统筹发展和安全。我国《国家网络空间安全战略》强调不发展是最大的不安全。中央网络安全与信息化委员会的体制架构也充分彰显了统筹发展和安全的原则。在网络信息安全监管方面，贯彻落实统筹发展与安全原则，要求采取包容审慎监管模式。包容审慎监管旨在追求效率与安全的动态平衡，其要求政府给予新业态必要的发展时间与试错空间，并根据公共风险的大小进行适时适度干预，是有利于破解传统监管困局的新型监管模式。[①] 包容性监管要求注重考虑监管对象的合理利益诉求，注重运用比例原则设计和实施监管举措。《优化营商环境条例》第 55 条规定政府及其有关部门应当按照鼓励创新的原则，对新技术、新产业、新业态、新模式等实行包容审慎监管。《法治中国建设规划（2020—2025年）》要求探索包容审慎监管等新型监管方式。

第四，合作监管。网络信息安全监管涉及的事项、环节和任务极为庞杂，仅靠哪一个部门都无法胜任，必须实行合作监管。在我国，党和政府是促成合作监管的主导力量。具体来说，中央国家安全委员会、中央网络安全和信息化委员会是推动合作监管的体制架构安排。实践中，参与合作监管的部门既包括党的组织，也包括立法机关、行政机关、司法机关、监察机关、平台企业、社会组织和新闻媒体等。《国家安全法》《网络安全法》等一系列法律法规以及《中国共产党政法工作条例》《中国共产党宣传工作条例》等党内法规规定了各部门参与网络信息安全监管的职责。合作监管模式在很多监管领域都有体现，例如，习近平总书记在中共中央政治局第三十八次集体学习时，针对平台经济等领域资本无序扩张的突出问题，强调指出要深化监管体制机制改革，坚持依法监管、公正监管、源头监管、精准监管、科学监管，加强行业监管和金融监管、外资监管、竞争监管、安全监管等综合监管的协调联动。

第五节　网络信息安全监管的重点领域

重点治理是我国国家治理的一个显著特点。我国网络信息安全监管实践充分体现了这一点。网络信息安全监管涉及的事项、环节和任务极其繁复，固然需要统筹兼顾，但也不能搞“平均主义”。由于监管资源的有限性，必须在监管事项的优先次序上作出选择。回顾我国网络信息安全监管历程，一个较为清晰的轨迹是，在不同时期，党和政府根据当时网络信息安全的总体形势、突出问题以及所涉及利益的性质，总会选定若干重点监管领

① 刘权：《数字经济视域下包容审慎监管的法治逻辑》，载《法学研究》2022 年第 4 期。

域，在战略谋划、法律制定、政策实施等方面予以重点保障，实现以点带面的监管效果。重点监管领域的分布较为广泛，既涉及网络信息硬件设施，也包括软件、网络信息内容和网络空间形形色色的行动者。本书重点关注以下监管领域。

一、关键信息基础设施安全监管

我国关键信息基础设施自主创新能力不足，核心元部件依赖进口，造成我国关键信息基础设施的脆弱性和安全风险隐患。我国关键信息基础设施的立法体系已初步形成，包括《国家安全法》《网络安全法》《密码法》《网络安全审查办法》《数据安全法》《关键信息基础设施安全保护条例》等。

准确定义和认定关键信息基础设施是实施安全监管的前提和关键。关于关键信息基础设施的定义，《关键信息基础设施安全保护条例》第 2 条规定："本条例所称关键信息基础设施，是指公共通信和信息服务、能源、交通、水利、金融、公共服务、电子政务、国防科技工业等重要行业和领域的，以及其他一旦遭到破坏、丧失功能或者数据泄露，可能严重危害国家安全、国计民生、公共利益的重要网络设施、信息系统等。"关于关键信息基础设施的认定，《关键信息基础设施安全保护条例》第 9 条规定，制定关键信息基础设施的认定规则应当综合考虑三方面因素：一是网络设施、信息系统等对于本行业、本领域关键核心业务的重要程度；二是网络设施、信息系统等一旦遭到破坏、丧失功能或者数据泄露可能带来的危害程度；三是对其他行业和领域的关联性影响。

对于关键信息基础设施的运营者，《关键信息基础设施安全保护条例》提出"三同步"原则，即安全保护措施应当与关键信息基础设施同步规划、同步建设、同步使用；要求关键信息基础设施运营者设立专门的安全管理机构，具体履行八方面法定职责：(1) 建立健全网络安全管理、评价考核制度，拟订关键信息基础设施安全保护计划；(2) 组织推动网络安全防护能力建设，开展网络安全监测、检测和风险评估；(3) 按照国家及行业网络安全事件应急预案，制定本单位应急预案，定期开展应急演练，处置网络安全事件；(4) 认定网络安全关键岗位，组织开展网络安全工作考核，提出奖励和惩处建议；(5) 组织网络安全教育、培训；(6) 履行个人信息和数据安全保护责任，建立健全个人信息和数据安全保护制度；(7) 对关键信息基础设施设计、建设、运行、维护等服务实施安全管理；(8) 按照规定报告网络安全事件和重要事项。《关键信息基础设施安全保护条例》还对危害关键信息基础设施的行为作出规定，为行政监管、司法监管提供了法律依据。

二、网络信息内容安全监管

网络信息内容是指在网络空间以文字、图片、符号、音频、视频等形式存在，表达一定意义的内容信息。在网络社会不断发展背景下，网络信息内容的生产主体越来越多，影响范围越来越广。从国家安全角度来说，网络信息内容除涉及网络安全外，还可能涉及政治安全、军事安全、国土安全、经济安全、社会安全、文化安全、生态安全等诸多安全领域。网络信息内容涉及网络言论自由和网络表达权，网络信息安全监管需要统筹安全和自由。从现实实践来看，网络表达权的行使存在很多失序问题。例如，网络虚假信息、网络低俗违法信息、网络谣言等层出不穷；不满人士或有特定目的的人士常常通过网络操纵舆论；国与国之间的认知战、信息战、舆论战也主要通过网络空间展开。网络直播、深度伪造、合成内容、社交机器人等给网络信息内容治理带来源源不断的新挑战。

在网络信息内容监管方面，我国也已经建立起基本的制度架构。例如，《中华人民共和国刑法》(以下简称《刑法》)不断完善对网络空间编造、故意传播虚假信息罪的惩治。《网络安全法》明确了主管部门和网络运营者对网络信息内容的监管职责。2020 年 3 月 1 日起施行的《网络信息内容生态治理规定》对网络信息内容安全监管具有重要意义。其中，第 6 条明确要求，网络信息内容生产者不得制作、复制、发布含有下列内容的违法信息，其中很多和国家安全和公共安全有关，具体包括：(1) 反对宪法所确定的基本原则的；(2) 危害国家安全，泄露国家秘密，颠覆国家政权，破坏国家统一的；(3) 损害国家荣誉和利益的；(4) 歪曲、丑化、亵渎、否定英雄烈士事迹和精神，以侮辱、诽谤或者其他方式侵害英雄烈士的姓名、肖像、名誉、荣誉的；(5) 宣扬恐怖主义、极端主义或者煽动实施恐怖活动、极端主义活动的；(6) 煽动民族仇恨、民族歧视，破坏民族团结的；(7) 破坏国家宗教政策，宣扬邪教和封建迷信的；(8) 散布谣言，扰乱经济秩序和社会秩序的；(9) 散布淫秽、色情、赌博、暴力、凶杀、恐怖或者教唆犯罪的；(10) 侮辱或者诽谤他人，侵害他人名誉、隐私和其他合法权益的；(11) 法律、行政法规禁止的其他内容。

三、平台企业监管

传统的经济模式依赖特定的物理要素,需要经由一个个必要的物理环节实现商品从生产端到消费端的流动。在平台经济模式下,任何环节的经济活动都可以被数字平台整合,生产的时空界限被打破,供需双方可以在短时间内快速对接,中间环节大大减少,商品和资本以前所未有的速度流动和增值,塑造出一个“扁平化的世界”。这场深刻的经济变革一方面极大地提高了经济运行效率,同时也带来很多负外部性问题。2021 年 3 月 15 日,习近平主持召开中央财经委员会第九次会议时强调,推进平台经济规范健康持续发展,坚持发展和规范并重,更好统筹发展和安全,反对垄断,防止资本无序扩张。

我国加强平台企业监管具有充分的政治和安全考量。平台经济预示了数字技术革命所推动的社会经济组织形式的变革方向,这必然会引起资本主义国家经济矛盾的加深,以及劳动者经济社会地位的恶化,对发达资本主义国家的社会稳定、制度合理性以及全球秩序构成了严峻挑战。……社会主义中国正在对基于资本主义生产方式的平台经济进行“积极扬弃”。①

从监管工具看,反垄断监管和网络安全审查是近年来常用的两种工具。例如,针对阿里巴巴的“二选一”问题,依据《反垄断法》进行了巨额惩罚。再如,针对滴滴公司危害信息安全、网络安全的问题,国家互联网信息办公室(以下简称国家网信办)等部门以网络安全审查的方式进行了巨额惩罚。除了这些法律工具外,有研究者提出,针对平台经济、共享经济的交易结构横向化、主体多元化、客体零散化等特点,应从劳动法、合同法、竞争法、税法、知识产权法等领域进行规制。② 基于统筹发展和安全原则,对于网络平台企业的新业态,实验性规制模式值得重视。实验性规制具有创新友好型特点,当政府对法律规制创新产品的影响不确定时,实验性规制可以提供一个可选择的预防性方法,走一步看一步,逐渐探索出符合创新发展的规制手段。

四、数据安全监管

面对复杂的数据安全形势对个人、公共乃至国家安全造成的冲击,我国

---

① 谢富胜、吴越、王生升:《平台经济全球化的政治经济学分析》,载《中国社会科学》2019 年第 12 期。

② 蒋大兴、王首杰:《共享经济的法律规制》,载《中国社会科学》2017 年第 9 期。

高度重视数据安全监管和法治建设工作。《数据安全法》《个人信息保护法》的出台为数据安全监管提供了重要法律依据，但从学理上来说，我国数据安全监管制度建设仍处于探索阶段。数据有核心数据、重要数据和一般数据之分，维护核心数据和重要数据安全是当务之急。数据治理源起于 20 世纪 90 年代，最初并非作为实际管理手段被提出。2004 年以后，数据治理率先在企业管理中使用。

金融数据治理是数据治理的重要领域。从全球视角对比来看，我国开展金融数据治理工作的时间较晚。2018 年，原中国银行保险监督管理委员会（以下简称原银保监会）发布《银行业金融机构数据治理指引》。在该文件中，原银保监会对金融数据治理内涵进行重点阐述，并从数据治理原则、数据管理、数据质量控制、数据价值实现以及数据治理框架方面进行细则描述。在学界，关于金融数据治理的理论选择主要分为权利派和权益派。将数据定性为权利还是权益直接决定着数据的法律属性、规则适用、价值位阶等问题。实践中因行业透支数据安全引致监管呈趋严之势。

我国《数据安全法》的施行为数据安全监管提供了一个基本法律框架。《数据安全法》明确规定，维护数据安全，应当坚持总体国家安全观，坚持统筹安全与发展。在监管体制和职责方面，《数据安全法》也作出规定，具体包括：(1) 中央国家安全领导机构负责国家数据安全工作的决策和议事协调；(2) 各地区、各部门对本地区、本部门工作中收集和产生的数据及数据安全负责；(3) 工业、电信、交通、金融、自然资源、卫生健康、教育、科技等主管部门承担本行业、本领域数据安全监管职责；(4) 公安机关、国家安全机关等依照本法和有关法律、行政法规的规定，在各自职责范围内承担数据安全监管职责；(5) 国家网信部门依照本法和有关法律、行政法规的规定，负责统筹协调网络数据安全和相关监管工作。

五、网络信息犯罪治理

对于网络信息犯罪，刑法学者更多从刑法教义学立场讨论其在刑法适用中的问题，如网络信息犯罪解释空间向度研究，网络时代刑法解释的限度问题，新技术犯罪的刑事规制问题，网络中立帮助行为的可罚性问题，等等。与之不同，犯罪学研究者围绕网络信息犯罪的态势、网络信息犯罪的原因、网络信息犯罪的治理等进行了全面研究。

实践表明，仅靠刑法和刑事政策无法有效防范和应对日益严峻的网络信息犯罪问题。《中华人民共和国反电信网络诈骗法》的制定和施行代表了一种新的治理思路，即全链条、全覆盖、穿透式的综合监管模式。其中规定："反电信网络诈骗工作坚持以人民为中心，统筹发展和安全；坚持系统观念、法治思维，注重源头治理、综合治理；坚持齐抓共管、群防群治，全面落实打防管控各项措施，加强社会宣传教育防范；坚持精准防治，保障正常生产经营活动和群众生活便利。"该法设置电信治理、金融治理和互联网治理专章，同时第 27 条到第 37 条规定了综合措施，强化对电信网络诈骗的前端监管和预防、制止。

实现对网络信息犯罪的有效治理和监管，目前还面临很多短板和不足。一是法规范供给不足；二是《刑法》与《网络安全法》等法律法规的衔接问题；三是以刑事打击为主的犯罪治理偏好有待扭转；四是网络信息犯罪的治理以政府为主导，欠缺社会力量参与；五是新技术让犯罪分子更加危险，寻找犯罪线索和取证给刑事技术侦查带来了前所未有的挑战；六是网络信息犯罪治理的国际合作尚未形成统一的跨境电子取证规则，司法协助请求流程繁复，耗时费力；七是执法部门需要跟上技术快速发展势头，有前瞻性地预测并准备应对其构成的威胁；八是更好把握网络信息犯罪技术治理的限度，破除"技术乌托邦"神话，将技术治理从工具理性向价值理性回归。

第六节　网络信息安全监管法治体系构建

伴随着网络社会的演进，我国网络信息安全法治建设也在不断推进。尤其是中共十八大以来，在中央国家安全委员会和中央网络安全与信息化委员会的领导、协调下，我国网络信息安全法治建设取得长足进步，一系列涉及网络信息安全的重要法律法规和党内法规陆续出台和施行。对于网络信息安全监管法治化问题，法学界也进行了广泛探讨。在习近平法治思想指引下，进一步推进网络信息安全监管法治体系建设。

一、网络信息安全监管法治研究简要述评

现阶段，法学界对网络信息安全监管法治的研究表现出三个特点：一是

非常贴近网络信息技术进步和网络信息安全实践发展，具有很强的现实意义；二是研究议题覆盖面越来越广，涉及网络信息安全监管的各种事项、要素、环节和领域；三是在关键信息基础设施安全保护、网络信息内容安全治理、数据安全监管、新型网络犯罪治理等领域产生一批高水平成果。不过，由于网络信息安全监管总体上属于一种新兴监管领域，再加上网络信息技术不断进步、网络空间疆域不断拓展、网络信息安全风险不断迭代升级，网络信息安全监管及其法治的已有研究仍有一些不足之处，主要包括以下几点：

第一，理论研究滞后于改革实践。2013 年、2014 年相继成立的中央国家安全委员会与中央网络安全和信息化领导小组（委员会）是我国网络安全和信息化事业发展的里程碑。两个委员会成立后，习近平总书记站在统筹安全和发展的高度，多次对网络安全和信息化工作作出重要指示批示，发表一系列重要讲话，有力推动了我国网络信息安全综合监管体系的形成以及相关法治体系的完善。不过，在已有研究成果中，对于我国网络信息安全监管体制建设及其法治体系建构的整体性研究还明显不足，一些重要的网络信息安全监管经验和法治建设经验尚未在理论上得到充分论证和阐释，中国特色的网络信息安全监管话语体系有待完善。

第二，已有研究虽然形成了若干重点领域，但系统性有待提高。首先，网络信息安全监管涉及的要素、事项、环节、主体等非常广泛，已有研究主要是围绕一些具体议题展开。随着时间推移，这些聚焦具体议题的研究经过不断汇聚，逐渐形成了一些重点研究领域，涉及网络信息安全监管的重要方面。但是，这些针对具体议题的分散化研究不能替代整体性、系统性研究，不能发挥整体性、系统性研究对我国网络信息安全监管及其法治建设的理论支撑和战略指引作用。其次，由于对总体国家安全观的认识不够深入，不能深刻认识各安全领域之间的密切关联，往往是孤立地研究网络安全问题，而无法从国家总体安全层面来开展相关研究。最后，从法治体系角度来说，已有研究往往只涉及网络信息安全监管法治体系的某一个子体系，或者几个子体系的某些具体方面，在网络信息安全监管法治体系构建方面也存在明显的系统性不足问题。

第三，对重要领域、环节、事项、主体等的监管及其法治研究仍有薄弱之处。比如，关键信息基础设施安全是网络信息安全的基础性工作，在这一领域，目前高质量的研究成果相对较少，研究进展不尽如人意。对于网络信息内容安全监管问题，由于网络信息内容的形式不断发展变化，新型风险因素不断出现，相关监管还有很多不足之处。根据风险治理、应急管理和危机治理的过程性治理框架，已有研究成果更多处于风险治理（含常规治理）这个层面，对突发事件情形下以及战时等重大危机情形下的网络信息安全监管缺少充分研究。对于涉及网络信息安全能力建设等模糊性事项的监管问题，如何实现依法有效监管也缺少深入研究。

二、网络信息安全法治建设的指导思想和理论工具

在前期研究成果上，本书将总体国家安全观和习近平法治思想作为指导思想，主要运用"法治体系论"理论工具，进一步推进相关研究。

第一，在总体国家安全观指引下，加强对我国网络信息安全监管的系统性阐释。总体国家安全观的提出在我国国家安全事业发展中具有里程碑意义。总体国家安全观具有非常鲜明的系统性思维，对系统推进我国网络信息安全监管体系建设具有重要指导意义。中共十八大以来，在总体国家安全观的指引下，我国在网络信息安全监管体系构建方面取得很多重要经验，这些经验亟须进行系统深入的理论阐释。本书将在总体国家安全观指引下，注重运用系统思维、底线思维、战略思维，进一步推进对我国网络信息安全监管的理论阐释。

第二，在习近平法治思想指引下，加强对我国网络信息安全监管法治化的理论阐释。习近平法治思想是习近平新时代中国特色社会主义思想的重要组成部分，是对中国特色社会主义法治建设经验和成就的科学总结，是马克思主义法治理论中国化的最新成果，是引领新时代法治中国建设取得更大成就的思想旗帜。[①] 习近平法治思想的核心要义是"十个坚持"。习近平法治思想是新时代推进法治中国建设的理论武器，为网络信息安全监管法治原则的确立、法治体系构建、重点监管领域法治实施等提供重要思想指引。

第三，运用"法治体系论"范式，提升网络信息安全监管法治研究的理论水平。"法治体系论"是张文显教授基于习近平法治思想和我国法治实践提出的一种法学研究新范式。相对于以往的"阶级斗争范式""权利本位范式""法教义学范式""法社会学范式""现代化范式""全球化范式"，"法治体系论"

---

① 张文显：《习近平法治思想的实践逻辑、理论逻辑和历史逻辑》，载《中国社会科学》2021年第3期。

范式的提出具有重要意义和独特作用。"法治体系论"范式的意义在于:提供了一套全新的、立体的、科学的理解系统,确立了当代中国法治理论体系的基石范畴和核心概念,形成了由"十个坚持"为核心要义和根本方法的法学参照系,准备了审视、批判和重构法治理论的思想武器,为正在形成的中国法治话语体系找到了阿基米德支点。[①] 将"法治体系论"范式应用于网络信息安全领域,有助于提升网络信息安全监管法治研究的系统性、全局性、深入性。

三、网络信息安全监管法治体系的完善

中共十八届四中全会提出,全面依法治国的总目标是建设中国特色社会主义法治体系,建设社会主义法治国家。2020 年,习近平总书记在中央全面依法治国工作会议上指出,中国特色社会主义法治体系是推进全面依法治国的总抓手。要加快形成完备的法律规范体系、高效的法治实施体系、严密的法治监督体系、有力的法治保障体系,形成完善的党内法规体系。在网络信息安全监管领域,法治体系的完善重点从以下几方面展开:

第一,网络信息安全监管法治体系构建应遵循的基本价值理念。网络信息安全监管法治体系建设是一项复杂系统工程,必须坚持科学的思想理论指导,遵循正确的价值理念。总体国家安全观和习近平法治思想为网络信息安全监管法治体系建设提供了价值指引。根据总体国家安全观,既要不断延伸网络信息安全监管触角,实现监管全覆盖,也应防止监管过度,影响信息化事业的健康发展。应摒弃绝对安全理念,把相对安全作为网络信息安全监管的合理目标。应持续加强网络信息安全监管能力建设,提高应对未知风险的能力。应把有效性作为衡量监管效果的重要标准。根据习近平法治思想,一方面,网络信息安全监管工作需要通过发挥法治的保障作用来更好地推进,另一方面,网络信息安全监管本身也应合乎法治要求,监管权的行使不能脱离法治框架。针对监管缺失、"监管俘获"等突出问题,要严密法网,完善问责。综合而言,网络信息安全监管法治体系构建应遵循全面监管、适度监管、综合监管、依法监管理念。

第二,中国共产党领导网络信息安全监管工作的制度优化。网络信息安

① 张文显:《在新的历史起点上推进中国特色法学体系构建》,载《中国社会科学》2019 年第 10 期。

全风险的综合性特点意味着,必须加强党对网络信息安全监管工作的领导,充分整合各方面资源,强化统筹协调,实现对网络信息安全的有效监管。中央国家安全委员会、中央网络安全和信息化领导小组(委员会)成立后,党领导网络信息安全监管工作的体制机制不断完善,形成了一些重要经验,其中一些经验应适时转化为法律,巩固改革发展成果。目前,党领导网络信息安全监管工作的法治体系构建取得了一些重要进展,但还有很多不足之处。例如,相关规定分散在不同的党内法规之中,体系性有待提高;各级网信委(办)的运转和开展工作,还需要进一步完善法律法规依据;针对网络信息安全重特大事件的协调动员处置机制,还需要进一步加强法治建设。

第三,关键信息基础设施安全的主要风险、监管理念、监管范围和法律工具。构建关键信息基础设施安全监管法治体系,应重点厘清并解决以下问题:(1) 作为网络信息技术的后发展国家,我国在关键信息基础设施安全存在哪些存量风险,又存在哪些增量风险,能否通过系统梳理形成一个风险因素清单?(2) 对于关键信息基础设施安全监管工作,应坚持怎样的价值理念和原则,如何平衡安全与自由、安全与平等、安全与发展的关系?(3) 如何识别哪些信息基础设施属于《关键信息基础设施安全保护条例》项下的“关键信息基础设施”,对于肩负监管职责的行政机关,如何实现准确执法?(4) 在监管工具方面,现有法律法规提供了哪些监管工具,这些监管工具有没有得到充分使用,效果如何,能否在现有法律框架下或通过立法创制新的规制工具?

第四,基于《网络信息内容生态治理规定》的监管创新。《网络信息内容生态治理规定》虽然法律层级较低,但是为网络信息内容安全监管提供了重要法律依据,其揭示了网络信息内容与国家政治安全、意识形态安全、文化安全等安全领域的关联,建立了基本的内容安全监管制度框架。在国家安全层面,对网络信息内容安全监管应聚焦重点领域,探索监管创新。具体而言,应重点研究如何通过监管机制创新鼓励网络信息积极内容的制作和传播;对于涉及政治安全的内容,如何优化监管体系,实现更加有效的监管;对于与文化安全有关的泛娱乐主义、三俗等不良信息内容,如何把握好监管分寸;对于青少年群体,如何通过监管创新进行更好保护;涉及突发事件的信息内容,如何实现更好监管?在监管主体方面,如何实现政府、平台、内容制作者、用户的共治?

第五,完善网络平台企业监管法治体系。平台企业是网络空间的关键行动者，也是网络信息安全监管的重要对象和重要难题。我国平台企业监管既有经验也有教训。在平台企业监管中，无论是反垄断法、网络安全法、个人信息保护法等在立法和执法、司法层面都有进一步完善的空间。平台企业监管如何落实统筹发展和安全原则，如何探索包容审慎监管机制都有待进一步研究。

第六，数据安全监管法治理论研究及重点行业数据安全监管法治化建设。如何定义数据安全监管？影响数据安全监管法治体系构建的因素主要有哪些？数据安全监管法治体系构建需要哪些保障条件？如何评估数据安全监管的成效、效果与效率？中共十八大以来，我国数据安全法治实施的总体情况如何？尤其是重点安全领域的法治实施状况如何？取得了哪些成绩？积累了哪些主要经验？还存在哪些突出问题？基于新时代国家安全法治建设的总体目标，并结合当前在实施环节存在的重点难点，应确定哪些行业为重点监管行业？理由是什么？这些行业有何特殊性？为了达到构建重点数据安全监管法治体系构建的目的，需要在哪些方面强化保障？

第七，网络信息犯罪惩防体系建设。需要思考的问题包括：目前网络信息犯罪的惩防体系存在哪些疏漏？对于人工智能、元宇宙等领域的新型网络信息安全犯罪，存在哪些立法盲点？《刑法》与《网络安全法》《数据安全法》《个人信息保护法》以及《中华人民共和国民法典》（以下简称《民法典》）和行政法规等法律法规在衔接上存在哪些突出问题？为了主动应对新型网络信息犯罪带来的威胁，立法、执法、司法机构在理念上、文化上和制度上需要作出哪些适应性变革？

第二章　网络信息内容安全监管法治体系构建

网络信息内容安全是网络信息安全的重要组成部分，内涵极其丰富，涉及的安全领域非常广泛。对网络信息内容安全的监管可以依循多种治理模式。而网络信息内容安全监管法治体系建设的关键是用法律法规明确网络信息内容生产者、内容服务平台、内容服务使用者和网络行业组织等的职责。在网络信息内容安全的监管者与被监管者对立统一的关系中，应强化制度创新，使得监管者不但要依法监管切实到位，同时还能鼓励积极正面的网络内容广泛传播。另外，本章还聚焦青少年成长、网络中的涉政内容民生类事件、流量经济下资本无序扩张等网络信息内容安全方面的突出问题，认为在“政府—社会—平台—用户”的四元结构中，应赋予行业组织审查义务，通过设定相应责任条款，以反向激励方式要求被监管者承担责任，探索行之有效的依法监管机制。

第一节　网络信息内容安全监管的内涵及模式

网络信息内容安全的监管范围随着互联网的发展，产生了较明显的变化。早期网络信息内容安全强调信息内容的隐秘性、完整性和可用性等安全属性。[①] 随着网络技术的进化和网络空间的拓展，内容安全发展为特定的指称，在我国可以认为网络信息内容安全中的“内容”是指在网络空间以文字、图片、符号、音频、视频等形式存在，表达一定意义的内容信息，其安全性则强调内容背后传达的思想价值观是否与主流价值观相符。

一、影响网络信息内容安全的风险因素

总体而言，目前网络中存在的风险因素有内容低俗化、网络暴力、虚假信

---

① 周毅、张雪：《网络信息内容生态安全风险整体智治的理论框架与实现策略研究》，载《图书情报工作》2022 年第 5 期。

息传播、网络恐怖主义、网络文化入侵、网络意识形态安全、知识产权风险等。[①]

内容低俗化、网络暴力、虚假信息传播在网络中属于常见的显性问题,内容低俗化风险是指为迎合部分受众的低级趣味和庸俗需求,在网络上制作传播以渲染色情暴力为显著特征的不良倾向内容,这类内容通常夸张搞怪、感官刺激重。内容低俗化的另一表现形式是所有的网络议题都以泛娱乐化的内容呈现,消解了事物本身的严肃性。网络暴力风险是指一定数量的网民针对特定社会对象,对其进行言语攻击或发表侮辱性和煽动性的言论,通常还采用谩骂、恐吓、群体攻击、人肉搜索等违法行为,对被攻击对象造成精神上的伤害。虚假信息传播风险是指网上散布的没有事实根据、与事实不符的信息,造成的线上及线下公共秩序混乱的危害,表现形式有故意捏造无根据的信息在网络发布,组织、指使他人在网络上转发虚假信息,传播谣言、恐慌言论等。

网络恐怖主义、网络文化入侵和网络意识形态的风险属于政治安全范畴,通常有隐性、不易察觉的特征。网络恐怖主义借由先进的网络技术,在暗处传播恐怖主义信息,招募并培训恐怖组织的成员,筹集资金用于策划和实施恐怖袭击活动。网络文化入侵表现为网络的快餐文化消解了价值多元化的现实文化体系。网络意识形态风险是指部分西方媒体借助网络平台大肆宣扬西方政治制度,抹黑中国形象,丑化社会主义制度,否定与歪曲中国社会的发展进程和成就,同时利用多元价值观做幌子,实则宣扬拜金主义、消费主义、享乐主义和个人主义,冲击我国社会主义核心价值观,由此可能导致我国主流意识形态、话语权的削弱或丧失的潜在危机。

以上常见的网络信息内容安全风险对应着网络信息内容的使用者,而一些内容创作者还面临着知识产权风险,即其拥有的网络信息资源知识产权被侵权,比如,网络作品被抄袭,网络作品无授权被转载等。还有一些侵权人跟风销售无知识产权的内容作品,在被追究责任时,反把侵权责任推卸到网络平台身上。

经过对以上风险的类型及表现的分析,可以得出这样的结论:从国家安全角度来考察,网络信息内容可能涉及政治安全、经济安全、社会安全、文化

---

① 王建亚、马榕培、周毅:《网络信息内容安全风险:特征、演变及场景要素解构》,载《图书情报工作》2022 年第 5 期。

安全等诸多安全领域，因此成为一个重要的安全监管领域。

二、监管治理模式

我国网络信息内容安全监管中的“监管”概念有狭义和广义之分。狭义的监管可以理解为政府监管，而随着网络信息内容的类型越来越丰富，对其监管的概念界定可作广义理解，包括监督、管理、调控等含义，本质上可以理解为“网络信息内容安全治理”。目前，网络信息内容安全治理的模式主要有三种，同时，以整体性治理为目标的整体智治模式也在兴起。

1. 政府监管模式

互联网中的不良内容给社会和个人都造成了严重的困难和烦恼，发达国家对于网络内容的管制以政府为主体，主要采取了 5 种管理办法。第一是对网络内容国内提供者的管制。第二是对网络内容国际提供者的管制，即运用世界性国际规约进行管制，以及用国际私法来协调当事国之间的有关问题。第三是对使用者的管制。第四是对经营者的管制。第五是对互联网服务提供者的管制。[①]

在很长一段时间，我国的互联网内容监管以政府监管部门为主，以行业、民间组织为辅。在互联网内容监管以政府为主体的时期，国务院机构的设置分别在 1998 年、2003 年、2008 年进行了大规模的调整和改革。在这些变革中，互联网内容监管主体也发生了变化，表现出精简规模（如裁撤国务院信息化工作领导小组等临时协调机构）、提高重要部门的行政级别（如国家市场监督管理局升格为国家市场监督管理总局）、合并职能接近的主体等趋势。[②] 工信部、公安部、国家版权局、全国“扫黄打非”办等部门都曾是网络内容监管的主体。2011 年，国家互联网信息办公室成立，成为我国网络信息内容的专门管理协调机构。在机构改革的演化变革中，政府对互联网内容监管日益专业化，监管主体的层级、分工都日益清晰成熟，将向兼顾更多利益相关方的方向转变。

2. 多元共治模式

网络通信技术的成熟实现了网络空间中人与人之间的即时沟通，并逐渐形成以新媒体为载体的网络空间社会。网络空间主体角色也随着网络空间

---

① 杨君佐：《发达国家网络信息内容治理模式》，载《法学家》2009 年第 4 期。

② 马费成、李小宇：《中国互联网内容监管主体结构与演化研究》，载《情报学报》2014 年第 5 期。

技术的成熟和网络空间社会的发展而逐渐分化和明晰。角色分化根据网络空间参与者的目的、性质、特点的不同,可分为政府、网络媒体、意见领袖、社会组织和普通网民这五种类型。[①]

多元主体包含了普通网民、意见领袖、企业平台、民间组织、行业协会、政府部门等实体,简而概括为“政府—社会—平台—用户”四位一体的主体构成结构。多元主体治理模式是拥有相对独立和相对平等的关系的多元主体建立关系并实现功能互补的互动,最后通过信息资源优化配置和行动能力整合互补,达到网络空间共治和自治的协同效果,是垂直型管理模式向扁平化合作模式的转变。

多元共治的监管模式还可以细分为两种小的类型:网络领导组织(network lead organization, NLO)和网络行政组织(network administrative organization, NAO)。NLO 由多元主体内某一领导组织承担关键责任,其他组织仅是网络成员,治理通过内部的单一组织成员(内部代理人)实现,其他成员的责任和行为都将通过这个代理人传递,组织与组织间几乎没有直接的互动。NAO 需要建立一个独立的行政部门专门进行网络管理。这个行政组织(称为网络管理者)尽力激励网络成员组织实现网络目标,并且承担网络成本(通常有资金支持),该网络管理者在网络的合作与维护中起核心作用。[②] 在实践中,NAO 的类型可能效率更高,因为一个普遍的假设是,由于网络是协作安排,因此暗示等级和控制的治理是不适当的[③],只有让所有网络成员在平等的基础上参与,参与者才会致力于网络的目标。[④] 多元主体共治监管模式还应注意的是监管主体的数量问题,根据一项研究显示:如果一项管理任务涉及一个主要政府机构和超过六家的主要公司,它可能会失败。[⑤] 因此,主体参与数量少于 6 到 8 个,组织将有效。[⑥]

---

① 周毅、吉顺权:《网络空间多元主体协同治理模式构建研究》,载《电子政务》2016 年第 7 期。

② 经戈、锁利铭:《公共危机的网络治理:NAO 模式的应用分析》,载《软科学》2012 年第 3 期。

③ Kenis P. and Provan K. G., 2006, The Control of Public Networks, *International Public Management Journal*, 9: 227-247.

④ Provan K. G. and Kenis P., 2008, Modes of Network Governance: Structure, Management, and Effectivenes, *Journal of Public Administration Research and Theory*, 18: 229-252.

⑤ Sue R. Faerman, David P. McCaffrey and David M. Van Slyke, 2001, Understanding Interorganizational Cooperation: Public-Private Collaboration in Regulating Financial Market Innovation, *Organization Science*, 12: 372-388.

⑥ Provan K. G. and Kenis P., 2008, Modes of Network Governance: Structure, Management, and Effectivenes, *Journal of Public Administration Research and Theory*, 18: 229-252.

3. 网络自治模式

网络自治模式可以认为是网络多元共治模式的一种特殊表现形式，在网络多元共治中主体包含政府、普通网民、意见领袖、企业平台、民间组织、行业协会等，而自治模式强调的是离开政府的强力监管后，与网络信息内容生产制作传播息息相关的平台，以及平台和行业协会构成的治理主体发挥的自我督导功能。国外比较知名的网络监管行业组织有美国联邦通信委员会(FCC)、英国网络观察基金会(IWF)。美国 FCC 主要负责制定章程和规则，互联网服务提供商和内容提供商则根据相关规则加强自律和自治，接受或反对来自政府的内容审查。英国 IWF 是一个政府主导成立的行业自律组织，由来自政界、业界和学界的人士组成，负责将网络巡查发现的和来自社会举报的有害信息和网站资料提供给网络服务商。由 IWF 指导社会各界制定并落实《行业规则》、鼓励网络服务商和社会公众在自愿基础上采纳网络内容分级和过滤系统、设置举报热线和黑名单管理、开展网络安全教育和普法宣传等，以净化网络环境。①

我国在网络内容管控的自律机制建设方面，由中国互联网协会等行业协会及一些网站先后发布了《全国青少年网络文明公约》《中国互联网行业自律公约》《互联网新闻信息服务自律公约》《互联网站禁止传播淫秽、色情等不良信息自律规范》《文明上网自律公约》《博客服务自律公约》《中国互联网协会关于抵制非法网络公关行为的自律公约》《互联网搜索引擎服务自律公约》《互联网终端安全服务自律公约》等行业规定。除了中国互联网协会，相关的行业自律组织还有网络科普联盟、反垃圾邮件工作委员会等等。②

在网络自治模式中，平台所起的作用非常重要。平台内部的信息内容规制结构在国家立法之外，绝大多数平台几乎都建立了系统内部的规则体系，即俗称的"网规"，这被认为是低信息成本下实施法律、满足治理要求的一种方式。③ 从实践来看，平台"发现"违法信息的主要路径可以分为三类，分别为：(1) 主管机关的通知；(2) 平台的自主监控；(3) 用户的举报投诉。发现违法信息后，平台的处理方式按照由轻到重为：屏蔽相关信息(其他人无法查

---

① 许鑫：《西方国家网络治理经验及对我国的启示》，载《电子政务》2018 年第 12 期。

② 同上。

③ 戴昕、申欣旺：《规范如何"落地"——法律实施的未来与互联网平台治理的现实》，载《中国法律评论》2016 年第 4 期。

看)、停止信息传输(即俗称的删帖)、一段时间内或永久的停止发言(禁言),以及暂停或永久性关闭用户的账号(封停)。在救济层面,当用户发布的信息被认定为违法信息并被处理后,大多数平台均设定了申诉复核机制。[①] 尽管对于平台职责的认定有国际通用的避风港原则,即网络服务提供者为服务对象提供网络自动接入、自动存储、信息存储空间、搜索或者链接的服务中,在接到权利人的通知书后及时删除侵权链接或者内容的则不承担赔偿责任的制度。但由于平台上的违法信息对社会影响较大,其应尽的监管等法律责任并不能被豁免。

4. 整体智治模式

除去常规的治理模式,随着系统论的发展以及人工智能技术的进步,有学者提出了整体智治的治理模式。该模式是在整体性治理理论的基础上,向智慧治理的进阶。

所谓整体性治理,就是综合运用协调、互动、共享等多种方式,打破传统的职能部门各自为政的局面,进而整合优化治理主客体、治理层级和治理功能,促使公共服务供给主体紧密合作,从而实现为公众提供无缝隙服务的治理目标。[②] 整体性治理强调协调不同层级、不同职能的部门间的关系和利益;勾连上下级政府间的纵向合作,不同职能部门之间的横向合作以及政府部门与社会组织之间的内外合作,从而打造一个整体政府。

在技术进步的年代,智慧治理理念的提出缘于整体性理论的可能发展趋势。大数据治理是智慧治理的逻辑核心,在“全样本”的支持下,决策者可以依靠对海量数据信息的分析与计算,洞悉不同变量之间的相关关系,进而让“数据驱动的决策”具有预测功能。智慧治理中的整体性逻辑推崇治理主体间的互动、沟通与协同,动态性治理的逻辑要求最大限度地激发主体能动性。[③]

以信息技术为中介连接的整体性与智慧性融合治理,从总体上可对我国网络信息内容生态环境特征及其隐藏的风险因素作出趋势分析与预防研判,

---

① 孔祥稳:《网络平台信息内容规制结构的公法反思》,载《环球法律评论》2020 年第 2 期。

② 王鸽子:《整体性治理理论嵌入政务微博公共服务适用性研究》,载《科技传播》2022 年第 12 期。

③ 谭成华:《智慧治理的内涵、逻辑与基础探析》,载《领导科学》2019 年第 24 期。

而不是局限于对某类平台、某类主题等网络信息内容安全风险事件发生后的应对处置。区别于政府监管模式、多元共治模式和网络自治模式的大量人力资源投入，整体智治更加重视提升所有治理参与主体的合力、治理资源配置能力、信息技术的中介连接能力和治理行动与目标的规划能力等。[①] 在整体智治的理论框架构建中突出信息技术的作用，不仅可以提高内容安全风险识别与治理的效能，还可以对安全风险演化动态作出趋势性预防，实现动态治理的功效。

5. 青少年模式

目前，青少年已逐渐成为网络文化重要的消费主体和网络文化的生产者、传播者。《2020 年全国未成年人互联网使用情况研究报告》显示，未成年网民达 1.83 亿、未成年人互联网普及率达 94.9%，我国未成年网民日益呈现低龄化的趋势。未成年人的很多学习、生活和社会交往活动是通过网络进行的，因此保护未成年人网络使用权益，就是保护未成年人合法权益，但如何遏制网络不良信息对未成年人的影响，是全世界面临的难题。许多国家在法律上明确各类不良信息的概念和认定标准，并对传播不良信息构成违法的主体进行严格法律制裁。

青少年模式的内涵有两种指向，第一种是制度层面，我国高度重视涉及未成年人的互联网内容建设，用政策和法令督促网络内容供应平台开发并实施能促进未成年人全面发展的优质应用和优质服务，并鼓励其推出更多适合未成年人需要、有益于未成年人健康成长的内容和参与方式。第二种是技术层面，青少年模式也可称为“青少年防沉迷系统”。尤其在视频直播领域，“青少年模式”是经过严格内容遴选、适合未成年人观看使用的有益方式，每日 20 时至 22 时是网络直播下青少年模式规制的重要时段，未成年人使用直播间“连麦 PK”的次数不会超过 2 次，没有“PK 惩罚”使用权限，而且 22 时，网络平台还会对“青少年模式”下的各项服务强制下线，强制未成年人的账号开启常规模式。在政策推动下，各短视频平台相继推出保护措施。如快手上线“家长控制模式”、抖音推出“青少年模式”、火山小视频上线“未成年人管理工具”等。2019 年 3 月 28 日，抖音、快手、火山小视频等短视频平台试点上线青少年防沉迷系统。

---

① 周毅、张雪：《网络信息内容生态安全风险整体智治的理论框架与实现策略研究》，载《图书情报工作》2022 年第 5 期。

青少年的模式功能通常在首页显著位置呈现，便于青少年查找和家长监督。每个平台的青少年模式的监管细节也有少许不同。在抖音上，用户可以自定义触发时间锁的时间长度，当青少年模式开启后，无法开启直播，无法进行充值、打赏、提现等行为；在推荐流中只出现经过审核的教育类和知识类视频内容，并引入博物馆、老字号等传统文化内容。而在快手平台上，当青少年模式开启后，每天使用时长不超过40分钟，晚上10点至次日早晨6点无法使用。青少年内容池中则精选快手课堂教育、音乐、书法、绘画、手工等教学视频内容入库。《关于规范网络直播打赏 加强未成年人保护的意见》中要求，网站平台应在现有"青少年模式"基础上，进一步优化产品模式和内容呈现方式，持续增加适合未成年人的直播内容供给。

6. IP属地显示模式

IP属地显示模式是我国独创的利用技术进行内容监管的新模式。国家互联网信息办公室在2021年10月26日颁布了《互联网用户账号名称信息管理规定（征求意见稿）》，其中规定互联网用户账号服务平台应当以显著方式，在互联网用户账号信息页面展示账号IP地址属地信息。境内互联网用户账号IP地址属地信息需标注到省（区、市），境外账号IP地址属地信息需标注到国家（地区）。正式定稿的《互联网用户账号信息管理规定》于2022年8月1日起施行，相比于之前的征求意见稿，保留了IP地址属地显示信息的条款，但去掉了IP归属地标识的细节规定。该项法规促使网络平台将用户IP属地公示等措施逐步提上日程。截止到2022年9月，几大主流社交、短视频平台都上线了用户账号IP属地展示功能，如微博、抖音、小红书、微信公众平台、视频号、bilibili（以下简称B站）、知乎等平台已公告称将显示IP属地。IP属地的显示会根据用户最近一次发文或发评时对应的IP属地来判定所属地区，将在用户个人主页、信息发布页等位置展示IP属地，在境内展示到省（区、市），境外展示到国家（地区），不会展示用户精确地理位置。目前，几大平台均暂不支持手动关闭该项功能。显示IP属地的内容监管模式可以在某种程度上验证网络平台上用户传播内容的真实性、可靠性，防止在国内外热点事件中，个别用户存在的冒充当事人、恶意造谣、蹭流量等不良行为，能较好地维护真实有序的网络内容生态环境。

需要关注的是，IP属地显示不等于调用用户的位置信息，前者是接入互联网时被分配的IP地址，互联网通信协议决定了信息接收方必须知道这个

IP 地址,也因此可以通过 IP 地址知道属地,这个过程并不需要用户授权和打开手机敏感权限;后者则靠 GPS 定位或基站定位,属于敏感权限,获得该权限需要取得用户明确授权。IP 属地不等于 IP 地址,公开的 IP 属地信息仅展示为省(自治区、直辖市)或国家(地区)。单从境内账号展示的地域信息维度来看,某一省级地域内的用户数量庞大,难以直接通过该信息识别到或关联到特定的自然人。因此,IP 属地显示的监管模式不涉及侵犯用户的隐私权。

第二节 我国网络信息内容安全监管的法律规范

我国网络信息内容安全监管已形成了比较完备的法律规范体系。网络信息内容的法律体系以《国家安全法》《网络安全法》《互联网信息服务管理办法》等法律、行政法规为法律参考条目,以《网络信息内容生态治理规定》为法治实施基准,以各类详细的部门规范性文件和解释性文件为具体实施准则。促成了网络信息内容健康生态的建设。

一、监管网络信息内容生态的法律体系

与网络信息内容生态监管的直接相关的法律法规,是 2019 年 12 月 15 日由国家互联网信息办公室发布的《网络信息内容生态治理规定》。

1.《网络信息内容生态治理规定》的相关规定

2020 年 3 月 1 日,《网络信息内容生态治理规定》正式施行。这是我国网络信息内容生态治理法治领域的一项里程碑事件。以“网络信息内容生态”作为网络空间治理立法的目标,在全球也属首创。

《网络信息内容生态治理规定》作为部门规章,主要以网络信息内容为主要治理对象,其上位法是《国家安全法》《网络安全法》《互联网信息服务管理办法》等法律、行政法规。《网络信息内容生态治理规定》虽然法律层级较低,但是为网络信息内容安全监管提供了重要法律依据,揭示了网络信息内容与国家政治安全、意识形态安全、文化安全等安全领域的关联,建立了基本的内容安全监管制度框架。《网络信息内容生态治理规定》重点规制了网络内容生产者、内容服务平台、内容服务使用者等三大行政管理相对人的职责,同时也指明了行业组织的法律义务、监管部门的法律权力,以及各类被监管者应承担的法律责任。

（1）网络信息内容生产者的法定职责

《网络信息内容生态治理规定》对网络信息内容生产者的应尽义务，按照鼓励性内容、违法信息、不良信息进行了分类分层的界定。第5条创造性地指明了要鼓励网络信息内容生产者制作、复制、发布的七类信息，包含：(1) 宣传习近平新时代中国特色社会主义思想，全面准确生动解读中国特色社会主义道路、理论、制度、文化的；(2) 宣传党的理论路线方针政策和中央重大决策部署的；(3) 展示经济社会发展亮点，反映人民群众伟大奋斗和火热生活的；(4) 弘扬社会主义核心价值观，宣传优秀道德文化和时代精神，充分展现中华民族昂扬向上精神风貌的；(5) 有效回应社会关切，解疑释惑，析事明理，有助于引导群众形成共识的；(6) 有助于提高中华文化国际影响力，向世界展现真实立体全面的中国的；(7) 其他讲品味讲格调讲责任、讴歌真善美、促进团结稳定等的内容。

第6条规定了不得制作、复制、发布的十一类违法信息，前七条的违法信息是有关政治安全方面的，包含：(1) 反对宪法所确定的基本原则的；(2) 危害国家安全，泄露国家秘密，颠覆国家政权，破坏国家统一的；(3) 损害国家荣誉和利益的；(4) 歪曲、丑化、亵渎、否定英雄烈士事迹和精神，以侮辱、诽谤或者其他方式侵害英雄烈士的姓名、肖像、名誉、荣誉的；(5) 宣扬恐怖主义、极端主义或者煽动实施恐怖活动、极端主义活动的；(6) 煽动民族仇恨、民族歧视，破坏民族团结的；(7) 破坏国家宗教政策，宣扬邪教和封建迷信的。后四条是有关社会稳定的内容，包含：(8) 散布谣言，扰乱经济秩序和社会秩序的；(9) 散布淫秽、色情、赌博、暴力、凶杀、恐怖或者教唆犯罪的；(10) 侮辱或者诽谤他人，侵害他人名誉、隐私和其他合法权益的；(11) 法律、行政法规禁止的其他内容。与第6条规定相对应，第7条罗列了九类不良信息，也就是在网络上经常能看到的不良内容类型：(1) 使用夸张标题，内容与标题严重不符的；(2) 炒作绯闻、丑闻、劣迹等的；(3) 不当评述自然灾害、重大事故等灾难的；(4) 带有性暗示、性挑逗等易使人产生性联想的；(5) 展现血腥、惊悚、残忍等致人身心不适的；(6) 煽动人群歧视、地域歧视等的；(7) 宣扬低俗、庸俗、媚俗内容的；(8) 可能引发未成年人模仿不安全行为和违反社会公德行为、诱导未成年人不良嗜好等的；(9) 其他对网络生态造成不良影响的内容。

（2）网络信息内容服务平台的法定职责

《网络信息内容生态治理规定》将网络信息内容服务平台的义务设定为

"网络信息内容服务平台应当建立网络信息内容生态治理机制，制定本平台网络信息内容生态治理细则，健全用户注册、账号管理、信息发布审核、跟帖评论审核、版面页面生态管理、实时巡查、应急处置和网络谣言、黑色产业链信息处置等制度"。第 34 条规定："网络信息内容生产者违反本规定第六条规定的，网络信息内容服务平台应当依法依约采取警示整改、限制功能、暂停更新、关闭账号等处置措施，及时消除违法信息内容，保存记录并向有关主管部门报告。"

(3) 网络信息内容服务使用者的法定职责

网络信息内容服务使用者的义务有：一是应当以文明健康的方式使用网络，按照法律法规的要求和用户协议约定，切实履行相应的法律义务。二是在以发帖、回复、留言、弹幕等形式参与网络活动时，文明互动，理性表达，不得发布《网络信息内容生态治理规定》中规定的违法信息内容，防范和抵制其中规定的不良信息内容。《网络信息内容生态治理规定》还明确了网络群组、论坛社区版块的建立者和管理者应当履行管理责任，依法依约规范群组、版块内信息发布等行为。

《网络信息内容生态治理规定》突出了网络信息内容生态治理主体的多元化，明确了政府、企业、社会、网民等主体多元参与协同共治的治理模式，强调"政府、企业、社会、网民"等多元主体参与网络生态治理的主观能动性。在参与网络生态治理的四大主体中，政府的作用是监督管理，企业的义务是履行信息内容管理主体责任，社会的功能是发挥服务指导和桥梁纽带作用，网民的义务是遵守法律法规和公序良俗。除了前文述及的三大行政管理者的职责外，《网络信息内容生态治理规定》对于代表着社会层面的网络行业组织的要求是鼓励行业组织建立完善行业自律机制，鼓励行业组织推动行业信用评价体系建设。

《网络信息内容生态治理规定》第 3 条明确了各级政府网信部门对于网络信息内容生态治理统筹协调职责。第 30 条要求各级网信部门会同有关主管部门，建立健全信息共享、会商通报、联合执法、案件督办、信息公开等工作机制，协同开展网络信息内容生态治理工作。第 32 条要求，各级网信部门建立网络信息内容服务平台违法违规行为台账管理制度，并依法依规进行相应处理。各级政府网信部门、网络信息服务平台、网络群组、论坛社区版块建立者和管理者以及行业组织构成的多层次网络信息综合治理体系将对发挥政府监督、网络自律、行业自治，进而全方位保障网络信息内容生态治理有效实现具有重要意义。

2. 有关网络信息内容安全的其他相关法规规定

《网络信息内容生态治理规定》上位法之一的《网络安全法》第 6 条规定："国家倡导诚实守信、健康文明的网络行为，推动传播社会主义核心价值观，采取措施提高全社会的网络安全意识和水平，形成全社会共同参与促进网络安全的良好环境。"第 8 条规定了国家网信部门负责统筹协调网络安全工作和相关监督管理工作。

在《网络信息内容生态治理规定》颁布以前，我国对互联网违法信息内容的规制已比较全面。比如，与网络信息内容安全最直接相关的行政法规《互联网信息服务管理办法》中，就对九类禁载信息进行了明确的规定。比起《互联网信息服务管理办法》规定的九类，《网络信息内容生态治理规定》增加了"歪曲、丑化、亵渎、否定英雄烈士事迹和精神，以侮辱、诽谤或者其他方式侵害英雄烈士的姓名、肖像、名誉、荣誉的信息"和"宣扬恐怖主义、极端主义或者煽动实施恐怖活动、极端主义活动的信息"两类违法信息，这两类违法信息是基于 2017 年 3 月通过的《中华人民共和国民法总则》（已失效）第 185 条的"英烈条款"和 2015 年 8 月通过的《中华人民共和国刑法修正案（九）》（以下简称《刑法修正案（九）》）中"恐怖主义和极端主义条款"。

行政法规中，《互联网上网服务营业场所管理条例》第 14 条规定互联网上网服务营业场所经营单位和上网消费者不得利用互联网上网服务营业场所制作、下载、复制、查阅、发布、传播包含反对宪法确定的基本原则的；危害国家统一、主权和领土完整；泄露国家秘密，危害国家安全或者损害国家荣誉和利益；散布谣言，扰乱社会秩序，破坏社会稳定的；宣传淫秽、赌博、暴力或者教唆犯罪的；侮辱或者诽谤他人，侵害他人合法权益的；危害社会公德或者民族优秀文化传统等十类内容。《计算机信息网络国际联网安全保护管理办法》也在第 5 条中规定，任何单位和个人不得利用国际联网制作、复制、查阅和传播包含煽动抗拒、破坏宪法和法律、行政法规实施的；煽动颠覆国家政权，推翻社会主义制度的；煽动分裂国家、破坏国家统一的；煽动民族仇恨、民族歧视，破坏民族团结的；捏造或者歪曲事实，散布谣言，扰乱社会秩序的；宣扬封建迷信、淫秽、色情、赌博、暴力、凶杀、恐怖，教唆犯罪等十类内容。两部行政法规在网络接入通道层面对网络信息内容的传播进行了规制。

在部门规章《互联网新闻信息服务管理规定》中，也对新闻信息内容作了规范性要求。账号名称也是网络内容的一部分，部门规章《互联网用户账号信息管理规定》中规定了八种法律禁止的起名方式，第一款就是不得违反《网络信息内容生态治理规定》第 6 条、第 7 条规定，不得假冒、仿冒国家机关的名称，以及不能“含有名不副实、夸大其词等可能使公众受骗或者产生误解的内容”。

《网络信息内容生态治理规定》第 19 条要求“网络群组、论坛社区版块建立者和管理者应当履行群组、版块管理责任，依据法律法规、用户协议和平台公约等，规范群组、版块内信息发布等行为”。相应地，国家网信办出台了对于用户公众账号服务管理、网络音视频信息服务管理、微博客信息服务管理、互联网群组信息服务管理、互联网跟帖评论服务管理、互联网论坛社区服务管理等的相关规范性文件，以多个文件中的多种条款协同规定网络信息内容的治理规则。

规范性文件中，《互联网用户公众账号信息服务管理规定》第 7 条规定，公众账号信息服务平台应当按照国家有关标准和规范，建立公众账号分类注册和分类生产制度，实施分类管理。公众账号信息服务平台应当依据公众账号信息内容生产质量、信息传播能力、账号主体信用评价等指标，建立分级管理制度，实施分级管理。《网络音视频信息服务管理规定》第 9 条规定，任何组织和个人不得利用网络音视频信息服务以及相关信息技术从事危害国家安全、破坏社会稳定、扰乱社会秩序、侵犯他人合法权益等法律法规禁止的活动，不得制作、发布、传播煽动颠覆国家政权、危害政治安全和社会稳定、网络谣言、淫秽色情，以及侵害他人名誉权、肖像权、隐私权、知识产权和其他合法权益等法律法规禁止的信息内容。《微博客信息服务管理规定》第 11 条规定微博客服务提供者应当建立健全辟谣机制，发现微博客服务使用者发布、传播谣言或不实信息，应当主动采取辟谣措施；第 12 条指出微博客服务提供者和微博客服务使用者不得利用微博客发布、传播法律法规禁止的信息内容。《互联网群组信息服务管理规定》第 4 条写明，互联网群组信息服务提供者和使用者，应当坚持正确导向，弘扬社会主义核心价值观，培育积极健康的网络文化，维护良好网络生态；第 9 条规定互联网群组建立者、管理者应当履行群组管理责任，依据法律法规、用户协议和平台公约，规范群组网络行为和信息发布，构建文明有序的网络群体空间；第 10 条指出，互联网群组信息服务提供者和使用者不得利用互联网群组传播法律法规和国家有关规定禁止的信息内容。《互联网跟帖评论服务管理规定》第7条规定:“跟帖评论服务提供者应当按照用户服务协议对跟帖评论服务使用者和公众账号生产运营者进行规范管理。对发布违法和不良信息内容的跟帖评论服务使用者,应当依法依约采取警示提醒、拒绝发布、删除信息、限制账号功能、暂停账号更新、关闭账号、禁止重新注册等处置措施,并保存相关记录;对未尽到管理义务导致跟帖评论环节出现违法和不良信息内容的公众账号生产运营者,应当根据具体情形,依法依约采取警示提醒、删除信息、暂停跟帖评论区功能直至永久关闭跟帖评论区、限制账号功能、暂停账号更新、关闭账号、禁止重新注册等处置措施,保存相关记录,并及时向网信部门报告。”第8条写明,跟帖评论服务提供者应当建立用户分级管理制度,对用户的跟帖评论行为开展信用评估,根据信用等级确定服务范围及功能,对严重失信的用户应列入黑名单,停止对列入黑名单的用户提供服务,并禁止其通过重新注册账号等方式使用跟帖评论服务。《互联网论坛社区服务管理规定》第6条指出:“互联网论坛社区服务提供者不得利用互联网论坛社区服务发布、传播法律法规和国家有关规定禁止的信息。”第7条规定:“互联网论坛社区服务提供者应当加强对其用户发布信息的管理,发现含有法律法规和国家有关规定禁止的信息的,应当立即停止传输该信息,采取消除等处置措施,保存有关记录,并及时向国家或者地方互联网信息办公室报告。”

我国网络信息内容安全监管的法律体系还对音视频和新兴应用领域的各项内容等作出相关规定。如,《互联网直播服务管理规定》第7条规定:“互联网直播服务提供者应当建立直播内容审核平台,根据互联网直播的内容类别、用户规模等实施分级分类管理,对图文、视频、音频等直播内容加注或播报平台标识信息,对互联网新闻信息直播及其互动内容实施先审后发管理。”第10条规定:“互联网直播发布者发布新闻信息,应当真实准确、客观公正。转载新闻信息应当完整准确,不得歪曲新闻信息内容,并在显著位置注明来源,保证新闻信息来源可追溯。”第11条规定:“互联网直播服务提供者应当加强对评论、弹幕等直播互动环节的实时管理,配备相应管理人员。互联网直播发布者在进行直播时,应当提供符合法律法规要求的直播内容,自觉维护直播活动秩序。用户在参与直播互动时,应当遵守法律法规,文明互动,理性表达。”《移动互联网应用程序信息服务管理规定》中指出:对发布违法违规信息内容的，视情采取警示、暂停服务、下架等处置措施，保存记录并向有关主管部门报告。《关于加强网络直播规范管理工作的指导意见》指出应当向未成年人用户提供“青少年模式”，防范未成年人沉迷网络直播，屏蔽不利于未成年人健康成长的网络直播内容。利用基于深度学习、虚拟现实等技术制作、发布的非真实直播信息内容，应当以显著方式予以标识。

2019 年 1 月，中国网络视听节目服务协会正式发布了《网络短视频内容审核标准细则》和《网络短视频平台管理规范》，依据网络短视频内容审核基本标准，网络播放的短视频节目，及其标题、名称、评论、弹幕、表情包等，其语言、表演、字幕、背景中不得出现攻击我国政治制度、法律制度的内容；分裂国家的内容；损害国家形象的内容；损害革命领袖、英雄烈士形象的内容；泄露国家秘密的内容；破坏社会稳定的内容；损害民族与地域团结的内容；违背国家宗教政策的内容；传播恐怖主义的内容；歪曲贬低民族优秀文化传统的内容；恶意中伤或损害人民军队、国安、警察、行政、司法等国家公务人员形象和共产党党员形象的内容；美化反面和负面人物形象的内容；宣扬封建迷信，违背科学精神的内容；宣扬不良、消极颓废的人生观、世界观和价值观的内容；渲染暴力血腥、展示丑恶行为和惊悚情景的内容；展示淫秽色情，渲染庸俗低级趣味，宣扬不健康和非主流的内容；侮辱、诽谤、贬损、恶搞他人的内容；有悖于社会公德的内容；不利于未成年人健康成长的内容；宣扬、美化历史上侵略战争和殖民史的内容；其他违反国家有关规定、社会道德规范的内容。《网络短视频平台管理规范》中规定，网络短视频平台应当建立“违法违规上传账户名单库”。一周内三次以上上传含有违法违规内容节目的 UGC 账户，及上传重大违法内容节目的 UGC 账户，平台应当将其身份信息、头像、账户名称等信息纳入“违法违规上传账户名单库”。根据上传违法节目行为的严重性，列入“违法违规上传账户名单库”中的人员的禁播期分别为一年、三年、永久三个档次。

二、保护青少年群体的法律体系

2020 年 10 月修订的《中华人民共和国未成年人保护法》（以下简称《未成年人保护法》）设置未成年人网络保护专章，明确规定对于未成年人要加强网络保护，免受来自网络不良信息和行为的侵害。

1. 《未成年人保护法》分类界定了适用于青少年的网络信息内容

《未成年人保护法》增设网络保护专章，明确规定对于未成年人要加强网络保护，免受来自网络不良信息和行为的侵害。其第五章“网络保护”中对如何规范面向未成年人的网络产品内容有非常明确的规定，规定了国家、社会、学校和家庭、网信部门的各自职责，重点强调多部门联合应当定期开展预防未成年人沉迷网络的宣传教育，监督网络产品和服务提供者履行预防未成年人沉迷网络的义务，指导家庭、学校、社会组织互相配合，采取科学、合理的方式对未成年人沉迷网络进行预防和干预。通过规定学校、社会平台的相应职责来对未成年人进行多方保护。

《未成年人保护法》第 70 条规定“学校发现未成年学生沉迷网络的，应当及时告知其父母或者其他监护人，共同对未成年学生进行教育和引导，帮助其恢复正常的学习生活”。第 71 条规定“未成年人的父母或者其他监护人应当通过在智能终端产品上安装未成年人网络保护软件、选择适合未成年人的服务模式和管理功能等方式，避免未成年人接触危害或者可能影响其身心健康的网络信息，合理安排未成年人使用网络的时间，有效预防未成年人沉迷网络”。第 74 条规定“网络产品和服务提供者不得向未成年人提供诱导其沉迷的产品和服务”；以未成年人为服务对象的在线教育网络产品和服务，不得插入网络游戏链接，不得推送广告等与教学无关的信息。第 75 条规定“网络游戏经依法审批后方可运营”。第 76 条规定“网络直播服务提供者不得为未满十六周岁的未成年人提供网络直播发布者账号注册服务；为年满十六周岁的未成年人提供网络直播发布者账号注册服务时，应当对其身份信息进行认证，并征得其父母或者其他监护人同意”。第 77 条禁止任何组织或者个人通过网络以文字、图片、音视频等形式，对未成年人实施侮辱、诽谤、威胁或者恶意损害形象等网络欺凌行为，并指明“遭受网络欺凌的未成年人及其父母或者其他监护人有权通知网络服务提供者采取删除、屏蔽、断开链接等措施。网络服务提供者接到通知后，应当及时采取必要的措施制止网络欺凌行为，防止信息扩散”。第 80 条规定网络服务提供者发现用户发布、传播可能影响未成年人身心健康的信息且未作显著提示的，应当作出提示或者通知用户予以提示；未作出提示的，不得传输相关信息。网络服务提供者发现用户发布、传播含有危害未成年人身心健康内容的信息的，应当立即停止传输相关信息，采取删除、屏蔽、断开链接等处置措施，保存有关记录，并向网信、公安等部门报告。网络服务提供者发现用户利用其网络服务对未成年人实施违法犯罪行为的，应当立即停止向该用户提供网络服务，保存有关记录，并向公安机关报告。

2.《家庭教育促进法》为青少年的网络素养生成建造“护城河”

《中华人民共和国家庭教育促进法》第22条规定，未成年人的父母或者其他监护人应当合理安排未成年人学习、休息、娱乐和体育锻炼的时间，避免加重未成年人学习负担，预防未成年人沉迷网络。第16条规定未成年人的父母或者其他监护人应当关注未成年人心理健康，教导其珍爱生命，对其进行交通出行、健康上网和防欺凌、防溺水、防诈骗、防拐卖、防性侵等方面的安全知识教育。第17条指出未成年人的父母或者其他监护人实施家庭教育，应当关注未成年人的生理、心理、智力发展状况，尊重其参与相关家庭事务和发表意见的权利，合理运用相机而教，寓教于日常生活之中；潜移默化，言传与身教相结合；严慈相济，关心爱护与严格要求并重；尊重差异，根据年龄和个性特点进行科学引导；平等交流，予以尊重、理解和鼓励等方式方法。

第三节 我国网络信息内容监管的机构及专项行动

治理主体是多元的，由政府、社会组织和平台在对网络信息内容进行监管的时候，各治理监管主体依据相关的法律法规，在一定时期内集中各种资源，执法者（包括各类监管人员）针对特定类型或者多种类型的违法信息和不良信息进行集中整治，开展了相应的专项行动。通过梳理各项专项行动的发展脉络和变化，可以看出以《网络信息内容生态治理规定》为法律依据，政府、社会组织和平台的相应行动已经组成了完整的网络信息内容监管的法治实施体系。

一、负责内容安全监管的政府部门和行业组织

1. 中华人民共和国国家互联网信息办公室

中华人民共和国国家互联网信息办公室成立于2011年5月，在2014年《国务院关于授权国家互联网信息办公室负责互联网信息内容管理工作的通知》（国发〔2014〕33号）中，国务院授权重新组建的国家互联网信息办公室负责全国互联网信息内容管理工作，并负责监督管理执法。同年，中央网络安全和信息化领导小组宣告成立。2018年3月，根据中共中央印发的《深化党和国家机构改革方案》，将中央网络安全和信息化领导小组改为中国共产党

中央网络安全和信息化委员会。

2023年,《国务院关于机构设置的通知》中指出国家网信办与中央网络安全和信息化委员会办公室是一个机构两块牌子,列入中共中央直属机构序列。中央网络安全和信息化领导小组办事机构即中央网络安全和信息化领导小组办公室,由国家互联网信息办公室承担具体职责,形成了中央网络安全和信息化委员会领导、国家互联网信息办公室主导和协调,各级政府网络管理部门负责具体实施的互联网管理体制。①

2. 内容安全推进的行业方阵

中国信息通信研究院(以下简称中国信通院)始建于1957年,是工业和信息化部直属科研事业单位,中国信通院在网络与信息安全等方面进行了深入研究与前瞻布局,在国家信息通信及信息化与工业化融合领域的战略和政策研究、技术创新、产业发展、安全保障等方面发挥了重要作用。中国信通院于2021年11月发起成立了"内容科技产业推进方阵"(以下简称"方阵"),其间吸引了多家企业、高校的加入。据相关资料,截至2022年8月15日,经审核批准的"方阵"成员单位的数量已达108家。"方阵"的主要作用是对网络内容制作和服务类企业进行网络内容治理性能的技术性测评,以行业组织认可的技术标准以及公信力为网络信息内容监管工作的顺利开展提供保障。"方阵"设立了内容生成技术应用工作组、网络治理能力工作组、内容传播与运营技术应用工作组,围绕内容生成技术、内容审核技术、内容分发与运营技术三个方向开展工作,通过开展技术沙龙、标准制定、技术评测、高峰论坛等形式推动技术发展和产业生态构建。

在内容安全方面,"方阵"于2022年与网易、阿里巴巴、知道创宇、博特智能等企业完成了面向互联网信息服务类企业的《内容审核体系成熟度要求和评估规范》。该规范主要从审核制度和审核能力两个维度对互联网信息服务平台的内容审核体系的完善程度进行评估,并划分为基础级、加强级、优秀级、先进级4个级别。其中,审核制度评估包括审核机制保障、审核范围、机审制度、人审制度、巡检制度、举报制度、信息处置制度七个方面;审核能力评估包括机审能力、人审能力、审核能力自查三个方面。评估方法是对机器审核和人工审核的系统功能进行验证,对机器和人工的审核能力进行测试。这类

① 许鑫:《西方国家网络治理经验及对我国的启示》,载《电子政务》2018年第12期。

内容安全相关标准已经得到产业界的广泛认可。

二、针对内容安全监管的专项行动

我国在内容安全治理方面呈现两个特点：一是监管部门覆盖度广、政策法规日趋完善。近几年，各部门发布了多个针对不同领域的规章制度，显示出我国在网络内容治理方面的法律法规越来越完善。二是针对性的专项治理行动非常密集。[①] 针对不同的内容安全，政府和平台均采取了专项行动来监管不良内容，净化网络信息内容的生态环境。

2020 年，国家网信办在全国范围内启动为期 8 个月的 2020"清朗"专项行动，全面覆盖各类网络传播渠道和平台，集中清理网上各类违法和不良信息。2021 年，网络"清朗"系列专项行动主要任务包括 8 个方面：整治网上历史虚无主义，整治春节期间网络环境，打击网络水军、流量造假、黑公关，治理算法滥用行为，整治未成年人网络环境，整治网上文娱及热点排行乱象，规范网站账号运营，整治 PUSH 弹窗突出问题。2022 年"清朗"系列专项行动具体包括以下几个方面的重点任务：打击网络谣言，整治 MCN 机构信息内容乱象，整治网络直播、短视频领域乱象，整治应用程序信息服务乱象，规范传播秩序，算法综合治理，整治春节期间网络环境，整治暑期未成年人网络环境。此外，2021 年开展的"清朗 · 互联网用户账号运营专项整治行动"和"清朗 · 打击流量造假、黑公关、网络水军"专项行动在 2022 年继续深入推进。

除了国家开展的清朗系列专项活动之外，各大网络服务平台也根据自身实务领域中的需要在各类小项的监管领域内开展了内容安全的监测。

1. 涉及政治安全的网络信息内容监管行动

今日头条平台在 2022 年 5 月开展了专项举报受理工作，针对用户举报的涉历史虚无主义等违法和不良信息进行专项受理、处置，重点整治，主要包括：利用党史、国史、军史上的一些敏感、热点问题造谣生事、抹黑攻击；攻击马克思主义、毛泽东思想、邓小平理论；歪曲历史事实、否定中国革命史、抹黑改革开放史；否定领袖人物、丑化历史人物、戏说恶搞英雄、美化反面历史人物；否定中华优秀传统文化、革命文化、社会主义先进文化，粉饰西方文明文化史、美化外国殖民主义侵略史等内容。用网民自我监督的举报机制打击历

① 朱浩齐：《构建全链路内容风控体系 解决内容安全难题》，载《中国信息安全》2020 年第 2 期。

史虚无主义,监控恶搞英烈,诋毁、抹黑党和国家领导人,歪曲、篡改历史,过分解读历史错误,传播错误历史观的行为。

2. 博流量的网络信息内容监管专项行动

国家网信办于2021年对移动应用程序PUSH弹窗突出问题专项整治,重点面向新闻客户端、手机浏览器、公众账号平台、工具类应用等4类移动应用程序,整治内容包括:禁止PUSH弹窗推送违规采编发布、转载的新闻信息;推送新闻信息不得渲染炒作舆情热点;未取得互联网新闻信息服务许可的工具类应用不得PUSH弹窗推送新闻信息;禁止PUSH弹窗推送娱乐八卦、明星绯闻、血腥暴力、奇闻逸事、低俗恶俗等有悖社会主义核心价值观内容;禁止通过PUSH弹窗渠道放大传播失德艺人、负面争议人物的有关言论;遇突发事件、灾难事故,不得渲染血腥现场、过度强调案件血腥细节等,不得扎堆PUSH弹窗推送相关信息。

今日头条平台于2022年持续治理平台上出现的以同质化内容编造个人经历或他人故事博眼球薅流量的内容。还持续开展针对恶意重复发文薅流量行为的专项治理。平台把恶意重复发文界定为以薅流量为目的,把相同或高度相似的内容在站内反复多次重发的行为。具体监管类型包括:恶意把曾经发布过的历史内容,直接复制或进行简单词语替换,反复多次发布;恶意把曾经发布过的内容反复多次删除再重发;每次发内容时,把前面的已经发布过的内容删除后再新发,并如此循环往复薅流量。

百度旗下百家号作者服务中心于2022年8月2日发布公告表示,平台将深入开展清理整治行动,遏制网络"黑灰色"产业、严厉打击挂载恶意链接的违法违规内容。恶意链接类违规内容包括但不限于诱导分享内容、色情低俗内容、违法违禁品售卖信息、恶意营销垃圾广告等,要求各位百家号创作者也对已发布内容进行自查自纠,自觉对不规范内容进行清理。

3. 泛娱乐化内容的专项监管行动

2021年,国家网信办为不断巩固和扩大专项行动成果,针对进一步加强"饭圈"乱象治理,采取了十项措施:取消明星艺人榜单;优化调整排行规则;严管明星经纪公司;规范粉丝群体账号;严禁呈现互撕信息;清理违规群组版块;不得诱导粉丝消费;强化节目设置管理;严控未成年人参与;规范应援集资行为。

4. 涉及民生的财经类内容专项监管行动

国家网信办自2021年8月27日起开展清朗·商业网站平台和"自媒体"

违规采编发布财经类信息专项整治。此次专项整治重点聚焦财经类“自媒体”账号、主要公众账号平台、主要商业网站平台财经版块、主要财经资讯平台等4类网上传播主体，重点打击8类违规问题：第一类是歪曲解读财经方针政策、宏观经济数据，恶意唱空我国金融市场、唱衰中国经济等。第二类是毫无立场、不加判断地转载搬运境外歪曲解读我国财经领域热点的报道评论等。第三类以所谓“揭秘”“重磅”“独家爆料”，以及“知情人士称”散布“小道消息”，乃至造谣传谣。第四类是转载合规稿源财经新闻信息时，恶意篡改、断章取义、片面曲解等“标题党”行为。第五类是充当金融“黑嘴”，扰乱正常市场秩序的行为。第六类是炒作负面信息对相关利益主体进行威胁恐吓、敲诈勒索，谋取非法利益。第七类是炒作社会恶性事件、负面极端事件，煽动悲情、焦虑、恐慌等情绪，借以推销所谓“财商课”、各类保险产品等。第八类是未严格履行身份认证程序，冒用滥用财经主管部门工作人员或专家学者等名义开办财经专栏、账号等。此后，微信公众平台、抖音、微博、今日头条、快手、优酷等多家网络平台均宣布，将开展财经内容专项整治行动。

5. 规范网络用户创作行为习惯的监管行动

2021年，国家网信办部署推进“清朗·互联网用户账号运营乱象专项整治行动”，紧盯五类账号运营乱象：一是违法违规账号“转世”。加强账号注册管理，严禁已被依法依约关闭的账号以相同名称、相似名称等关联名称重新注册，对于已被关闭的账号主体，根据违法违规程度设置一定的禁止重新注册期限。二是互联网用户账号名称信息违法违规。坚决处置名称、昵称、头像、简介和封面等包含违法违规信息的账号，假冒仿冒党政军机关、企事业单位、新闻媒体等组织机构名称、标识以假乱真误导公众的账号，不具备经济、教育、医疗卫生、司法等领域专业资质仍从事专业领域信息内容生产的账号。三是网络名人账号虚假粉丝。严格管控网络名人账号异常涨粉行为，全面清理“僵尸”粉、机器粉，大力打击通过雇佣水军等方式的非自然涨粉行为，定期清理“僵尸”账号。四是互联网用户账号恶意营销。从严处置利用社会时事“蹭热点”、发布“标题党”文章煽动网民情绪的账号；传播低俗、庸俗、媚俗内容的直播、主播账号；炒作明星八卦等泛娱乐化信息，引发网民互相攻击的账号；以知识传播名义歪曲解读国家政策，干扰公众认知的账号；“带节奏”操控评论，干扰真实舆论呈现的水军账号。五是向未成年人租售网络游戏账号。严格网络游戏账号实名注册和登记要求，清理向未成年人提供网络游戏账号的租售交易。此外,因机构调整等原因无法注销的政务号也将予以集中处置。

今日头条平台发现少数用户会使用“变体字”等不规范表述来代替可能存在“敏感”问题的词语,被高频使用的不规范表述用语的常见表述方式是直接用拼音代替,比如“粉丝”写为“fs”,有的是拼音汉字,比如官方的缩写是G方。平台的处理方式是在日常创作中,这些词语的正常使用并不会被审核、处罚,仅在内容存在低俗诱导、违规推广、恶意营销等违反《今日头条社区规范》时加以管理。该平台还开展了针对“编造虚假故事”行为的专项治理,将使用杜撰虚构事实、刻意夸大矛盾冲突、拼凑制造离奇情节等博眼球的方式,来描述个人或他人经历、故事的行为界定为编造虚假故事,截至2022年7月12日,今日头条平台已对1163个账号给予扣分处罚。

6. 保护未成年人免受不良信息内容侵害的法治活动

我国重视对未成年人的网络保护,国家网信办从2020年起已连续3年开展了“清朗暑期未成年人网络环境”专项整治行动。2020年的暑期专项行动围绕“学习教育类网站平台和其他网站的网课学习版块生态问题”,“网站平台少儿、动画、动漫等频道的不良动画动漫产品”,“直播、短视频网站平台存在的涉未成年人有害信息”,“即时通讯工具群圈和论坛社区环节,严防危害未成年人身心健康的有害信息”,以及“青少年常用的浏览器、输入法等工具类应用程序恶意弹窗问题”;“重点整治诱导未成年人无底线追星、饭圈互撕等价值导向不良的信息和行为”,“集中整治网络游戏平台实名制和防沉迷措施落实不到位、诱导未成年人充值消费等问题”。2021年的暑期专项行动聚焦解决7类网上危害未成年人身心健康的突出问题,包括:直播、短视频平台涉未成年人问题;未成年人在线教育平台问题;儿童不良动漫动画作品问题;论坛社区、群圈等环节危害未成年人问题;网络“饭圈”乱象问题;不良社交行为和不良文化问题;防沉迷系统和“青少年模式”效能发挥不足问题。比起2020年的专项行动,增加了重点排查解决网站平台防沉迷系统问题漏洞的任务,意图解决“青少年模式”入口不显著、识别不精准、专属内容不够丰富、应用效果不佳等问题。2022年7月18日,中央网信办、国务院未成年人保护工作领导小组办公室、教育部、共青团中央、全国妇联在京联合举行“清朗·2022年暑期未成年人网络环境整治”专项行动启动仪式。教育部党组成员、副部长郑富芝表示,此次活动要结合“双减”形势抓好线上培训违规行为查处工作，确保线上培训网络环境同步“清朗”。将严查培训材料，确保内容积极健康；严查培训时段，确保暑期不能开展学科类培训；严查虚假宣传，确保不制造新的教育焦虑。

除了暑期专项行动外，在保护未成年人、净化网络环境方面，全国范围内统一开展了“扫黄打非·净网专项行动”，移动互联网传播淫秽色情信息问题成为重点整治的三大问题之一。

在地方网信办落实保护未成年人的治理行动中，上海相关部门约谈20余家重点游戏企业、运营平台、出版单位，提出了“沪七条”：要注重提升游戏品质和文化内涵；要做好游戏内容审核把关；要压实平台责任；要加强运营管理；要强化党建引领；要加强培训指导；要积极引导企业履行社会责任。北京市教育委员会、中共北京市委网络安全和信息化委员会办公室、北京市通信管理局等八部门在推进教育移动应用治理制度化、规范化的工作中，明确提出教育移动应用的提供者及其产品应当严格遵守国家法律法规，坚持党的教育方针，落实立德树人根本要求，符合“双减”政策规定，体现素质教育导向。所提供的内容不得有消极信息、不良信息，不得出现游戏链接和广告等。教育移动应用不得为未经许可的机构（或个人）提供平台（或功能）用于开展学科类培训，且不得提供和传播惰化中小学生思维能力、影响学生独立思考、违背教育教学规律的“拍照搜题”等功能。北京市教委还将建立教育移动应用黑白名单制度，向社会及时公示经审核备案的教育移动应用及其提供者。

行业平台如著名短视频平台B站在2022年7月发布公告称，将积极响应“清朗·2022年暑期未成年人网络环境整治”专项行动，即日起开展为期两个月的网络环境专项治理。此次专项整治涉及严防不良导向内容入侵、保护未成年人隐私等，未满16周岁未成年人禁止直播。B站在公告中指出，对恶意发布上述内容、进行上述行为的账号将从严处理。此外，社区严禁任何可能影响未成年人身心健康的内容发布或传播，并逐步升级技术手段，完善青少年模式。

7. 规范短视频及直播的法治活动

近年来，网络直播成为“风口”，在产品营销、知识共享、远程办公、医疗健康等方面发挥着积极作用。然而，在这些正常的直播之外，个别平台和主播为了眼前利益动“歪脑筋”，打“擦边球”，放纵不良现象甚至违法违规，引发网民强烈不满。

国家网信办于2022年4月15日发布公告称将开展“清朗·整治网络直播、短视频领域乱象”专项行动，从严整治网络直播平台重要功能运行失范问题，全面规范互动环节，整治连麦PK环节恶俗惩罚问题，全面清理直播平台群聊环节的色情低俗群组，动态、广场、评论弹幕等环节低俗、涉毒涉赌、非法引流导流等违法和不良信息；严管“网红账号”，严管MCN机构账号，强化账号全流程管理，监控未成年人打赏问题；整治虚假人设；打击以救援者或受难者姿态拍摄灾难或事故现场，以帮扶救援为名，行借机蹭热度、消费灾情之实的行为；打击实地围追堵截走红的热点人物，进而以其为主角或背景进行拍摄，借势引流量，严重干扰当事人正常生活等行为；打击“反蹭”热点事件、人物、话题，罔顾事实对热点事件、人物进行恶意调侃、抨击，甚至无中生有、编造谣言等行为。

8. 针对MCN账号不良内容监管的法治活动

MCN是英文Multi-Channel Network的缩写，直译为“多频道网络”，实质是借由矩阵营销的原理来实现网红经济模式运作的矩阵账号。“矩阵营销”大体可以分成两种形式：一种是在垂直平台上有多个账号，一次性投放就能形成规模效应，快速在平台上形成热点，引发关注。第二种形式就是多平台推荐，也就是横向营销，满足了营销的宽度问题。比如在抖音、西瓜视频、微信、微博、知乎、B站等各种平台上都有账号，同一个文案在各个平台上同时进行投放。矩阵账号就是一个品牌建立多个账号，将关注不同账号的粉丝流量通过矩阵账号相互引流，形成粉丝流量内部引流，避免粉丝流失，各账号互相推动，建立一个流量循环的品牌宣传链，可以扩大内容生产企业的总体影响力。目前，有矩阵账号业务的平台有抖音、快手、百家号、西瓜、今日头条等几大热门流量平台。比如，百家号MCN(也称矩阵)是指具有管理一定规模的百家号账号能力的组织/机构。根据图文、视频、直播三种内容体裁，百家号MCN类型划分为图文MCN、视频MCN、直播MCN三大类。同时，百家号为入驻MCN提供多样的内容分发渠道，依托百度搜索、百度APP、好看视频、全民小视频、百家号APP为创作内容提供千亿流量入口，优质内容高频曝光。

MCN是这几年才兴起的网络内容生产者账号运作模式，其特性决定了一旦有不良内容经过账号矩阵方式进行传播，负面影响会是普通账号的无数倍。因此，2022年“清朗”系列专项行动中就增加了整治MCN机构信息内容乱象的任务，在“清朗·整治网络直播、短视频领域乱象”专项行动中也有提及要从严整治 MCN 机构通过发布“打擦边球”、真假难辨等内容，恶意制造“网红账号”行为；整治 MCN 机构账号恶意“串联互动”博流量、恶意发布同质化文案炮制热点等行为；督促 MCN 机构切实履行签约账号管理责任。

拥有 MCN 账号运作业务的百家号平台在巡检中，发现部分 MCN 旗下原创账号大量发布低质内容（如低俗、水文、模板化、标题党、抄袭、搬运等内容），因此对 MCN 采取定期监察，规定如果 MCN 旗下原创账号违规占比达一定量级，将对矩阵内所有账号采取连带处罚，包括但不限于释出原创、减少分发、封禁账号等处罚。平台在采取措施的时候，号召账号用户对矩阵内已发布的内容自检，确保账号创作领域一致性，并自觉检查清理矩阵内涉及低质、抄袭、搬运的内容。

综上，通过开展“清朗”系列专项行动以及各大平台的自我监管行动，饭圈乱象、互联网账户乱象、网络暴力等突出问题得到有效遏制，据相关数据，专项行动期间共清理违法和不良信息 200 多亿条，账号近 14 亿个。加强了网络诚信建设，营造了清朗的网络内容生态空间，有力维护了网络意识形态安全和政治安全。

第四节　我国网络信息健康内容创作监管的法治体系构建

《网络信息内容生态治理规定》出台以来，在专项行动中取得了较好的效果，但仍有改进的空间。在遏制风险的同时，也要关注网络上健康的信息内容的制作和传播，用创新的监管理论去推进。

一、网络信息积极内容的创作和传播

《网络信息内容生态治理规定》鼓励网络信息积极内容的制作、复制、发布。这类信息包括宣传习近平新时代中国特色社会主义思想，全面、准确、生动解读中国特色社会主义道路、理论、制度、文化等七大类内容。积极内容供给的增加和产生的影响对消极内容具有挤压、排斥效应，应纳入监管工作范畴，通过监管机制创新可推动积极内容的生产和传播。对此，助推理论具有启发意义。

1. 助推理论

助推理论是指在不使用任何禁令或者明显改变人们经济动机的情况下，通过一种可预测的方式改变人们的行为的理论。“助推”(nudge)一词来自芝加哥大学行为经济学家理查德·塞勒(Richard H. Thaler)教授和哈佛大学法学家卡斯·桑斯坦(Cass R. Sunstein)教授的著作《助推：如何做出有关健康、财富与幸福的最佳决策》，含义为轻微但有针对性的政策可以发挥更好的作用。这一理论指出，政府可以使用更隐性的策略来引导公众达成特定选择，政策制定者可以在选择体系设计方面进行优化以制定出更有效的公共政策。通过情境打造和物质安排，政策设计者可以促使对象作出设计者所希望产生的行为或决定，整个过程就像是“用胳膊肘轻推一下”。助推不同于“自由放任”和“一刀切”政策，是一种目标主体有自由选择机会的温和家长主义。该理论对于鼓励网络信息积极内容的生产能够发挥作用。助推方法是基于对人们在特定选择环境中的有限理性的行为倾向的考虑而设计的，通过改变环境，能够达到成本小、收益大的政策效应。助推不同于命令，例如将水果放在人们视线平齐的地方是助推，而禁止消费垃圾食品则不是。[①]

具体助推方法包括默认规则、社会规范、信息披露、设定冷静期等。如下表所示：

助推方法	设计原则	实例
默认规则	在政策选择体系中，将一个对大多数人都有利的选项作为默认的选项固定下来，将会节约成本和提高效益，从而增加社会福利	美国企业在 401(k)养老计划中将默认选项由员工默认不参与改成默认参与，极大地提高了员工的储蓄率，并且这一效果是长期的
简化程序	提供更加简化的政策描述或限制政策选项，方便决策者作出最优的选择	在中国，简化社保参与程序，降低参与成本，将提高人们的参保率和促进消费
社会规范	强调大多数人的规范，产生示范带动作用	在鼓励环保消费中，电力公司可提供给用户邻居的用电量来鼓励节约，宾馆提示客人每天不换毛巾来激励环保行为

① 刘双双：《基于助推理论的知识付费类应用交互设计研究》，硕士学位论文，江南大学，2019年。

（续表）

助推方法	设计原则	实例
信息披露	事前提供决策相关的信息，帮助决策者理性选择，提高决策效率	北京推出公交实时信息 APP 和拥堵实时信息，便于人们错峰出行，享受更舒适、更便捷的交通出行
事前承诺	通过事前承诺要实现的目标，激励人们的行为	通过事前承诺锻炼的时间，可以促进人们积极锻炼。在公共品和慈善捐赠中，通过事前承诺、延期支付，可以增加人们的贡献积极性
提醒和警示	用提醒的方式让大家履行义务，提醒的内容和时间很重要	在中国，税务机关向企业发送纳税提醒 短信会显著增加其纳税申报的可能性

资料来源：王湘红、马万超：《助推机制提高公共政策的有效性》，http://nads.ruc.edu.cn/upfile/file/20180424102005_42481_74143.pdf，2018 年 4 月。

2. 助推理论的运用

巧妙运用助推理论中的实现方法，可以增加正面内容传播的效率。比如在本行政区域内，对于互联网新闻信息服务首页首屏、弹窗和重要新闻信息内容页面；互联网用户公众账号信息服务精选、热搜等；博客、微博客信息服务热门推荐、榜单类、弹窗及基于地理位置的信息服务板块；互联网信息搜索服务热搜词、热搜图及默认搜索；互联网论坛社区服务首页首屏、榜单类、弹窗；互联网音视频服务首页首屏、发现、精选、榜单类、弹窗；互联网网址导航服务、浏览器服务、输入法服务首页首屏、榜单类、皮肤、联想词、弹窗，数字阅读、网络游戏、网络动漫服务首页首屏、精选、榜单类、弹窗；生活服务、知识服务平台首页首屏、热门推荐、弹窗；电子商务平台首页首屏、推荐区，移动应用商店、移动智能终端预置应用软件和内置信息内容服务首屏、推荐区；专门以未成年人为服务对象的网络信息内容专栏、专区和产品；以及其他处于产品或者服务醒目位置、易引起网络信息内容服务使用者关注的重点环节等网络空间处，用醒目的方式加强推荐。

助推理论的运用还可以体现在保护知识产权方面，在维护社会传播和知识产权保护上，中立性的网络平台有重要作用。[①] 知识产权具有经济属性，知

① 王湘红、马万超：《助推机制提高公共政策的有效性》，http://nads.ruc.edu.cn/upfile/file/20180424102005_42481_74143.pdf，2018 年 4 月。

识产权保护还必须保证所有权人的经济利益不受侵犯。[①] 对于侵犯知识产权行为的监管，可以善用网络用户的举报机制，将各种举报入口铺开，让用户想举报时随时都能进入举报入口。常见的举报渠道可设置为站内举报、邮箱举报、违法和不良信息举报电话、举报小程序，还可以将举报功能编码在文章或视频的分享按钮里。

二、通过制度创新防止监管俘获

监管俘获(regulatory capture)是指被监管目标公司用不当手段，比如通过行贿应对政府监管，从而把监管人员俘获成为目标公司不法行为的帮手，并导致目标公司产生新的合规风险。[②] 破除监管俘获的整体思路是国家监管部门采取动态监管的方式，针对网络内容建设中出现的新问题，每年开展系列的专项行动，保证监管的系统性、连续性和可调性。具体实施中，可以从监管者自身、监管机制、监管技术等方面入手。

监管人签字负责制是中央纪委落实责任的创新举措，要求监管责任人在核查报告上签字背书，就能够明确监管者的责任和担当，倒逼监管者认真履职、敢于担当。[③] 在实践层面，多层次的治理体系比单一的监管和法律更能适应人工智能等新技术快速发展迭代、日益复杂化的特征，行业标准、自律公约、技术指南、最佳实践、伦理框架、伦理教育和技术素养等都将发挥更大的作用。[④] 政府部门既需要对违规企业进行高强度处罚，包括超重罚金和吊销营业执照等，也应对经营者和所有者施行"零容忍"原则，以此增强被监管者自我约束的驱动力。在制度上，要将自上而下的单一主体监管转为包括平衡交错制约的多维度、多主体的综合监督治理。在技术层面，充分掌握被监管者综合信息的基础上，通过政府各部门共享数据，以"大数据＋精准执法"实现有效监管，提升政府的智慧监管水平。

---

① 薛永琴、刘华：《我国科技创新服务平台知识产权风险及其对策》，载《科技管理研究》2020年第21期。

② 《监管俘获还是监管欺凌？前者是卸你的胳膊，后者是断你的大腿》，https://www.sohu.com/a/353601584_733746，2019年11月23日。

③ 李拯：《人民网评：用签字背书落实责任，防止监管者"被俘获"》，http://opinion.people.com.cn/n/2013/1021/c1003-23277079.html，2013年10月21日。

④ 张钦坤、曹建峰：《从〈网络信息内容生态治理规定〉看互联网新技术的治理》，载《信息安全与通信保密》2020年第2期。

第五节 我国网络信息违规内容监管的法治体系构建

网络技术的进步,为内容造假提供了便利,也给网络违法信息的监管带来了挑战。与此同时,自媒体时代,人人都是写手,一些民生类话题的夸大手法极易在互联网上被放大,某些媒体和平台为了追求流量,将内容泛娱乐化,影响了社会主义核心价值观的传播和践行。本节用"违规内容"指代《网络信息内容生态治理规定》中提到的违法信息和不良信息涵盖的类别,并将这些违规内容划分为三大领域:涉政治安全内容、涉民生类事件内容、泛娱乐化内容。在详细分析现阶段这些违规内容带来的安全风险后,提出需要构筑更加完善的立法和执法司法体系。

一、网络不良信息内容监管的现实挑战

自 2016 年人工智能技术高速发展以来,新的技术快速变革,网络内容服务的形式、类型、方法不断更新,虽然制度保障在持续供给,弘扬主旋律、传递正能量内容快速增长的同时,"三俗"信息、负能量内容也大量充斥网络空间。新的内容呈现方式和新技术的发展,为网络内容监管带来了挑战。

目前,网络违规内容具有覆盖场景多、数据变种多、对抗性强的特点。场景多是指任何一个有内容发布的场景都很难躲过违规内容的骚扰。另外,随着场景的变化和对抗方法的演变,出现了大量的违规数据种类和变种:从最初的文本敏感词,到现在的字体拆分、特殊符号混淆以及图片内嵌入违规内容等多种形式,最近一两年在语音方面又增加了一种自发性知觉经络反应(autonomous sensory meridian response, ASMR)的内容类型,可以夹杂很多色情内容。最后,生产内容的"黑灰色"组织受流量经济的驱动,违规内容的发布上有一定的组织性和对抗性,已经形成了一个规模庞大的产业链条,以集团化的运作方式用内容形式的变换和账号的变化来对抗检测或运营策略。除此之外,内容安全治理还面临着人力成本和设备成本高的挑战以及图片检测的样本数据积累和审核员审核经验培养的时间壁垒问题。[1]

可能是受平台自身运营成本的影响,2022 年 8 月,国家网信办在联合多

---

① 朱浩齐:《构建全链路内容风控体系 解决内容安全难题》,载《中国信息安全》2020 年第 2 期。

部门深入清理网上涉诈有害信息时，发现QQ、快手等社交类平台、短视频平台在落实信息内容管理要求，持续排查处置涉诈信息、群圈、账号，建立账号监测预警机制，及时发现和处置异常账号，落实账号实名登记，建立涉诈举报机制，及时处置和反馈网民涉诈举报等方面还有待完善。《网络直播App未成年人保护报告》指出，绝大多数被测APP无法有效识别未成年人并征得家长同意；一些APP的青少年模式流于形式，内容池有待进一步优化；超过四成的被测APP存在不适宜未成年人接触的内容，其中尤以软色情内容最为突出。

除了“黑灰色”产业对正规内容管理平台的冲击以及由此带来的人员和设备成本升高的安全影响因素外，还应警惕技术进步带来的负面影响。[①] 深度伪造技术可以利用换脸技术制作虚假的色情视频，以达到污蔑或报复他人的目的；制作、散播关于商业竞争对手的深度伪造信息，损害其商誉等；借用合成的虚假内容对他人实施敲诈勒索或施加精神压力，甚至深度伪造技术也会给法院鉴别声音、视频等证据材料的真伪带来挑战等等。[②] 与深度伪造技术相对的还有“暗网”。在如今强监管的互联网环境中，几乎没有文件的传输不经过审核，但“暗网”就不一样了。“暗网”是一种匿名网络技术，可以让使用者通过虚拟的通道，在不透露自己身份和上网踪迹的情况下进入公共网络，“暗网”环境的隐蔽性、匿名性等特征逐渐驱使网络恐怖主义向“暗网”靠拢，通过“暗网”传播极端思想。各级网信部门应重点关注深度伪造技术和“暗网”领域中涉及政治安全的内容。[③]

二、网络不良信息内容监管的技术基础和法规框架

现阶段网络不良信息内容监管的主要难题是人工智能带来的技术造假，而技术同样可以用来进行内容的监管，达到以子之矛攻子之盾的效果。与此同时，以《网络信息内容生态治理规定》为依托，可以对地方性法规和地方性行政规章以及行业自律准则进行探讨。

---

① 张钦坤、曹建峰：《从〈网络信息内容生态治理规定〉看互联网新技术的治理》，载《信息安全与通信保密》2020年第2期。

② 曹建峰：《深度伪造技术的法律挑战及应对》，载《信息安全与通信保密》2019年第10期。

③ 舒洪水、王俊超：《网络恐怖主义在暗网的表现与应对策略》，载《中国信息安全》2021年第5期。

1. 构建"机审系统＋块数据"的网络内容监管的技术基础

内容审核机制的流程是先做机器审核，通过之后，进入第二道审核工序——人工审核。人工审核又分成四个审次，人工审核还有背靠背策略，即同时推给两位审核员，当两位都通过时，该条内容才算通过，否则就要继续推给第三、第四个审核员。假如始终存在分歧，还会进入一个多人研判流程，并将其作为案例分享给其他审核员。通过背靠背策略的开展，最终每位审核员在面对相同内容时，审核意见的一致率可高达90%以上。"日常巡检"分成"常规巡检"和"专项巡检"两部分。"常规巡检"主要解决长期普遍存在、危害比较大的问题，"专项巡检"则针对短期较为突出的问题。

受利益驱动和技术更新的影响，黑色产业链如今已发展到拥有团伙作战、专业分工、技术流等成熟运作流程的规模。比如使用模拟器，用一台机器上模拟出很多个APP，各自开着账户；比如直接远程购买或租用成千上万台手机等，所以网络信息内容监管的保障条件就是使用信息技术。目前网络内容监管采用的最基础技术就是内容过滤系统。内容过滤系统使用文本分类器生成的类别，将文本分类为不同的集合。不同的文本分类技术是朴素贝叶斯、SVM（支持向量机）、K近邻（KNN）、神经网络、基于Boosting的分类器和Rocchio。系统还会具有相似偏好和兴趣的其他用户推荐过滤规则，同时维护一个用户列表黑名单，被列入黑名单的用户将不得在平台上发帖。[①] 内容过滤系统的一个应用是"自杀预警"机制。通过抓取关键词词库，从"自杀"，到以"想死""不想活了"两个方向为延伸，收集相关联的30—40个关键词。系统抓到关键词后，会先屏蔽该内容，然后锁定用户位置，之后内容审核员会视情况联系当地警方，尽可能拯救自杀者。

"黑灰色"产业会通过技术手段大量伪造移动设备作为操作设备。针对大规模机器生产账号及虚假内容的情况，在技术介入监管的第一阶段，网络平台通常建立黑名单记录机制，如果发现某个账号出现不正常的操作频率，则记录下来，下次再出现就发布预警。第二阶段，采用"决策引擎"，同时引入"专家规则"。用"决策引擎"以多种维度给网络信息内容打分，超过一定阈值就自动处理不良信息。"专家规则"用来记录黑灰产常见的特征、规则。第三

① Panchal D., D'mello S. and Mascarenhas S., 2018, Message Classification and Filtration from Social Networking Platforms Using Radial Basis Neural Network Classifier, 2018 *Fourth International Conference on Computing Communication Control and Automation* (*ICCUBEA*), 1-6.

阶段，建立“风控系统”，将账号的网络行为记录下来，用基于无监督算法的“群组模型”计算出群组相似性，以此来追踪相似度很高的异常团伙。

在机审系统中，人工智能技术发挥了非常大的作用，能够做到文本识别。利用 OCR 文字识别技术去识别图中的文字，截取视频中的一些帧，再重新利用图片识别模型来进行视频识别；对于画面正常但语音里夹杂不良内容的视频，运用语音识别技术，先将语音转成文字，再进行判别和打击。同时建立风控数据库，用风险文本库存储“黑灰色”产业的行为特征和欺诈话术等数据，用风险链接库记录色情、赌博、木马网站的网址，用风险设备库保存“黑灰色”产业使用的硬件设备标号，通过这些数据的累计，可以帮助平台用很小的成本代价拦住大量违规内容。

为全面高效地解决内容安全难题，依然可以借由人工智能技术，继续构建出一个智能驱动、统一联动、个性定制、共建众治的内容体系。统一联动是联动账户安全，采用验证码、注册保护、登录保护等反作弊技术、内容安全云能力和本地审核管理系统等全链路联动识别分析有害内容。个性定制是指直播短视频、网络文学、社交传媒等各领域的内容监管规定不同，需要根据产品形态来灵活定制各自的内容安全策略。共建众治是指企业需要有效整合政府法律、技术服务、同行联盟、用户等多种力量共同防治，才能有效打击灰黑产、全链路内容风控体系的具体技术运用见下图：

资料来源：朱浩齐：《构建全链路内容风控体系解决内容安全难题》，载《中国信息安全》2020 年第 2 期。

全链路机审系统的有效运行离不开数据的支持。在主动前瞻式治理过程中，块数据拥有独特“块效率”。块数据强调点、线、面的全面集成，可全程记录人的活动过程，数据之间彼此交错、相互连接，具有高度的关联性，这样决策的基础就可从少量的“样本数据”转变为简单、明晰、启发线索明显的“可识别数据”；块数据有很强的活性，既可在增量上，也可在存量上随时随地发生更新，能够感知社会动态热点，预测危险指标发展趋势，为前瞻性地处置错综复杂的社会问题提供新的可能性。[①] 改变传统的事后倒追机制，实现事前、事中、事后数据一体化，极大提升社会治理的主动性、前瞻性和科学性。在整体智治的理念下，推进整体智治长效化的一个重要方面是强化数据开放共享的制度供给。

2. 设立“地方性法规＋行业规范”的法治实施体系

纵观当今各个国家的互联网管理与治理政策法规，全球化互联网治理呈现出许多共同特点：第一，基本都反对“网络自由”与“互联网自治”。第二，坚持技术中立与监管并重。第三，采用多元化的协同治理模式。[②] 我国重视政策先行，有重视顶层设计的互联网管理价值取向，没有对互联网内容管理规制问题设置专门的法律，而是将管理规范嵌入到既有法律体系中，同时颁布行政法规、部门规章、部门工作性文件、地方性法规等政策将管理理念向各领域、各地方进行延伸和适用。

面对新技术背景下新的发展趋势，为保障网络信息内容生态安全治理的顺利进行，需要对法律规范和法治体系进行进一步设计完善。为节省立法资源，可从地方性法规入手，要深入研究互联网信息内容执法职责设立和赋权问题，在明确具体主要负责互联网信息内容执法机构的基础上，加大政府部门职能体系的梳理力度。建立健全不同层级网信部门的权力清单、责任清单制度，并将各部门职责清单和权力界限向全社会公开，接受各方监督。[③] 网络内容生态治理的施行，还可以“负面清单”为尺度，进行信息质量把关。既需要根据“负面清单”界定不合格网络产品和违法信息行为的内容元素，也需要建立“正面清单”在价值表达上明示正向内容的元素。欧美发达国家的网络企业可以享用“附条件免责的避风港原则”，比如被西方社会普遍公认的“通知删除机制”。在日、韩两国，立法在设立附条件免责制度的同时也规定了相

① 余敏江：《整体智治：块数据驱动的新型社会治理模式》，载《行政论坛》2020 年第 4 期。

② 谢新洲、李佳伦：《中国互联网内容管理宏观政策与基本制度发展简史》，载《信息资源管理学报》2019 年第 3 期。

③ 何明升：《网络内容治理的概念建构和形态细分》，载《浙江社会科学》2020 年第 9 期。

对较重的企业责任,如日本的绿色过滤措施、韩国的发现删除义务等。我国尚未建立附条件免责制度,也没有承认互联网服务提供商的通道角色,有关法律法规和部门规章所规定的信息安全责任制度较多,因此企业承担着更加严格的监管责任。①

地方性法规的内容细化可以参考《网信部门行政执法程序规定》(以下简称《程序规定》)中的相关内容。《程序规定》第 3 条:“网信部门实施行政执法,应当坚持处罚与教育相结合,做到事实清楚、证据确凿、依据准确、程序合法”,说明了执法过程要严谨。依照《程序规定》第 4 条规定:“国家网信部门依法建立本系统的行政执法监督制度。上级网信部门对下级网信部门实施的行政执法进行监督”,地方性法规中要规定当地网络信息内容监管部门要建立行政执法督查制度,比如网信部门应当加强执法队伍和执法能力建设,建立健全执法人员培训、考试考核、资格管理和持证上岗制度。用来强调执法人员素养的重要性。在管辖权方面的界定,可以参考《程序规定》中第 8 条到第 14 条的内容,在管辖权确立、分配、移交、实施等方面进行详细的调研以及罗列。

网络服务商(internet service provider,简称 ISP)是提供网络接入、网络信息及其他相关服务的主体,它是互联网环境中信息传播的中间人。② 由网络服务商以及相应的事业单位组成的行业组织,在监管中能发挥重要作用,需要用更多的行业规范标准赋予行业组织监管网络信息内容的权利和义务。而关于技术因素在内容生产方面的约束,政府部门应充分发挥行业组织的功能,鼓励指导其制定相应的行业公约,用自治的方式规范产业。涉技术类的行业公约,具体可参考规范性文件《网络音视频信息服务管理规定》。参考依据包括:第 10 条“网络音视频信息服务提供者基于深度学习、虚拟现实等新技术新应用上线具有媒体属性或者社会动员功能的音视频信息服务,或者调整增设相关功能的,应当按照国家有关规定开展安全评估”,第 11 条“网络音视频信息服务提供者和网络音视频信息服务使用者利用基于深度学习、虚拟现实等的新技术新应用制作、发布、传播非真实音视频信息的,应当以显著方式予以标识。转载音视频新闻信息的,应当依法转载国家规定范围内的单位发

① 何明升:《网络内容治理:基于负面清单的信息质量监管》,载《新视野》2018 年第 4 期。

② 谢晓专:《ISP 的信息治理责任及其理论依据——基于对我国信息网络安全法律法规的内容分析》,载《科技与法律》2009 年第 6 期。

布的音视频新闻信息。网络音视频信息服务提供者和网络音视频信息服务使用者不得利用基于深度学习、虚拟现实等的新技术新应用制作、发布、传播虚假新闻信息”，以及第 12 条所述网络音视频信息服务提供者应当部署应用违法违规音视频以及非真实音视频鉴别技术。

除了管辖权和技术监管标准的细化外，地方性法规和行业规范还应重视内容审核员这一重要的人为因素。虽然人工智能技术的确能提升内容审核的效率，但狡猾的“黑灰色”产业内容制作者总会想出新的办法绕开固定的监管规则，而此时最快能察觉问题并实施解决方案的只能是内容审核员。网络内容审核员通常工作节奏高强度，一般是八小时工作制，三班倒。单日审核数字通常以“千”为单位计算，比如文字审核员一小时最多可以看 3000 条评论，某平台对其治下的审核员要求每天的 KPI 大约是 2000 条内容，但并不绝对，有时会在 2200—2400 条之间浮动。不同的内容会乘不同的难度系数。一般的图文可能乘 1.5，动图可能就是 0.8。视频审核的压力是文字审核的 5 到 10 倍，做长视频审核时，审核员一般会开 8 到 12 个视频窗口，同时 8 倍速观看。而做直播审核时，视频窗口可以到达 16 个，甚至最多同时监测 32 个小窗口的画面和动作。高压下，每天面对大量色情、暴力、广告信息的图片和视频内容，审核员心理可能会出现应激创伤。

不仅如此，网络平台监管技术应用到监督审核员的工作上，比如某短视频平台对延时容忍度最低，上限是 10 分钟，但实际上 3—5 分钟内就要审完放出一条内容。延时直接影响创作者的用户体验。为了控制延时，风险控制部门会为审核员设计的辅助系统加上一个“报警系统”，当审核员超时将弹出提醒。在审核管理的后台监测系统，每个小组和每个人都用柱状图来表示，记录他们单位时间内的审出量，颗粒度精细到 5 分钟。其中一条“柱子”代表审核员单位时间内的审出量，旁边一条“柱子”代表其昨天同时间段的审出量，还有一条“柱子”代表他上个星期的平均审出量。三条辅助同步实时对比。如果数据差异过大，蓝色柱子会即刻变红。在系统后台，一个个审核员就变成了一个个 ID，超出系统设定的阈值，就会触发警报，甚至会将异常传送给该员工的上级领导。任何一项人工智能技术的背后都是算法，海量数据所需的算力超出人工计算能力，社会资源的分配权力不得不逐渐让位于算法。作为一种技术权力，算法权力是指拥有算法技术的互联网平台，利用自身在数据处理和深度学习算法上的技术优势而得到的对社会治理的影响力和支配力。[①] 所以，应立法保障内容审核员的权益，使其免受算法权力的束缚。

三、涉政治安全网络内容的监管法治体系

针对网络信息内容生产者，在创新保障其安全地制作、复制、发布正面向上信息的鼓励制度的同时，也要关注到新技术发展带来的政治传播和政治安全的挑战：深度伪造技术可以实现图像、声音、视频的篡改、伪造和自动生成，产生高度逼真且难以甄别的效果。如果利用深度伪造技术炮制虚假新闻，同时大范围地广泛传播或是针对特定人群精准推送，将引发各种社会问题，如敌对国家或组织利用深度伪造技术进行暴力、极端和恐怖煽动，不具备辨别能力和技术的普通民众很容易被煽动，将给维稳工作和恐怖主义防控带来新的风险。内容造假滋生灰色产业，在意识形态领域，面对深度伪造传播政治虚假信息，以及"暗网""深网"中包含的反动信息等这些涉及网络政治安全、意识形态安全的内容，应该研究如何通过法治体系的构建实现更好监管。

1. 涉政治安全的网络内容涵盖范围

在大国战略博弈不断深化背景下，网络空间的政治安全风险显著提升。"网络点击行动主义"是涉政治安全的表现之一。"网络点击行动主义"指的是使用网络作为影响公众对政治、宗教或其他社会问题看法的主要手段的行为或者习惯。方法包括网站发消息、网络请愿，或者群发邮件。"网络点击行动主义"是用来形容社交媒体上不切实际的活动家的一个略带贬义的词汇。网络点击行动主义的不良影响可能在于，当其发布的网络消息、网络请愿、网络群发邮件中涉及政治、宗教等社会问题，而内容不合法合规时，会使公众产生负面情绪，需要监管。

影响政治安全的网络信息内容的典型表现形式有以下三种：一是利用深度伪造技术合成虚假内容以达到欺骗目的。二是恐怖组织和恐怖分子以"暗网"为"生存基地"，传播极端思想。三是不良内容导向影响意识形态工作。美国国会当前针对深度伪造的立法探索就主要集中在对美国国家安全和政治选举的影响，美国加州已经提出法律草案，禁止在投票选举前 60 日内传播明

---

① 余敏江：《整体智治：块数据驱动的新型社会治理模式》，载《行政论坛》2020 年第 4 期。

知是伪造或合成的候选人视频，除非包含视频属于伪造的免责声明。[①] 在我国，以互联网为代表的信息技术广泛传播和应用，已成为境外暴力、恐怖势力对我国进行渗透与分裂活动的重要渠道和手段。[②] 除此之外，在和平与发展的大背景下，国家间的竞争已经转向意识形态领域，意识形态领域的主战场已经从传统的现实社会转向虚拟的网络社会。[③]

2. 监管政治安全网络内容的立法机制

《反恐怖主义法》《网络安全法》和《刑法》是保证网络不受恐怖主义侵犯的主要法律依据。《反恐怖主义法》明确规定任何单位和个人不得编造、传播虚假恐怖事件信息；不得报道、传播可能引起模仿的恐怖活动的实施细节；不得发布恐怖事件中残忍、不人道的场景。为保证处置顺利进行并使公众及时客观地了解情况，反恐法规定了恐怖事件发生、发展和应对处置过程中的信息发布主体，提出任何单位和个人不得编造、传播虚假恐怖事件信息；不得报道、传播可能引起模仿的恐怖活动的实施细节；不得发布恐怖事件中残忍、不人道的场景；在恐怖事件的应对处置过程中，除新闻媒体经负责发布信息的反恐怖主义工作领导机构批准外，不得报道、传播现场应对处置的工作人员、人质身份信息和应对处置行动情况等具体要求。《网络安全法》规定，任何个人和组织使用网络应当遵守宪法法律，遵守公共秩序，尊重社会公德，不得危害网络安全，不得利用网络从事危害国家安全、荣誉和利益，煽动颠覆国家政权、推翻社会主义制度，煽动分裂国家、破坏国家统一，宣扬恐怖主义、极端主义，宣扬民族仇恨、民族歧视，传播暴力、淫秽色情信息，编造、传播虚假信息扰乱经济秩序和社会秩序，以及侵害他人名誉、隐私、知识产权和其他合法权益等活动。《刑法》第120条规定："组织、领导、参与恐怖活动组织的，处十年以上有期徒刑或者无期徒刑，并处没收财产；积极参加的，处三年以上十年以下有期徒刑，并处罚金；其他参加的，处三年以下有期徒刑、拘役、管制或者剥夺政治权利，可以并处罚金。犯前款罪并实施杀人、爆炸、绑架等犯罪的，依照数罪并罚的规定处罚。"第120条之一规定："资助恐怖活动组织、实施恐怖活动的个人的，或者资助恐怖活动培训的，处五年以下有期徒刑、拘役、

---

① 张钦坤、曹建峰：《从〈网络信息内容生态治理规定〉看互联网新技术的治理》，载《信息安全与通信保密》2020年第2期。

② 佘硕、刘旭：《网络恐怖主义新动向及其治理分析》，载《情报杂志》2018年第2期。

③ 刘贤保：《新时代我国网络意识形态安全治理及其路径优化探析》，载《法制与社会》2021年第10期。

管制或者剥夺政治权利，并处罚金；情节严重的，处五年以上有期徒刑，并处罚金或者没收财产。”第120条之三规定：“以制作、散发宣扬恐怖主义、极端主义的图书、音频视频资料或者其他物品，或者通过讲授、发布信息等方式宣扬恐怖主义、极端主义的，或者煽动实施恐怖活动的，处五年以下有期徒刑、拘役、管制或者剥夺政治权利，并处罚金；情节严重的，处五年以上有期徒刑，并处罚金或者没收财产。”

虽然三部法律共同明确了网络恐怖主义活动的非法性和监管体系，但在规制新式网络恐怖主义极端主义思想宣传、招募等具体内容上缺乏法律细节，对网络暴恐信息的具体界定仍显模糊。不仅是我国，在全球范围内都缺少清晰有效的立法管制。继续完善网络恐怖主义法律法规，不仅是世界各国治理网络恐怖主义新威胁的重要途径，也是我国当下网络信息反恐的必经之路。在立法中，应平衡网络空间恐怖主义活动的监管和公民权利的关系。[①] 另外，尚没有针对网络恐怖主义的司法解释，应对具体细节进行界定。

网络意识形态在政治安全中是很重要的部分，在网络意识形态安全治理的过程中，要充分利用大数据技术为安全治理路径提供可靠的技术支持。利用大数据还原技术，分析网络意识形态问题产生的根源和发展的脉络。增强网络意识形态话语权要紧密围绕习近平新时代中国特色社会主义思想，强化对于网络意识形态的正确引领。政府应健全并完善对网络舆情的实时监控，提前介入舆情的发酵和扩散中，进行有效的信息处理，阻断不良舆论舆情的传播扩散。[②] 在制定和修改网络安全法规时，可探索出台网络舆情治理方面的专门法，统一网络舆情治理标准。[③]

四、涉民生类事件网络内容的监管法治体系

虚拟世界有多元、无规则、派生的特性，很容易助长一些人超越网络伦理的行为。[④] 涉民生类的网络内容领域里，捏造虚假信息、传播谣言，针对特定对象进行网暴这两类不良行为不仅常见，而且有时会带来严重后果，需要重

① 余硕、刘旭：《网络恐怖主义新动向及其治理分析》，载《情报杂志》2018年第2期。

② 刘贤保：《新时代我国网络意识形态安全治理及其路径优化探析》，载《法制与社会》2021年第10期。

③ 许鑫：《西方国家网络治理经验及对我国的启示》，载《电子政务》2018年第12期。

④ 臧翔宇、田芝健：《网络文化安全伦理问题的疏导与管控》，载《南通大学学报（社会科学版）》2016年第2期。

点加强监管。

1. 涉民生类事件网络内容存在的问题

涉民生类事件的网络内容生产和传播产生的主要问题有编造疫情传言、虚构招录信息、夸大暑热影响以及为蹭热点、谋利益而歪曲事实真相、传播错误认知等。比如杜撰疫情相关传言，意图制造恐慌。这些谣言利用人们对相关话题的关注度，以及公众认知的缺乏，制造社会焦虑。中央网信办也开展了“清朗·2022年春节网络环境整治”专项行动，其中重点整治任务中，排在首位的就是“网络暴力、散播谣言等问题”，包括借一些社会热点事件等挑动网民对立，进行人肉搜索、辱骂攻击等情况。网络暴力是通过网络对被摄对象发表一些不当言论的行为，对被摄对象造成直接或间接的伤害。网络暴力是一种不同于传统言语和行为暴力的新型暴力形态，主要表现为在网络空间针对特定对象实施言语攻击、形象恶搞、隐私披露、编织散播谣言等网络失范行为。研究认为，网络暴力具有三个显著特征：一是主体的不确定性；二是过程的易操作性；三是后果的实在性和难控性。[①] 虚假信息通常是精心策划和技术复杂的欺骗的产物，其传播的范围通常非常广泛，欺骗的目标受害者通常是一个人或一群人。虚假信息也可以涉及使用爬虫技术的商业欺骗。

2. 涉民生类突发事件网络内容的司法机制设立

网络表达权是公民在“第二社会”即网络空间上，自由有序传递自己的声音、发表自己的想法且不受外界非法干涉的权利。能够规范网络表达权的法律条款包括：《中华人民共和国宪法》（以下简称《宪法》）第51条从基本法的高度对公民行使权利和自由的原则进行了总括性的规定。《民法典》第999条对民事主体个人信息的合理使用作了目的性限制，即“为公共利益实施新闻报道、舆论监督等行为”允许合理使用他人个人信息；第1036条规定将“为维护公共利益或者该自然人合法权益，合理实施的其他行为”作为处理个人信息的免责事由；第1195条、第1196条、第1197条规定通过权利保障和救济制度的设计，对网络侵权当中的网络用户、权利人、网络服务提供者之间的权利义务关系进行明确。《民法典》涉及公民个人信息、隐私权等方面的这些条文对于网络主体在民事领域内明确网络表达权行使的边界具有重要的规制功能。《刑法》中关于网络犯罪的具体规定，从法律规范体系角度来看，为其他法律

① 姜方炳：《“网络暴力”：概念、根源及其应对——基于风险社会的分析视角》，载《浙江学刊》2011年第6期。

部门关涉网络表达权的规定提供了最后的刑法规制防线。①

《网络信息内容生态治理规定》中“把不当评述自然灾害、重大事故等灾难的信息”列为不良信息。从社会心理角度来说，在自然灾害、重大事故发生时，对相关的事实性信息进行评述也有助于消解人们的恐慌、紧张心理，一定程度上起到维护社会稳定的作用，但也易滋生谣言，这时如果把对相关信息的议论结果不加区分定位为“不当评述”，则达不到治理的目的。因此要对不当表述的判定标准进行准确划分。同时也要注意对谣言进行详细界定。谣言是一个众所周知的词汇，其含义是没有相应事实基础，却被捏造出来并通过一定手段推动传播的言论。一则信息是否构成法律上的“散布谣言”有两条认定标准：一是该信息内容没有事实基础，是被捏造出来的信息，且故意通过一定手段(尤其是网络)发布并传播；二是该信息内容对经济秩序和社会秩序有一定程度的扰乱。目前，网络暴力信息分类标准还不明确，预警网络暴力的苗头性、倾向性问题的机制仍有改进空间。网络暴力当事人实时保护机制还需建立完善，快速取证和举报通道还需继续建设，警示曝光网络暴力行为和正向引导文明网络行为的力度仍需强化。

应合理界定网民言论自由的边界，出台谣言及网络侵权的判定标准，规定网络管理机构的执法权限。目前亟须出台专门法，或者在现有法规体系内增加有关条款，保障网民和公众依法享有知情权、表达权、参与权和监督权等，并提供相应的司法解释和实施细则。通过立法手段合理平衡政府、企业和公众的权利，使网络治理依法进行。②

涉民生类事件中，经典案例是“女子取快递被造谣案”。2020 年 7 月初，杭州的谷女士在取快递时被郎某偷拍。郎某与朋友何某随后编造了“富婆出轨快递小哥”的剧情，将偷拍视频传到了多个微信群中。随后，此事在网上发酵，谷女士自觉被“社会性死亡”。对此，杭州市公安局余杭分局作出行政处罚决定书，其中表明“经查证，郎某与何某利用信息网络公然侮辱、诽谤他人，属情节较重”。郎某和何某被行政拘留 9 日。2020 年 10 月，谷女士向杭州市余杭区人民法院提起刑事自诉，以“郎某、何某捏造事实，通过网络诽谤自诉人谷某某且情节严重”为由，要求以诽谤罪追究郎某、何某的刑事责任。2021

① 熊文瑾、易有禄：《论网络表达权的边界——以实现网络信息内容生态治理为目的》，载《江西社会科学》2020 年第 8 期。

② 许鑫：《西方国家网络治理经验及对我国的启示》，载《电子政务》2018 年第 12 期。

年 4 月 30 日，广受关注的“女子取快递被造谣案”在杭州市余杭区人民法院一审开庭审理。法院当庭宣判，分别以诽谤罪判处被告人郎某、何某有期徒刑一年，缓刑二年，二人均表示服从判决，不再上诉。

这一案例在司法判决中，参考的依据是《刑法》和《最高人民法院、最高人民检察院关于办理利用信息网络实施诽谤等刑事案件适用法律若干问题的解释》。根据《刑法》规定，以暴力或者其他方法公然侮辱他人或者捏造事实诽谤他人，情节严重的，处三年以下有期徒刑、拘役、管制或者剥夺政治权利。在《最高人民法院、最高人民检察院关于办理利用信息网络实施诽谤等刑事案件适用法律若干问题的解释》中，第 1 条规定了捏造事实诽谤他人的三种事实类型：捏造损害他人名誉的事实，在信息网络上散布，或者组织、指使人员在信息网络上散布的；将信息网络上涉及他人的原始信息内容篡改为损害他人名誉的事实，在信息网络上散布，或者组织、指使人员在信息网络上散布的；明知是捏造的损害他人名誉的事实，在信息网络上散布，情节恶劣的。第 2 条规定了利用信息网络诽谤他人，“情节严重”的四种情况：同一诽谤信息实际被点击、浏览次数达到五千次以上，或者被转发次数达到五百次以上的；造成被害人或者其近亲属精神失常、自残、自杀等严重后果的；二年内曾因诽谤受过行政处罚，又诽谤他人的；其他情节严重的情形。第 3 条指出了利用信息网络诽谤他人，造成“严重危害社会秩序和国家利益”的认定标准：引发群体性事件的；引发公共秩序混乱的；引发民族、宗教冲突的；诽谤多人，造成恶劣社会影响的；损害国家形象，严重危害国家利益的；造成恶劣国际影响的；其他严重危害社会秩序和国家利益的情形。第 4 条规定，一年内多次实施利用信息网络诽谤他人行为未经处理，诽谤信息实际被点击、浏览、转发次数累计计算构成犯罪的，应当依法定罪处罚。第 5 条规定：“利用信息网络辱骂、恐吓他人，情节恶劣，破坏社会秩序的，依照刑法第二百九十三条第一款第（二）项的规定，以寻衅滋事罪定罪处罚。编造虚假信息，或者明知是编造的虚假信息，在信息网络上散布，或者组织、指使人员在信息网络上散布，起哄闹事，造成公共秩序严重混乱的，依照刑法第二百九十三条第一款第（四）项的规定，以寻衅滋事罪定罪处罚。”

五、泛娱乐化内容的监管法治体系

1. 泛娱乐化网络内容存在的风险点

泛娱乐主义时代，流量经济为王以及资本无序扩张，使网络空间充斥着大量的不良信息内容，典型表现有：到政务、媒体官微下寻衅滋事，在媒体评论区等公共空间刷量控评，将公共空间当成放大矛盾的“社交场”；与青少年生活有密切相连的“饭圈”组织在各种网络渠道发布邀请未成年人“打赏”及“应援”消费的诱导性内容，严重影响了未成年人正常学习、休息。同时，低俗标准界定含糊，是一个没有明确的法律内涵的概念，存在于道德领域，与文化习俗与意识形态相关联，具有一定的地域性和时间性。很多情况下现有规则无法界定传播者是否在利用低俗炒作、制造事端等方式损害公众的权益，因而也难以给违规者开出罚单。这给低俗媒体以可乘之机，也给监管人员依法行政带来难度和困惑。①

2. 泛娱乐化内容的执法机制设立

2018 年，《中华人民共和国反不正当竞争法》中的互联网专条对流量劫持、恶意不兼容等问题进行了规制。2019 年，《电子商务法》明确禁止电商平台买流量刷好评行为。未来还应进一步加大执法力度，提高违法成本，破除该纵深灰色利益链条，使用技术管网遏制流量经济野蛮生长。在对流量造假进行治理过程中，平台可以加强流量监控合作，形成全平台联动打击。大力发展互联网内容产业，丰富网络评价体系，告别“唯流量论”。②

应构建网络伦理价值和行为规范，把个体自我意识中的伦理价值标准等内在的道德规范和资源进行选择、加工和创造性转换，扬弃社会道德的抽象性并超越道德冲突进行深化，在内心深处筑起伦理价值的防火墙，实现网络社会中人对网络技术传播优势的最大限度发挥。③ 加强网络文化的建设，在已有行业组织自律公约如《文明上网自律公约》的基础上，强化对于网络舆情的正确引导。

传播媒介方面，互联网视听节目服务业既是一类新兴的媒体，也是一个

---

① 叶奕、王维：《当前低俗化治理的困境及创新思路探析》，载《电视研究》2009 年第 11 期。

② 张钦坤、曹建峰：《从〈网络信息内容生态治理规定〉看互联网新技术的治理》，载《信息安全与通信保密》2020 年第 2 期。

③ 臧翔宇、田芝健：《网络文化安全伦理问题的疏导与管控》，载《南通大学学报（社会科学版）》2016 年第 2 期。

新兴的文化产业，然而其在传播健康思想文化的同时，一些低俗内容也传播开来。因此，对它的管理业已成为网络内容监管的重要组成部分。[①]

未成年人易受泛娱乐化内容的侵害，应建立针对未成年人的内容分级制度。较为成功的做法有内容分级、过滤软件以及细致的场所管理。网络内容分级就是对网络上的淫秽、色情、暴力等内容进行分级，并在网络信息产品上进行标识，由网络内容接受者自行决定是否使用相关信息。网络过滤软件是与内容分级配合使用的技术手段，因此被大量运用于各国的未成年人监护方面，比如关于网络游戏的分级管理，网络影视剧的分级制度，网络文学内容的分级标准。[②]

在实践中，面对色情导流为主要目标的"黑灰色产业"的监管治理，执法部门可与网络平台建立合作机制，由平台通过数据样本进行分析，将发现的违法违规内容产业的线索告知公安机关，由公安机关负责摸排抓捕违法犯罪分子，从内容生产的源头上斩草除根。在实行网络执法的过程中，应该注意两项原则，一项是比例原则，另外一项是正当原则，这两项原则都是行政法中重要的基本原则。[③] 比例原则的设定是为了保护相对人的权益，当行政机关实施行政行为时，在实现行政目标和可能对相对人权益造成不良影响的过程中，应尽可能选择合适的比例，将对行政相对人不利影响限制在尽可能小的范围和限度内。而正当原则就是指行政机关在采取行政行动时，必须遵循法律法规规定的程序，向行政相对人说明行为的根据理由，并且告知行为人拥有的权利和相应的救济途径。在具体推进过程中应该考虑罗列裁量基准清单，并出台相应的政策性文件，清楚写明法律依据，对于触犯刑律的，依法追究刑事责任，尚不够刑事处罚的，构成违反治安管理行为的，依照治安管理处罚法的规定处罚，由公安机关给予警告，按照一定等级处以罚款，严重者可没收违法所得。地方部门发布的裁量基准的条目与相关法律、法规、规章和公安部的规定不一致的，应按照相关法律、法规、规章和公安部的规定执行。

---

① 谢新洲、李佳伦：《中国互联网内容管理宏观政策与基本制度发展简史》，载《信息资源管理学报》2019 年第 3 期。

② 何明升：《网络内容治理：基于负面清单的信息质量监管》，载《新视野》2018 年第 4 期。

③ 尹晗：《论教育惩戒的理论基础和有效运用》，载《青少年犯罪问题》2020 年第 6 期。

第三章　网络平台企业监管法治体系构建

随着网络在社会生活中的广泛应用，网络平台企业在经济社会生活当中的重要性日益凸显。《中国共享经济发展年度报告2019》显示，2018年共享经济市场交易额为29420亿元，同比增长41.6%，参与人数约达7.6亿人，其中提供服务者人数约7500万人。不仅如此，网络平台企业是网络的深度参与者，更是网络信息的重要收集者和处理者，网络平台企业如不能合法处理其收集的信息，将可能对信息安全乃至国家安全造成重大威胁。网络平台企业的经营管理对网络信息安全的维护具有至关重要的影响，对网络平台的监管应是国家信息安全体系建设的重要组成部分。实际上，《关于做好引导和规范共享经济健康良性发展有关工作的通知》中也强调，贯彻以人民为中心的发展思想，严格压实平台企业主体责任，督促平台企业完善安全保障机制，切实保证消费者人身和财产安全；采用人工智能、大数据等技术手段与人工审核相结合的方式，强化身份核验和内容治理；构建科学合理的交易撮合机制及定价机制，保证交易公平性；建立便捷的消费者评价和投诉处理机制，加强消费者权益保护。依法依规强化对平台企业收集、保存、使用、处理、共享、转让、公开披露、向境外提供个人信息等行为的监督，督促平台企业运用匿名化、去标识化等技术手段，提高个人信息保护水平，防止信息泄露、损毁和丢失。由此可见，网络平台企业监管法治体系是国家安全法治体系建设的重要组成部分。

第一节　网络平台企业信息安全监管概述

网络平台企业是互联网经济的重要参与者。与此同时，随着数字经济的发展，商品和服务数字化成为推进互联网经济发展的重要动力。据此，网络平台企业对互联网经济的参与往往以掌握海量数据为前提。此种情况下，强化对网络平台企业的信息安全监管既是保护个人权利的需要，也是维护国家安全的需要。

一、网络平台企业信息安全监管的主体和内容

网络平台企业信息安全监管，即政府部门对网络平台企业是否履行网络信息安全义务的监督和管理，其主体为政府监管部门和网络平台企业，内容为对网络平台企业履行义务状态的监督管理。

1. 网络平台企业信息安全监管的主体

所谓网络平台企业，是指在网络中为商品或服务的销售者和消费者提供平台和场所的企业。依托于数字技术，网络平台企业所提供的平台和场所不是有形的物理空间，而是无形的交易平台。商品或服务的销售者在此平台内展示其商品或服务，消费者通过平台进行购买。网络平台企业的作用即在于为买卖双方的交易提供虚拟空间。网络平台企业并非我国法律规范使用的法律术语，我国现行法律规范中与之意思相近的术语为电子商务平台经营者。依《电子商务法》的规定，电子商务平台经营者是指在电子商务中为交易双方或者多方提供网络经营场所、交易撮合、信息发布等服务，供交易双方或者多方独立开展交易活动的法人或者非法人组织。需要注意的是，目前数字经济的发展，使网络平台企业远远超出了为买卖双方提供网络经营场所、交易撮合、信息发布等服务的范畴。以滴滴公司为例，从本质上来看，乘客并非直接从司机处获得服务，而是从滴滴公司处获得服务，因此滴滴公司并非撮合司机和乘客，而是选择离乘客最近的司机为乘客提供服务，这实际上也是很多学者认为司机与滴滴公司之间应界定为准劳动关系的原因。而京东、淘宝等大型网络平台，其既直接向消费者提供服务，也向其他商品和服务的销售者提供展示和交易的平台。因此，从这个角度而言，电子商务平台经营者既包括提供经营场所以撮合交易的企业，又包括在网络上直接向消费者提供服务的企业。

2. 网络平台企业信息安全监管的内容

信息安全监管，作为一种行为，其内容主要是政府部门对社会主体是否履行信息安全义务的监督管理。在《电子商务法》的语境下，网络平台企业承担一定的网络安全管理义务，其中规定，电子商务平台经营者应当采取技术措施和其他必要措施保证其网络安全、稳定运行，防范网络违法犯罪活动，有

效应对网络安全事件,保障电子商务交易安全。“采取技术措施和其他必要措施保证其网络安全、稳定运行”就是典型的信息安全管理义务。义务的履行,除了依赖当事人的自觉,更重要的是需要建构对应的监督制约机制,这一机制的作用在于及时发现当事人可能不履行义务的动向,或不履行义务的状态,进而采取必要举措促使该义务的履行。因此,信息安全监管即政府部门对社会主体履行信息安全义务的监督和管理,监管的部门主要是国家网信办,监管的手段主要有行政许可、行政处罚、行政强制等。

二、网络平台企业信息安全监管法治化的理论基础

1. 市场失灵理论

一般来说,市场在资源配置当中起到基础性作用,在价值规律的支配下,市场能够将资源驱动到最需要的地方,从而在整体上提高整个社会运行的效率。当然,市场并不是万能的,市场有其营利性、滞后性等特点,完全基于市场驱动的资源配置在特定情况下也可能产生生产过剩、秩序混乱等负面影响,这即是市场失灵的表现形态。市场失灵的原因一般有三,其一是市场存在不完全竞争,不完全竞争的典型形态是垄断和不正当竞争,这可能造成市场效率低下,尤其可能侵害消费者的正当利益,严重时甚至危害国家安全。其二是市场存在信息不完全或者信息不对称。包括事前的信息不完全或信息不对称、事后的信息不完全或信息不对称,甚至消费后也不可获知的信息,如劣质食品与假冒药品。掌握信息优势的一方,可能发布虚假信息、误导性信息或者隐瞒信息,消费者根据这些信息判断商品的价格与质量、购买商品就造成损害或者安全隐患。而且,信息不完全或信息不对称是市场经济的常态。其三是负外部效应,即特定市场主体的行为可能造成其他市场主体或社会公共利益的受损,但其没有为此负担成本。[①]

网络信息安全问题即是典型的负外部性问题。也就是说,对网络平台企业而言,其在对信息进行管理的过程中,一方面,信息泄露等信息安全问题的发生并不一定对其经济效益造成影响。另一方面,上述活动的开展可能给公民和社会带来巨大负面影响,表现为个人隐私泄露、国家安全受到威胁等。

① 席涛:《市场监管的理论基础、内在逻辑和整体思路》,载《政法论坛》2021年第4期。

而对企业而言，如果要建构严密的信息安全防护机制，这势必会增加运营成本，也可能减少其从数据交易当中获得的利益。因此，网络信息安全问题即是典型的负外部性问题。这个问题的解决，需要以强有力的国家监管为基础，一方面在立法上明确网络平台企业的信息管理义务，另一方面强化对其义务履行的监管，且对不履行义务的状态进行强有力的惩罚，方可促使企业重视网络安全，解决网络信息安全这一负外部性问题。

2. *法治政府理论*

在市场经济条件下，法治政府是有为政府，其职权应当是明确具体的，且职权与责任相对应。我国历来重视政府对经济的管控职能。纵使是在市场经济体制下，我国政府也强调市场的运行应实现“有形的手”与“无形的手”相结合，重视经济调控职能的建设。具体到宪法层面而言，我国宪法明确规定，国家通过提高劳动者的积极性和技术水平，推广先进的科学技术，完善经济管理体制和企业经营管理制度，实行各种形式的社会主义责任制，改进劳动组织，以不断提高劳动生产率和经济效益，发展社会生产力。这个条款处于宪法的总纲部分，其所建构的是国家的重要经济制度。而从条款的内容上看，主语是“国家”，意味着完善经济管理体制和企业经营管理制度，发展社会生产力是国家的基本职责。与此同时，《宪法》第 15 条规定：“国家实行社会主义市场经济。国家加强经济立法，完善宏观调控。国家依法禁止任何组织或者个人扰乱社会经济秩序。”从中可见，在市场经济条件下，在尊重市场规律的前提下，国家存在广泛的义务，既需要在立法上完善宏观调控机制，又需要通过法律的执行禁止任何组织或者个人扰乱社会经济秩序。在此意义上而言，在经济发展过程中，我国实际上遵循的是有为政府理论，即要求国家通过积极手段促进经济发展，这实际上也是与我国的社会主义制度的本质属性相一致的。具体到网络平台企业信息安全监管而言，基于有为政府理论和《宪法》第 14 条、第 15 条的规定，政府所扮演的角色就不仅仅是市场秩序的维护者，其更需要通过制定和落实有力的监管举措，引导健康有序的市场环境建设。

在有为政府的基础上，政府的职权也就应当明确具体。在市场经济条件下，市场是资源配置的基础方式，这就要求政府干预必须建立在市场规律的基础上，对于市场竞争能自主决定的，政府权力就不宜加以干预。《优化营商环境条例》明确规定，国家持续深化简政放权、放管结合、优化服务改革，最大限度减少政府对市场资源的直接配置，最大限度减少政府对市场活动的直接干预，加强和规范事中事后监管。更为重要的是，根据依法治国的基本原理，对政府部门而言，法无明文规定即不可为，这就决定了应当对作为执法机构的市场监管部门的职权进行明确的法律规定。尤其是依《中华人民共和国立法法》的规定，规章及规章以下的规范性文件不能限制公民权利或增加其义务，这就决定了市场监管所的职权应有明确的法律依据，且其职权之依据只能是法律、行政法规或地方性法规。当然，迄今为止，国务院推行了多轮行政审批改革，其中改革的重点即是市场监管领域的行政审批，诸多此类行政审批被取消、合并或者调整，且 2015 年起更是在全国范围内展开了行政权力清单制度改革，这为网络平台企业信息安全监管的展开奠定了良好基础。

最后，权力与责任对等是责任政府建设的基本要求。权责对等意味着在行政机关享有特定权责的同时，其违法行使职权的，也应当承担相应的法律责任。权力最基本的属性即是公共性，这就意味着权力应当以公共利益最大化为其行使目的，以法律设定的路径和范围为其限度，违法行使职权即需要承担相应的法律责任。基于法治政府和责任政府建设需要，权责对等首先意味着信息安全监管部门应当承担信息安全监管违法行政活动的责任；在此基础上，信息安全监管部门一方面应强化内部监督机制，最大限度防范违法行政活动的实施；另一方面，需要通过内部责任追究机制，明确各种违法行政活动应当承担的行政处分责任。

三、网络平台企业信息安全监管的价值取向

1. 保护个人权利

从其本质上而言，网络平台企业所拥有的大部分数据都是来源于个人。以滴滴公司所拥有的数据为例，这些数据主要包括乘客的手机号、常用地址、出行路线等信息以及司机的个人身份信息、运营车辆信息、日常运营情况等。其中部分信息甚至可能涉及个人隐私。譬如，如有乘客经常性往返医院与家庭，则很有可能被推断出其家庭住址以及可能患有疾病的情况，这就构成了对个人隐私的侵害。在此意义上而言，对网络平台企业信息安全的政府监管，其首要目的就应当是保护个人权利。实际上，这一目的也是相关立法所

明确规定的立法目的。如《网络安全法》第1条规定,为了保障网络安全,维护网络空间主权和国家安全、社会公共利益,保护公民、法人和其他组织的合法权益,促进经济社会信息化健康发展,制定本法。《个人信息保护法》第10条规定,任何组织、个人不得非法收集、使用、加工、传输他人个人信息,不得非法买卖、提供或者公开他人个人信息;不得从事危害国家安全、公共利益的个人信息处理活动。上述法律规范都将个人权利的保护作为立法的主要目的。

2. 维护市场秩序

如上所述,网络信息安全问题是市场外部性的重要表现。对网络平台企业而言,过度收集个人信息、信息泄露等信息安全问题的发生,并不一定对其经济效益造成影响。在数据能够作为资产进行交易的时代,网络平台企业可通过数据交易获得巨大的经济利益,而在这个过程中,不履行信息管理义务的行为所造成的负外部性,不仅侵害了个人隐私,也破坏了市场秩序。具体而言,滴滴公司的违法行为包括过度收集司机和乘客的信息。换言之,在信息即资产的时代,谁拥有更多的信息,谁就拥有更多的资产和竞争优势。但如果此种资产和竞争优势不是建立在全面合理履行信息安全管理义务的基础上,其比较优势的取得就构成不正当竞争,最终将损害市场的公平性。

3. 维护国家安全

信息安全与国家安全紧密相连,是总体国家安全观的重要组成部分。习近平总书记提出贯彻落实总体国家安全观,必须既重视外部安全,又重视内部安全,对内求发展、求变革、求稳定、建设平安中国,对外求和平、求合作、求共赢、建设和谐世界;既重视国土安全,又重视国民安全,坚持以民为本、以人为本,坚持国家安全一切为了人民、一切依靠人民,真正夯实国家安全的群众基础;既重视传统安全,又重视非传统安全,构建集政治安全、国土安全、军事安全、经济安全、文化安全、社会安全、科技安全、信息安全、生态安全、资源安全、核安全等于一体的国家安全体系;既重视发展问题,又重视安全问题,发展是安全的基础,安全是发展的条件,富国才能强兵,强兵才能卫国;既重视自身安全,又重视共同安全,打造命运共同体,推动各方朝着互利互惠、共同安全的目标相向而行。前文所述滴滴公司的行为,较为严重地危害了国家安全。由此可见，强化对网络平台企业的监管是落实总体国家安全观、维护国家安全的重要手段。

第二节　网络平台企业信息安全监管的立法实践

网络平台企业是网络服务的供给者，也是网络信息的主要收集者。因此，我国相关立法较为重视网络平台企业信息安全监管。当然，在互联网发展的早期，信息安全问题并不突出，因此当时的立法并未将之作为重点问题。《网络安全法》的出台标志着网络平台企业信息安全监管法律体系的初步形成，而《数据安全法》则意味着网络平台信息安全监管立法进入新阶段。

一、分散立法阶段

在互联网发展的早期，网络平台企业造成的信息安全问题并非突出问题，早期的网络信息安全立法也散见于不同法律规范当中。

1.《互联网信息服务管理办法》

我国较早的网络信息立法是2000年9月25日国务院制定的《互联网信息服务管理办法》。其中规定，互联网信息服务是指通过互联网向上网用户提供信息的服务活动，主要包括互联网新闻信息服务、搜索引擎、即时通信、交互式信息服务、网络直播、网络支付、广告推广、网络存储、网络购物、网络预约、应用软件下载等互联网服务。同时规定，互联网信息服务分为经营性和非经营性两类。经营性互联网信息服务是指通过互联网向上网用户有偿提供信息或者网页制作等服务活动。据此，部分网络平台企业也属于互联网信息服务类企业。

《互联网信息服务管理办法》为包括网络平台企业在内的互联网信息服务企业设置了诸多监管举措。其一是准入控制。其中第6条规定："从事经营性互联网信息服务，除应当符合《中华人民共和国电信条例》规定的要求外，还应当具备下列条件：(一) 有业务发展计划及相关技术方案；(二) 有健全的网络与信息安全保障措施，包括网站安全保障措施、信息安全保密管理制度、用户信息安全管理制度；(三) 服务项目属于本办法第五条规定范围的，已取得有关主管部门同意的文件。"第7条规定："从事经营性互联网信息服务，应当向省、自治区、直辖市电信管理机构或者国务院信息产业主管部门申请办理互联网信息服务增值电信业务经营许可证(以下简称经营许可证)。省、自治区、直辖市电信管理机构或者国务院信息产业主管部门应当自收到申请之日起60日内审查完毕,作出批准或者不予批准的决定。予以批准的,颁发经营许可证;不予批准的,应当书面通知申请人并说明理由。申请人取得经营许可证后,应当持经营许可证向企业登记机关办理登记手续。"其二是内容限制。第15条规定:"互联网信息服务提供者不得制作、复制、发布、传播含有下列内容的信息:(一)反对宪法所确定的基本原则的;(二)危害国家安全,泄露国家秘密,颠覆国家政权,破坏国家统一的;(三)损害国家荣誉和利益的;(四)煽动民族仇恨、民族歧视,破坏民族团结的;(五)破坏国家宗教政策,宣扬邪教和封建迷信的;(六)散布谣言,扰乱社会秩序,破坏社会稳定的;(七)散布淫秽、色情、赌博、暴力、凶杀、恐怖或者教唆犯罪的;(八)侮辱或者诽谤他人,侵害他人合法权益的;(九)含有法律、行政法规禁止的其他内容的。"其三是信息管理。第16条规定:"互联网信息服务提供者发现其网站传输的信息明显属于本办法第十五条所列内容之一的,应当立即停止传输,保存有关记录,并向国家有关机关报告。"由此可见,《互联网信息服务管理办法》已设置了较为全面的互联网服务企业信息安全监管机制。当然,《互联网信息服务管理办法》在维护信息安全方面仍存在一些问题,其并非直接针对网络平台企业制定,尽管部分网络平台企业属于互联网信息服务企业的范围,但诸多网络平台企业并非信息服务类企业,如淘宝网、滴滴公司、饿了么、拼多多等企业主要业务是为商品或服务提供交易平台,并不直接提供信息服务。在此意义上而言,大量网络平台企业实际上未进入《互联网信息服务管理办法》的管理范围。

2.《电子商务法》

《电子商务法》是专门针对电子商务发展制定的法律规范。在电子商务发展过程中,网络平台起到了至关重要的作用。也就是说,电子商务的本质就是将现实生活中的交易平台虚拟化,为销售者与消费者提供进行交易的网络平台,据此实现商品交易的电子化。因此,网络平台企业应是电子商务发展的主要推动力。《电子商务法》也对电子商务平台经营者的概念进行了界定,即电子商务平台经营者是指在电子商务中为交易双方或者多方提供网络经营场所、交易撮合、信息发布等服务，供交易双方或者多方独立开展交易活动的法人或者非法人组织。

《电子商务法》也设置了网络信息安全监管机制。第12条规定，电子商务经营者从事经营活动，依法需要取得相关行政许可的，应当依法取得行政许可。这即是通过市场准入的方式实现对经营行为的监管。第23条规定，电子商务经营者收集、使用其用户的个人信息，应当遵守法律、行政法规有关个人信息保护的规定。这个条款设置了电子商务经营者收集和使用个人信息的规则。第25条规定，有关主管部门依照法律、行政法规的规定要求电子商务经营者提供有关电子商务数据信息的，电子商务经营者应当提供。有关主管部门应当采取必要措施保护电子商务经营者提供的数据信息的安全，并对其中的个人信息、隐私和商业秘密严格保密，不得泄露、出售或者非法向他人提供。这个条款明确规定了主管部门的监管职责。更为重要的是，《电子商务法》还建立了专门面向电子商务平台经营者的信息安全监管举措。第30条规定，电子商务平台经营者应当采取技术措施和其他必要措施保证其网络安全、稳定运行，防范网络违法犯罪活动，有效应对网络安全事件，保障电子商务交易安全。电子商务平台经营者应当制定网络安全事件应急预案，发生网络安全事件时，应当立即启动应急预案，采取相应的补救措施，并向有关主管部门报告。第31条规定，电子商务平台经营者应当记录、保存平台上发布的商品和服务信息、交易信息，并确保信息的完整性、保密性、可用性。商品和服务信息、交易信息保存时间自交易完成之日起不少于三年；法律、行政法规另有规定的，依照其规定。上述举措即为电子商务平台经营者设置了相应义务，以确保信息安全。当然，《电子商务法》的局限性在于，依《电子商务法》的规定所称的电子商务平台经营者，是指在电子商务中为交易双方或者多方提供网络经营场所、交易撮合、信息发布等服务，供交易双方或者多方独立开展交易活动的法人或者非法人组织。但需要注意的是，目前数字经济的发展使网络平台企业远远超出了为买卖双方提供网络经营场所、交易撮合、信息发布等服务的范畴。从这个角度而言，《电子商务法》实际上未能将共享经济背景下的共享网络平台企业纳入其管理范围内。

二、专门立法阶段

随着网络信息安全问题的日益突出，我国网络信息安全立法进入了专门立法的阶段，从而也实现了对网络平台企业信息安全的全面监管。

1.《刑法修正案(九)》

早在2015年，《刑法修正案(九)》明确规定了信息安全管理义务及对应的法律责任。即在《刑法》第286条后增加一条，作为第286条之一："网络服务提供者不履行法律、行政法规规定的信息网络安全管理义务，经监管部门责令采取改正措施而拒不改正，有下列情形之一的，处三年以下有期徒刑、拘役或者管制，并处或者单处罚金：(一) 致使违法信息大量传播的；(二) 致使用户信息泄露，造成严重后果的；(三) 致使刑事案件证据灭失，情节严重的；(四) 有其他严重情节的。单位犯前款罪的，对单位判处罚金，并对其直接负责的主管人员和其他直接责任人员，依照前款的规定处罚。有前两款行为，同时构成其他犯罪的，依照处罚较重的规定定罪处罚。"这一条款明确将"网络服务提供者不履行法律、行政法规规定的信息网络安全管理义务"作为追究刑事责任的前提，因此也使得法律、行政法规规定的信息网络安全管理义务获得了《刑法》的保护，《刑法》作为行政法之保护法的角色也得到充分体现。当然，其中的问题在于，在2015年，关于信息安全管理义务的法律和行政法规主要有《电子商务法》《互联网信息服务管理办法》等有限的法律规范，而这些法律规范不能全方位管理共享经济背景下出现的新型网络平台企业，这就使得对上述企业追究不履行信息网络安全管理义务刑事责任的依据不足。

2.《网络安全法》

《网络安全法》对网络信息安全问题进行了全面规范，从而建构了完备的网络平台企业信息安全监管体系。

一方面，《网络安全法》适用的范围较为广泛。第9条规定，网络运营者开展经营和服务活动，必须遵守法律、行政法规，尊重社会公德，遵守商业道德，诚实信用，履行网络安全保护义务，接受政府和社会的监督，承担社会责任。第76条进一步对"网络运营者"进行释义，根据该条规定，网络运营者是指网络的所有者、管理者和网络服务提供者。网络服务的提供者就覆盖了种类各异的网络平台企业。也就是说，不管是传统电子商务语境下为销售者和消费者提供交易场所的电子商务平台经营者，还是共享经济业态下滴滴公司等网络平台企业，其都属于《网络安全法》规定的网络运营者的范畴。在此意义上而言,《网络安全法》确定了广泛的调整对象范围。①

另一方面,《网络安全法》也设定了较为完备的信息安全监管机制。其一是信息收集机制。第 40 条规定,网络运营者应当对其收集的用户信息严格保密,并建立健全用户信息保护制度。第 41 条规定,网络运营者收集、使用个人信息,应当遵循合法、正当、必要的原则,公开收集、使用规则,明示收集、使用信息的目的、方式和范围,并经被收集者同意。网络运营者不得收集与其提供的服务无关的个人信息,不得违反法律、行政法规的规定和双方的约定收集、使用个人信息,并应当依照法律、行政法规的规定和与用户的约定,处理其保存的个人信息。这两个条款既规定了网络运营者的信息保密义务,也规定了信息收集过程中的被收集者同意规则,有利于被收集者个人信息的保护。更为重要的是,第 41 条规定的"网络运营者不得收集与其提供的服务无关的个人信息",实际上构成了对网络运营者过度收集个人信息予以监管的规范依据。其二是信息管理机制。第 42 条规定,网络运营者不得泄露、篡改、毁损其收集的个人信息;未经被收集者同意,不得向他人提供个人信息。但是,经过处理无法识别特定个人且不能复原的除外。网络运营者应当采取技术措施和其他必要措施,确保其收集的个人信息安全,防止信息泄露、毁损、丢失。在发生或者可能发生个人信息泄露、毁损、丢失的情况时,应当立即采取补救措施,按照规定及时告知用户并向有关主管部门报告。依此条规定,网络运营者对其合法收集的信息有妥善保管的义务,既不能向他人提供,也有义务确保信息不泄露,且在发生泄露时有补救义务。其三是权利人监督机制。第 43 条规定,个人发现网络运营者违反法律、行政法规的规定或者双方的约定收集、使用其个人信息的,有权要求网络运营者删除其个人信息;发现网络运营者收集、存储的其个人信息有错误的,有权要求网络运营者予以更正。网络运营者应当采取措施予以删除或者更正。依此条规定,权利人有权对网络运营者违法收集使用其信息的行为进行监督,并要求其更正。

三、信息安全与数据流通整合阶段

应该说,《网络安全法》的制定极大提高了我国信息安全立法水平,是构

① 张新平:《以平台为重点:网络社会法律治理的新思路》,载《中南大学学报(社会科学版)》2022年第 2 期。

建网络信息安全监管法治体系的重要标志。当然，由信息汇集而成的数据所具有的经济价值日益受到重视，在经济数字化和数字经济化背景下，对网络信息的保护不仅需体现安全价值，还需体现流通价值。《数据安全法》的制定即是信息安全与数据流通整合的立法典范。

一方面，《数据安全法》建立了完备的数据安全管理制度。第 27 条规定，开展数据处理活动应当依照法律、法规的规定，建立健全全流程数据安全管理制度，组织开展数据安全教育培训，采取相应的技术措施和其他必要措施，保障数据安全。利用互联网等信息网络开展数据处理活动，应当在网络安全等级保护制度的基础上，履行上述数据安全保护义务。重要数据的处理者应当明确数据安全负责人和管理机构，落实数据安全保护责任。这一条款与《网络安全法》第 9 条、第 10 条的立法目的基本一致，其作用为在宏观上设定包括网络平台企业在内的信息处理主体的数据安全保护义务，同时也能够实现《数据安全法》与《刑法》的对接。在此基础上，《数据安全法》第 29 条规定，开展数据处理活动应当加强风险监测，发现数据安全缺陷、漏洞等风险时，应当立即采取补救措施；发生数据安全事件时，应当立即采取处置措施，按照规定及时告知用户并向有关主管部门报告。这一条款与《网络安全法》第 42 条的立法目的也基本一致，旨在强化数据处理主体的安全管理义务，进而从源头上防范数据安全事故的发生。另外，《数据安全法》第 32 条规定，任何组织、个人收集数据，应当采取合法、正当的方式，不得窃取或者以其他非法方式获取数据。法律、行政法规对收集、使用数据的目的、范围有规定的，应当在法律、行政法规规定的目的和范围内收集、使用数据。这一规定与《网络安全法》第 43 条的立法目的基本一致，体现了数据安全制度所具有的维护个人正当利益的价值取向。当然，相比于《网络安全法》，《数据安全法》建构了数据风险评估制度，即其第 30 条规定，重要数据的处理者应当按照规定对其数据处理活动定期开展风险评估，并向有关主管部门报送风险评估报告。风险评估报告应当包括处理的重要数据的种类、数量，开展数据处理活动的情况，面临的数据安全风险及应对措施等。基于这一条款的规定，数据风险评估制度将作为数据处理主体的内部风险防范制度存在，其作用同样为在源头上防范数据安全事故的发生。

另一方面，相比于《网络安全法》，《数据安全法》更强调数据的流通应用。

换言之，在《数据安全法》当中，数据的安全与数据的流通同等重要，数据流通以数据安全为前提，数据安全制度建设的目的，则在于推进数据的安全有效流通以实现其经济价值。例如，《数据安全法》第1条规定，为了规范数据处理活动，保障数据安全，促进数据开发利用，保护个人、组织的合法权益，维护国家主权、安全和发展利益，制定本法。在这一条款当中，保障数据安全和促进数据开发利用都是《数据安全法》的立法目的。而第7条更是明确规定，国家保护个人、组织与数据有关的权益，鼓励数据依法合理有效利用，保障数据依法有序自由流动，促进以数据为关键要素的数字经济发展。这一条款即是《数据安全法》遵循的数据权利保障原则。而只有数据权利得到保障，数据所有人对数据享有的占有、使用、处分等权利皆有法律依据，数据的流通利用才具有合法性前提。具体到网络平台企业等数据主体而言，其使用和处理数据的权利得到了《数据安全法》的明确规定，即该法第27条规定，开展数据处理活动应当依照法律、法规的规定，建立健全全流程数据安全管理制度，组织开展数据安全教育培训，采取相应的技术措施和其他必要措施，保障数据安全。利用互联网等信息网络开展数据处理活动，应当在网络安全等级保护制度的基础上，履行上述数据安全保护义务。第28条规定，开展数据处理活动以及研究开发数据新技术，应当有利于促进经济社会发展，增进人民福祉，符合社会公德和伦理。这两个条款体现了"法无明文禁止即可为"的法治精神，也就是说，明确规定了"开展数据处理活动应当依照法律、法规的规定"，这就意味着法律、法规没有明文禁止的数据处理行为，即是网络平台企业等数据主体可自主开展的活动。在此基础上，数据处理活动作为民事行为，其需要遵循民法的基本原则，即符合社会公德和伦理。更为重要的是，在《数据安全法》的基础上，诸多地方在数据领域制定的地方性法规更是体现对数据流通价值的重视。如《上海市数据条例》第12条规定："本市依法保护自然人对其个人信息享有的人格权益。本市依法保护自然人、法人和非法人组织在使用、加工等数据处理活动中形成的法定或者约定的财产权益，以及在数字经济发展中有关数据创新活动取得的合法财产权益。"这一条款明确提出了"保护自然人、法人和非法人组织在使用、加工等数据处理活动中形成的法定或者约定的财产权益"，实际上就是从法律上明确了网络平台企业等数据处理主体对其在运营过程中合法收集的数据的正当权利，有利于数据的流通使用。总之，相较于《网络安全法》，《数据安全法》及其配套法律规范虽以“安全”为名，但安全并非该法的唯一目的，其旨在平衡数据安全与数据流通的关系，进而促进数据的流通应用，发挥其经济效益，这也是经济数字化推进的必要前提。

第三节　网络平台企业信息安全的合作监管模式转型

应该说，《网络安全法》《数据安全法》等法律规范已建立了较为完备的网络平台企业信息安全监管机制，且上述立法既重视企业内部防控制度的建设和社会责任的履行，又建构了完备的行政监管机制，能够形成全社会共同参与信息安全建设的局面。当然，在治理体系和治理能力现代化背景下，网络平台企业信息安全的完善，还应形成政府、企业、公众和社会组织共同参与的监管模式。

一、合作监管的产生与内涵

合作监管亦是晚近以来产生的行政法现象。合作监管又称为合作治理，是近年来公共行政改革的重要方式。所谓合作治理，是指这样一种社会治理方式，即行政主体在开展社会管理活动的过程中采用契约方式达成其行政目的。合作治理是契约理论向公法领域渗透的结果，它强调行政主体与相对人之间的合意，要求行政主体以行政相对人能够接受的方式实施社会管理活动。合作治理是后现代性背景下产生的一种行政现象。在现代性背景下，行政管理领域以科层制为其基本的管理制度，科层制结构一方面使“上命下从”成为可能，提升了决策的权威；另一方面，在多层级的行政管理体制中，信息需要经多次中转方能从决策者传达至执行者。在信息化浪潮下，信息技术的高速发展为信息的传达提供了便利，从而为管理体制的简化提供契机。与之相对应的是社会部门在公共管理领域发挥越来越大的作用。这即为行政主体与社会的合作提供了基础。

合作监管最早可溯源于英国撒切尔夫人的新公共行政改革。在 20 世纪七八十年代，经历了五六十年代经济高速发展的黄金时期之后，英国经济进入了滞胀阶段。与此同时，在政府管理上，英国面临政府机构和职能膨胀、效率低下的问题。为解决这个问题，撒切尔夫人在英国开展了新公共行政改革。新公共行政改革的主要内容有二：其一是公共职责向社会组织转移。英国政府将一部分原本由政府部门承担的公共管理职能向社会组织转移，由社会组织负责向民众提供公共服务并收取相应费用。在此基础上，政府的职能和规模得以缩减。其二是在公共部门引入民营企业的管理方法。民营企业在管理的过程中，其最注重的价值是经济效益。因此，绩效管理是民营企业最为重要的管理手段。在英国新公共行政改革过程中，英国政府注意到其机构臃肿、效率低下的情况，因此引入了民营企业的绩效管理方法。英国新公共行政改革实际上使政府管理具有了合作监管的属性。具体而言，英国政府将一部分原本由政府部门承担的公共管理职能向社会组织转移，而转移的方式多为行政委托，即政府将公共事务管理职能委托给社会组织承担。在此过程中，政府部门与社会组织之间形成了合作关系，而社会组织也得以参与社会事务的管理，这即是合作监管的雏形。换言之，英国新公共行政强调政府与民营部门以契约形式完成社会管理职能的分配，形成了政府与民营部门合作共治的局面，因此可视为合作治理的初次尝试。在我国，近年来，在民政部登记的社会组织数量大幅增加，社会组织自身结构和治理能力不断优化，这为合作治理提供了坚实基础。[①] 在此基础上，合作治理在体育事业、公用事业经营、环境保护乃至治安、民生保障等领域兴起。

在英国新公共行政改革之后，世界上主要国家实际上也推行了类似改革，形成政府与社会组织合作治理的局面。在我国，在市场经济体制确立之后，我国政府组织和职能进行了多轮改革，改革的核心内容是减少和规范政府权力对市场的干预。在此过程中，社会组织大量兴起，部分政府职能也转交社会组织承担，甚至部分政府部门直接转变为市场主体。更为重要的是，民众参与社会治理的积极性日益高涨，因此奠定了合作监管模式在我国行政管理实践中兴起的基础。在此意义上，合作监管不仅是一种行政管理理念，更是具象化的行政管理模式。合作监管具有以下特征：其一是主体的多元性。所谓“合作”，是指由两个或两个以上的主体通过协商的方式确定相互之间的权利义务并共同负责相关事务的行为方式。合作监管是后现代背景下兴起的行政法现象。后现代主义有三项含义：一是去中心，二是主体性的失

① 任中平、邓超：《实现社会治理模式转换的现实路径》，载《长白学刊》2014 年第 4 期。

落，三是理性被颠覆，用哈贝马斯的概念说，即是“主体中心理性”的丧失。[①]去中心和主体性的失落即意味着存在多元化的社会治理主体结构。其二是手段多样性。所谓手段多样，是指治理主体在开展治理活动的过程中，诸多新型手段被运用于行政法实践中。特许经营、行政协商、行政合同等皆是合作监管的产物。虽然协同合作行为是社会合作规制的主要行为模式，但是其具体实施机理却具有多样性和复杂性。[②] 其三是手段的柔化，在合作监管背景下，治理主体不仅依赖于传统的强制方式，行政主体与相对人之间的合意亦成为开展治理活动的必备要素。例如，行政指导即是合作监管的方式之一。行政指导最早源于日本，其是行政主体通过劝导的方式达到行政目的的行政手段之一。在行政指导中，行政主体作出指导，该指导对社会公众并没有强制拘束力，行政目的的达成仍需以相对人自觉配合为前提。换言之，在行政指导法律关系中，相对人与行政主体之间存在实质上的“合作”，即相对人自愿服从行政主体之指导以促成行政目标的实现。

二、网络平台企业信息安全合作监管的理论基础

合作监管是行政监管模式创新的重要形态，其建立在治理体系和治理能力现代化基础上。

治理能力现代化是中共十九大报告提出的国家发展的重要目标。十九大报告指出，从 2020 年到 2035 年，在全面建成小康社会的基础上，再奋斗十五年，基本实现社会主义现代化。到那时，我国经济实力、科技实力将大幅跃升，跻身创新型国家前列；人民平等参与、平等发展权利得到充分保障，法治国家、法治政府、法治社会基本建成，各方面制度更加完善，国家治理体系和治理能力现代化基本实现；从 2035 年到 21 世纪中叶，在基本实现现代化的基础上，再奋斗十五年，把我国建成富强民主文明和谐美丽的社会主义现代化强国。到那时，我国物质文明、政治文明、精神文明、社会文明、生态文明将全面提升，实现国家治理体系和治理能力现代化，成为综合国力和国际影响力领先的国家。由此可见，在十九大报告提出的三十年发展规划当中，治理能力现代化贯穿三十年的发展过程，并需要分两个阶段予以实现。在十九大报告基础上，治理能力现代化目标成为我国行政管理体制改革的重要引领。

① 王锺陵：《“现代”与“后现代”》，载《苏州大学学报（哲学社会科学版）》2013 年第 2 期。
② 邹焕聪：《社会合作规制的运作机理与行政法治回应》，载《行政论坛》2013 年第 3 期。

治理能力现代化的实现,对行政体制改革提出了系列要求。具体而言,十九大报告进一步提出深化机构和行政体制改革。统筹考虑各类机构设置,科学配置党政部门及内设机构权力、明确职责。统筹使用各类编制资源,形成科学合理的管理体制,完善国家机构组织法。转变政府职能,深化简政放权,创新监管方式,增强政府公信力和执行力,建设人民满意的服务型政府。赋予省级及以下政府更多自主权。在各省、市、县对职能相近的党政机关探索合并设立或合署办公。深化事业单位改革,强化公益属性,推进政事分开、事企分开、管办分离。在这段论述当中,“转变政府职能”“深化简政放权”和“创新监管方式”并不是互相独立的改革要求,相反,政府职能的转变以简政放权为目的,即政府需要将更多管理性职责予以下放,与此同时强化公共服务,从而达成简政放权的目的。当然,政府职能的下放不能损害政府效率,即简政放权应以政府在社会治理当中的功能和作用得到充分保障为前提。为实现这一目的,政府职能转变和简政放权就必须与改革监管方式协同推进。在政府监管方式改革上,一方面需要通过数字化监管等新手段的应用,提高监管的效率;另一方面,政府职能的下放既意味着政府需削减可能影响经济社会自主运行的职责,行政审批体制的改革既是政府职能削减的过程,又要变管理为治理,充分调动企业、个人和社会组织在社会治理当中的作用,使企业、个人和社会组织成为行政监管的参与者。这种参与式的监管,即是合作监管模式的要义。具体到网络平台企业信息安全监管而言,学界提出了网络平台企业的元规制概念,元规制本身即蕴含两种规制,一方面是企业的自我规制(内部规制),另一方面是监管部门对企业的自我规制展开规制(外部规制)。[①]《网络安全法》也倡导合作规制。其中第10条规定,建设、运营网络或者通过网络提供服务,应当依照法律、行政法规的规定和国家标准的强制性要求,采取技术措施和其他必要措施,保障网络安全、稳定运行,有效应对网络安全事件,防范网络违法犯罪活动,维护网络数据的完整性、保密性和可用性。第11条规定,网络相关行业组织按照章程,加强行业自律,制定网络安全行为规范,指导会员加强网络安全保护,提高网络安全保护水平,促进行业健康发展。这两个条款分别规定了企业自律和行业协会自治,意在通过引导企业和行业协会的参与,形成网络信息安全的共治共管模式,体现了合作监管

---

① 韩新华:《平台时代网络内容治理的元规制模式》,载《中国出版》2022年第5期。

的精髓。

三、网络平台企业信息安全合作监管的框架

如上所述,在我国,合作监管立足于社会治理创新理论。中共十九届五中全会对加强和创新社会治理提出了新要求,习近平总书记指出加强和创新社会治理,关键在体制创新。总体上而言,社会治理创新,就是要打造党委领导、政府负责、社会协同和公众参与的治理体系。具体到网络平台企业监管而言,就需要以用户及社会公众为根本,以网络平台(包括个人信息保护负责人、独立机构)为主体,以政府部门为主导,在协同理念的指引下,展开网络安全合作治理活动。①

1. *政府负责*

社会治理创新首先要求在党委领导下,强化政府的负责作用。加强和创新社会治理,要明确从中央到省、市、县、乡各级党委和政府的职能定位,充分发挥各层级的重要作用,努力打造权责明晰、高效联动、上下贯通、运转灵活的社会治理指挥体系。如上所述,《宪法》第 15 条规定:"国家实行社会主义市场经济。国家加强经济立法,完善宏观调控。国家依法禁止任何组织或者个人扰乱社会经济秩序。"从中可见,在市场经济条件下,在尊重市场规律的前提下,国家存在广泛的义务,既需要在立法上完善宏观调控机制,又需要通过法律的执行禁止任何组织或者个人扰乱社会经济秩序。在此意义上,在经济发展过程中,我国实际上遵循的是有为政府理论,即要求国家通过积极手段促进经济发展,这实际上也与我国的社会主义制度的本质属性相一致。具体到市场监管机构职责配置的过程中,基于有为政府理论和《宪法》第 15 条的规定,在网络平台企业信息安全监管当中,政府所扮演的角色就不仅仅是市场秩序的维护者,其更需要通过执行和落实上级政府制定的积极主动的经济政策,引导健康有序的市场环境建设。据此,合作监管的开展并不意味着政府放弃监管职权,而仅仅意味着政府把小部分职责予以下放,在监管过程中涉及国家安全和公共安全的重要事项,政府需通过各种手段和方式予以解决,而不能交由社会组织进行监管。当然,需要注意的是,政府负责并不是要与民众争权,而是需要上级政府部门予以放权,才能实现简政放权与建设有为

① 徐磊:《网络平台个人信息处理的多元协同监督治理体系研究》,载《电子政务》2022 年第 12 期。

政府的统一。

2. 社会协同

社会协同是社会治理创新的重要内容,其意味着社会治理的展开,需要在政府负责的前提下,引导社会组织承担部分社会治理任务。在网络平台企业信息安全监管当中,社会组织也有较为广泛的协同治理空间。譬如,在涉及算法应用、防火墙优化等专业问题的鉴定上,独立第三方组织的鉴定对实现监管的公正性具有重要意义。另外,网络平台企业安全监管必须与行业自律相结合,行业组织是实现行业自治的重要载体,也是规范本行业内的经营管理行为的重要依托。因此,在社会治理创新强调社会协同的情况下,合作监管的建构,一定要为社会协同提供空间,对专业性事务,可通过委托方式交由社会组织承担;对行业内部自律事务,可交由行业组织自律管理,据此形成政府监管与社会协同相结合的制度体系。

3. 公众参与

民众参与也是社会治理创新的重要内容。民众参与对网络平台企业信息安全合作监管机制的建构存在诸多要求。其一,政府监管职能权责的配置,应更多注意强化对新社会阶层、社会工作者和志愿者参与社会治理的引领职能,加强对中介服务组织的行政指导,拓宽市民投诉举报渠道,构建合作监管领域的群众监管机制。其二,政府部门应强化市场主体履行社会责任的激励职能,鼓励企业利用技术、数据、人才优势参与社会治理,主动承担起安全生产、合规经营等责任。其三,通过公众参与程序的建设,吸纳行政相对人和社会公众参与行政活动开展的过程,增加行政活动对民意的吸纳程度,保障人民群众对网络安全监管行政执法工作和其他相关工作的参与。

第四节 合作监管下政府对网络平台企业信息安全监管体制建构

一、政府对网络平台企业监管的基本原则

1. 合法性原则

合法性原则是行政活动开展的基本原则,在行政法领域内,合法性原则主要包括法律优先、法律保留等原则。这些原则具体到网络平台企业合作监

管领域，则体现了政府监管合法化的两项要求：其一是职权法定。职权法定是合法性原则的基本要义。公法领域遵循“法无明文授权即不可为”的基本规则，就行政机关而言，其没有法律明确授权的，则不可实施可能影响相对人权利义务的活动。“法无明文授权即不可为”延伸出来了职权法定原则，其要求行政机关所享有的职权需要有组织法上的明确依据，起码要有行为法上的授权，据此方可对外开展行政活动。当然，在行政事务复杂化的背景下，立法机关不可能就行政事务进行事无巨细的规定，行政机关也获得了自行制定规则的权力，行政立法实际上也构成了行政权力的重要来源。此种情况下，职权法定原则中的“法”应作宽泛理解，即不仅包括宪法和法律，也包括行政法规、地方性法规和规章等。当然，实践中，监管部门享有一定的服务性权力，除法律保留事项之外，监管部门依照法律以外的规范享有和行使大量权力，这并不与职权法定原则相悖。其二是程序正当。程序法定原则是行政法的基本原则，同时也是政府创新管理活动开展的基本原则。程序正当原则源于英国的自然公正原则，其有两项子规则，分别为“任何人不做自己的法官”和“作出不利决定前应听取其意见”。回避制度是第一项子规则的具体化，其目的在于避免评审专家因私人关系影响评审的公正性。

2. 科学性原则

所谓科学性原则，指的是监管活动的开展应当符合科学规律，具有科学性。实际上，科学原则也是现代行政管理活动所适用的重要原则，行政管理活动的开展需要坚持科学性原则。在网络平台企业监管工作当中，科学性原则要求开展监管时综合考虑各种经济社会要素，达成监管与经济社会的协同发展。其一是综合考虑网络安全与社会发展的关系。网络信息安全与社会发展协同原则要求将网络信息安全放置于经济社会发展的大环境下进行考量，一方面，社会经济的发展需要依赖网络安全，将网络作为保障数字经济发展的核心要素，从而提高数字经济增长的安全性。另一方面，网络安全也需要依托经济的发展。从市场的角度来看，网络安全技术更多的是一项经济活动，这项活动既是经济发展的基础，其产生的结果也需要反馈到经济运行当中来。而网络安全技术研发本身又是耗资巨大的活动，网络安全与社会发展协同的原则即要求政府在投入维护网络安全时，要考虑到经济发展的进程，使网络安全服务于经济发展。其二是网络安全监管与人的全面发展协同原则。网络安全监管应以人的权利发展为目的。网络安全监管的目的应在于促进全人类的发展，也在于促使个人充分发挥其潜能而实现全面发展。

3. 适度监管原则

在市场经济条件下，网络平台企业信息安全监管的展开既要求政府基于安全需要强化监管，又要求合理定位政府在网络平台企业监管中的权限，这实际上是要求政府保持对网络平台企业市场的适度干预。因此，政府适度监管原则应确立为网络平台企业监管的基本原则之一。所谓的政府适度干预有两方面的含义：一方面，基于网络环境的特殊性，政府有必要对网络安全进行干预；另一方面，政府的监管职责要有明确界限。尽管政府对市场的干预有其必要性，但此种干预必须建立在尊重市场规律的前提下，应当以市场所能够接受的方式实施。换言之，国家投资、行政处罚、市场准入等虽为有效的市场干预手段，但这些手段刚性过强，稍有不慎即可能扰乱市场自身的运行秩序。因此，政府对市场的干预也应当尽可能地以市场化的方式进行。尤其是通过资源再分配的方式干预市场运行时，资源的分配一定要依托市场自身规律进行。换言之，政府对网络平台企业的干预之所以应当是有限度的干预，其原因即在于，相较于其他社会活动，经济交往活动对人主观能动性的发挥具有更高的要求。人的主观能动性与人的权利相牵连，只有在有足够的利益可图时，社会主体方有动力开展生产经营活动。因此，政府的干预必须以切实保障网络平台企业的正当权利为前提，只有在权利得到充分保障的情况下，网络平台企业才能够充分发挥其主观创造力。在市场能够自我调节的情况下，充分发挥市场配置资源的作用，通过行业平台的自我监管及社会大众的监督，在保证共享经济能够顺利发展的前提下，制定适度的原则，制定规制的框架与范围，适当发挥政府的规制作用。[①] 在此意义上，政府适度干预即是市场经济的要求，政府适度干预原则不仅体现于其干预范围的有限性上，也体现在干预手段的非强制性上，政府的干预手段应首先选择非强制性的指导、给付等手段，如此方能最大限度地发挥市场的作用。

二、网络平台企业信息安全规制的主要内容

1. 政府规制的基本理论

政府规制是近年来公共行政领域兴起的现象。政府规制首先由经济学

---

① 陈丹、陈阳：《共享经济背景下网约车规制路径研究》，载《河北学刊》2018 年第 2 期。

学者进行研究，将之作为实现行政效益最优化的手段之一。政府规制是指政府在法律规定的范围内，运用公共权力通过多种手段对宏观经济运行态势或者微观经济活动进行干预的行为，是政府活动直接影响市场资源配置或者产品供求关系的活动。[①] 因此，政府规制最初是一个经济学上的术语，用以表示政府对市场运行进行积极干预的过程，也是政府借助公共权力用政府命令代替市场竞争的过程，产业规制即成为政府规制的基本形式。当然，随着政府规制活动的深入，法学学者尤其是行政法学者发现政府规制活动中蕴涵的行政法原理相当丰富，规制实践甚至对传统行政法治理论造成冲击，同时也提出了“政府再造”的问题，为政府在市场经济条件下的职能定位与职能转换提供了理论依据。[②] 政府规制的兴起和公共行政从法律进路到管制进路的变迁对行政法及其法律方法提出了新的要求，也即政府规制作为一种公共行政样态，其产生和存在有深厚的经济社会基础和必要性，“放松规制”无异于掩耳盗铃，更好的方法是通过行政法制度和方法的创新实现对政府规制的规制。

2. 网络平台企业信息安全政府规制主要特征

具体到网络平台企业监管的过程而言，网络平台企业信息安全的政府规制即是指政府为避免安全风险的发生而采取的系列活动，风险规制权力的配置则源于政府负担的公民权利保护义务。[③] 与传统行政管理活动相比，信息安全风险规制具有以下特征：其一，行政机关获得了广泛的授权。在政府规制模式当中，行政机关则获得了立法机关之广泛的授权。公共行政的规制进路以行政机关采用灵活多样的规制手段为其特征，这些手段的采用，当然要求行政机关获得法律的宽泛授权。也就是说，只有行政机关拥有宽泛的自由裁量权，其在拟开展的活动及活动方式等方面所受到的法律限制才有可能减少，从而使之可以充分运用其收集的信息及其专业能力作出最优的决策。宽泛的法律授权是科技风险规制的基本要求，这在规制实践中也得到了充分体现。其二，政府规制活动更多的是一种以目的为导向的活动方式。其缘由即在于，政府规制是为应对复杂的社会形势而产生的一种行政模式，在这种行政模式中，行政机关首先需要运用其专业知识对社会形势进行综合判

① 崔德华：《政府规制维度的哲学解读》，载《海南师范大学学报（社会科学版）》2014 年第 7 期。

② 卢君：《政府规制理论变迁视角下中国政府规制能力的提升》，载《云南财经大学学报》2009 年第 1 期。

③ 赵鹏：《政府对科技风险的预防职责及决策规范——以对农业转基因生物技术的规制为例》，载《当代法学》2014 年第 6 期。

断，在此基础上再进一步在法律框架内寻找解决方案。因此，在法律与社会形势之间，行政机关首先要做的并不是从现有的法律规范中寻求答案，而是通过专业知识的运用研判社会形势的发展方向并在利益最大化原则的支配下采取相应措施。因此，所谓目的导向，即是指在法律中规定行政权启动需要达到的目的，至于行政机关采取何种手段达成该种目的，法律则采取概括的授权方法，允许行政机关依社会情势选择适宜的手段。其三，在政府规制当中，行政活动之间则具有连续性。在政府规制当中，行政法对行政权之控制产生了从行为控制到目的导向的转变。因此，行政活动之开展即得以摆脱行政法对行政行为之形式要件的控制，行政机关在法律所设定的目的范围内，有权选择其认为适当的措施。而这些措施共同指向同一目的，这即为不同活动之间产生先行后续的联系并呈现连续性提供了可能。

3. 网络平台企业信息安全风险规制的主要手段

其一是行政检查手段。行政检查是行政执法的重要手段，其既可以作为实施行政许可、行政处罚等行政行为的前置性手段，也可以作为独立的执法环节存在，在行政执法过程中的重要意义是不言而喻的。行政检查在行政法实施中起着承前启后的核心作用，它是作为行政法实施过程中的关键环节独立存在，此由行政权的深化的趋势和行政检查的特性决定。[①] 行政检查制度也是网络平台企业信息安全监管的重要法律手段，行政机关主要对技术市场遵守有关法律、法规的情况进行检查，检查的对象包括网络平台企业及相关中介组织等。

其二是行政处罚手段。行政处罚手段是网络平台企业信息安全监管的重要手段，也是《网络安全法》等法律规范规定的最重要的监管手段。例如，《网络安全法》第 67 条规定："违反本法第四十六条规定，设立用于实施违法犯罪活动的网站、通讯群组，或者利用网络发布涉及实施违法犯罪活动的信息，尚不构成犯罪的，由公安机关处五日以下拘留，可以并处一万元以上十万元以下罚款；情节较重的，处五日以上十五日以下拘留，可以并处五万元以上五十万元以下罚款。关闭用于实施违法犯罪活动的网站、通讯群组。单位有前款行为的，由公安机关处十万元以上五十万元以下罚款，并对直接负责的主管人员和其他直接责任人员依照前款规定处罚。"《数据安全法》第 45 条也规

① 朱维究、刘永林：《论行政检查与行政法实施——以确保行政规范性文件得到真正落实为视角》，载《政治与法律》2012 年第 7 期。

定:“开展数据处理活动的组织、个人不履行本法第二十七条、第二十九条、第三十条规定的数据安全保护义务的,由有关主管部门责令改正,给予警告,可以并处五万元以上五十万元以下罚款,对直接负责的主管人员和其他直接责任人员可以处一万元以上十万元以下罚款;拒不改正或者造成大量数据泄露等严重后果的,处五十万元以上二百万元以下罚款,并可以责令暂停相关业务、停业整顿、吊销相关业务许可证或者吊销营业执照,对直接负责的主管人员和其他直接责任人员处五万元以上二十万元以下罚款。违反国家核心数据管理制度,危害国家主权、安全和发展利益的,由有关主管部门处二百万元以上一千万元以下罚款,并根据情况责令暂停相关业务、停业整顿、吊销相关业务许可证或者吊销营业执照;构成犯罪的,依法追究刑事责任。”第 46 条规定:“违反本法第三十一条规定,向境外提供重要数据的,由有关主管部门责令改正,给予警告,可以并处十万元以上一百万元以下罚款,对直接负责的主管人员和其他直接责任人员可以处一万元以上十万元以下罚款;情节严重的,处一百万元以上一千万元以下罚款,并可以责令暂停相关业务、停业整顿、吊销相关业务许可证或者吊销营业执照,对直接负责的主管人员和其他直接责任人员处十万元以上一百万元以下罚款。”上述条文所设定的即是行政处罚手段。

其三是其他手段。对网络平台企业的信息安全监管必须置于营商环境优化的语境下展开。基于优化营商环境的需要,政府在监管过程中应更多地采取柔性化的手段。如《优化营商环境条例》第 59 条规定,行政执法中应当推广运用说服教育、劝导示范、行政指导等非强制性手段,依法慎重实施行政强制。实际上,在简政放权的大背景下,要强化网络安全监管机制对健康市场秩序发展的作用,就必须优化政府部门的职权行使方式。具体而言,监管部门可先通过制定规范性文件的方式设定行政指导、约谈、行政合同等柔性化执法手段,在这类手段经一段时间的实施而较为成熟的情况下,再将其补充到监管部门的权责清单中,使之成为相对独立的权责类型。

三、网络平台企业政府规制的法律责任

网络平台企业监管的责任,即是行政主体及其工作人员在开展网络平台企业监管过程中因违反法律的规定而应当承担的不利法律后果。网络平台企业监管责任是行政责任的具体形式,其以违法行为为前提,即是说,在网络

平台企业监管活动中，公务人员执行职务的行为有可能违反了法律的规定，造成了一定的不法现象的存在，此时行政问责机制方可启动，由有权机关通过法定程序追究公务人员的责任。因此，网络平台企业监管责任制度即包含了违法行为、责任形态等方面的内容。

1. 违法行为

违法行为是网络平台企业监管责任成立的前提。在网络平台企业监管过程当中，违法行为即是违反行政法中设定的义务的行为，义务的违反是违法行为成立的要件。当然，在民事法当中，违法行为的成立需要具备行为违法性、主观过错、损害结果、因果联系等要件。而在行政管理过程中，违法行为的成立不需具备以上全部要件。具体而言，就主观过错而言，行政法设定了行政主体及其工作人员负有谨慎义务，其行为违反法律的规定的，则可推定其具有主观上的过错；就损害结果而言，损害结果是否发生也不是行政违法行为产生的要件，行政违法行为的成立不需要行为造成了损害后果的产生，仅要求该种行为本身不符合法律之规定。因此，网络平台企业监管过程中的违法行为应以行为的违法性为其构成要件，只要行为本身违反了法律的规定，即认定其构成违法行为而追究责任。网络平台企业监管中的违法行为主要包括以下几种类型：

其一是违反《中华人民共和国公务员法》(以下简称《公务员法》)的行为。我国《公务员法》和《行政机关公务员处分条例》规定了公务员的诸多义务，这些义务也是信息安全监管部门的工作人员在行政管理工作中应当遵守的义务，对这些义务的违反则构成违法行为，是行政责任追究的事由。违反公务员法的行为主要包括以下几种类型：第一是滥用职权类行为。行政法赋予了行政机关及其工作人员各种行政职责，行政机关及其工作人员在行政管理过程当中如果未依法律规定的精神和目的行使其权力的，则有可能构成滥用职权行为，这是行政责任承担的事由之一。第二是违反财经纪律的行为。《公务员法》同样为公务员设定了清廉的义务，清廉不仅关系政府形象，也是国有财产不被侵占的保障。为确保公务员的清廉，国务院及各级行政管理部门依公务员法等法律规范的规定制定了诸多的财政经费管理制度，公务员违反这些制度的行为即是追究行政责任的事由。第三是其他类违法行为，这些行为主要由规范性文件予以规定，是公务员法中设定的公务员义务的具体化。

其二是违反行政行为法的行为。网络平台企业监管部门在开展行政管理活动过程中，现有的行政行为法体系，如行政许可法、行政处罚法以及信息安全监管部门制定的规范性文件也是其活动开展的依据，这些行为中义务的违反也是信息安全监管部门及其工作人员承担行政责任的事由。第一是行政处罚责任。行政处罚法规定了行政机关实施行政处罚过程中应当承担的责任。在网络平台企业监管当中，行政机关也享受大量的处罚权，这些处罚权集中在《网络安全法》等法律规范中。因此，当行政机关行使该条例赋予的行政处罚权时，其行为违反行政处罚法的规定的，即有可能产生行政责任。第二是行政许可责任。《中华人民共和国行政许可法》（以下简称《行政许可法》）同样规定了行政许可实施过程中的责任，这些责任集中规定在《行政许可法》第 71 条至第 77 条中。例如，第 74 条规定，行政许可实施过程中，对不符合法定条件的申请人准予行政许可或者超越法定职权作出准予行政许可决定的，由其上级行政机关或者监察机关责令改正，对直接负责的主管人员和其他直接责任人员依法给予行政处分；构成犯罪的，依法追究刑事责任。第三是其他行为责任。我国当前制定的成文行政行为法有《行政许可法》《行政处罚法》和《行政强制法》。除许可、强制和处罚之外，在针对网络平台企业进行管理的过程中，政府部门还存在大量其他权力，如行政给付、行政检查、行政规划等权力。这些权力的行使也有可能产生法律责任。

2. 责任形态

依公务员法和其他法律规范的相关规定，在信息安全监管过程当中，行政机关工作人员承担的行政责任主要有两种形式，分别为行政处分责任和行政处理责任。

其一是行政处分责任。行政处分责任规定在我国《公务员法》和《行政机关公务员处分条例》当中。责任的种类和幅度即限定了可以对公务员追究的责任类型及其幅度。公务员责任追究作为剥夺、限制责任人之权利、增加其负担的内部行政行为，其作用的事项应当限于基于公务员与行政主体之间基于内部关系而产生的权利义务，而不能及于宪法和法律赋予公务员的基本权利。从这个角度而言，行政处分责任的明确化实际上是公务员权利保障的要求。依《公务员法》的规定，行政处分包括以下几种类型：警告、记过、记大过、降级、撤职、开除。公务员在受处分期间不得晋升职务和级别，其中受记过、记大过、降级、撤职处分的，不得晋升工资档次。受处分的期间为：警告，六个月;记过,十二个月;记大过,十八个月;降级、撤职,二十四个月。受撤职处分的,按照规定降低级别。公务员受开除以外的处分,在受处分期间有悔改表现,并且没有再发生违纪行为的,处分期满后,由处分决定机关解除处分并以书面形式通知本人。解除处分后,晋升工资档次、级别和职务不再受原处分的影响。但是,解除降级、撤职处分的,不视为恢复原级别、原职务。例如,《网络安全法》第73条规定:"网信部门和有关部门违反本法第三十条规定,将在履行网络安全保护职责中获取的信息用于其他用途的,对直接负责的主管人员和其他直接责任人员依法给予处分。网信部门和有关部门的工作人员玩忽职守、滥用职权、徇私舞弊,尚不构成犯罪的,依法给予处分。"《数据安全法》第49条规定:"国家机关不履行本法规定的数据安全保护义务的,对直接负责的主管人员和其他直接责任人员依法给予处分。"第50条规定:"履行数据安全监管职责的国家工作人员玩忽职守、滥用职权、徇私舞弊的,依法给予处分。"上述条款规定的即是行政处分责任。

其二是行政处理责任。行政处理是行政处分之外的责任形式。如上所述,基于公务员权利保护的要求,对公务员进行处分也应遵循法律保留的原则,行政处分的责任形式应为法律所明确规定,起码应当由国务院的行政法规进行规定,行政法规以下的规范性文件即不宜增加行政处分的类型。当然,实践中,公务员的过错可能并未达到应予以行政处分的程度,但其行为又确实需要予以一定的惩罚。因此,行政机关即在实践中创设了行政处理这一责任形式用以解决上述问题。行政处理之设定获得合法性的条件起码包括以下两项:第一是行政处理在严厉程度上应当低于行政处分,否则将发生低位阶法律规范设定的行政处理架空行政处分的效果;第二是行政处理仅应对公务员之工作关系进行调整,而不应对公务员法律上的权利造成不利影响。

第五节 网络平台企业的信息安全治理主体地位及其制度建构

在"平台—政府"双层治理模式中,平台型网络市场的对应政府主管部门依据既有法律法规等正式制度,也有领导决策、临时会议决定等非正式制度,将治理任务进行打包并发包给网络平台，网络平台结合既有的内生秩序和政府发包的外生秩序要求进行规则生产，对平台用户进行规则治理，推动平台型网络市场新秩序形成。[①] 因此，网络平台企业信息安全治理在合作治理当中占据重要地位。

一、网络平台企业作为信息安全治理主体的理论基础

从治理的角度而言，创新治理当中企业的身份从治理客体转变为治理主体实际上也是公共行政多中心化、扁平化和去权威化的必然要求。现代性以中心化、统一性为其精神特质。其一，现代社会得益于网络技术的发展，政府得以与诸多公共组织抑或私人团体形成日益庞大的联盟网络，这就使得"公共治理"超出了"政府治理"的范畴，[②]在政府中心之外形成诸多自治组织。这些组织独立于政府，形成自为的组织体系。换言之，在网络社会背景下，政府中心向多中心演化，一元化的政府治理体系为多元化的社会治理体系所替代。在网络社会背景下，信息技术的发展强化了人们之间的信息联系，这就使得政府与社会之间的纵向关系发生了新的变化。其二，在网络的作用下，信息沟通渠道更为畅通，决策者与基层执法人员、民众之间即可以实现直接的意志交流，这就在客观上侵蚀了科层制存在的基础。此时，社会治理结构呈现扁平化的发展趋势，表现有二：一是科层制的中间层级逐步减少，甚至在行政体制的顶端与底端之间建立起直接联系，近年来我国各地开展的"省直管县"改革即暗含了这一趋势；二是政府治理体系之外产生诸多社会组织，社会组织的治理同样建构扁平化的结构体系，民众与决策者可以直接进行对话，并参与公共事务的管理。其三，现代性与权威性相伴随，政治国家的权威性正是在现代性基础上得以建构的。具体而言，自启蒙运动开启现代社会以降，现代社会正是从以下两个方面打造政治国家的权威：一方面，在文明国家与未开化地区，"社会"被逐步纳入"国家"范畴之内。就文明国家而言，在现代社会开启之前，这些国家的政治组织多以城邦的形式存在。城邦作为一个政治团体，其本身具有地域性，由当地自由民选举产生相应的管理机构，负责

① 孙韶阳：《网络市场"平台—政府"双层治理模式建构与机理分析》，载《商业经济研究》2022 年第 11 期。

② 王家峰、孔繁斌：《政府与社会的双重建构：公共治理的实践命题》，载《南京社会科学》2010 年第 4 期。

管理本地域范围内的公共事务。而在现代性背景下,城邦逐步瓦解,城邦管理为国家管理所替代,政治国家的权威得以通过集权化的方式强化。相应地,未发展开化地区原先由部落进行治理。随着社会的发展,部落治理式微,这些地区亦主动或被动地进入政治国家的治理体系内。另一方面,科层制管理体制被视为现代性的重要成果。科层制管理体制的广泛运用在组织结构上扩展了现代国家的肢体,使之能够实现对全部疆土的有效管辖。这样,将社会与公众悉数纳入政治国家的管辖范围内。而在后现代背景下,多中心和扁平化的发展趋势造成了诸多的社会自治主体,这些自治主体在各自范围内行使由民众通过协议方式授予的管理权。公共行政多中心化、扁平化和去权威化的趋势为企业充当创新治理的主体提供了现实基础,而这也恰恰是创新治理替代创新管理的必然要求。

在我国,网络平台企业作为公共事务治理的主体,主要通过企业主体责任这一理念而得以实现。譬如,2021 年,滴滴出行、运满满、货车帮、BOSS 直聘等公司相继在美国上市,这一过程也给我国信息安全带来了一定冲击。在此背景下,中共中央办公厅、国务院办公厅印发《关于依法从严打击证券违法活动的意见》,其中提出抓紧修订关于加强在境外发行证券与上市相关保密和档案管理工作的规定,压实境外上市公司信息安全主体责任。加强跨境信息提供机制与流程的规范管理。坚持依法和对等原则,进一步深化跨境审计监管合作。这一文件所提及的"境外上市公司"即包括了网络平台企业,要求网络平台企业承担信息安全主体责任,这就表明网络平台企业在网络信息安全治理当中,不能仅仅充当治理客体,而应积极主动履行网络信息安全管理的义务。这一义务既包括内部性的管理义务,即对其收集的信息进行妥善处理,也包括针对平台用户信息的安全管理义务,主要为用户在平台上上传有害信息的,就予以及时处置。平台用户并非平台成员,但平台制定的大量规则对其用户的权利义务能够起到实质影响,是在平台活动范围内具有普遍约束效力的行为规范;平台对其用户采取的管控措施中,有许多措施类似于具有单方强制性的行政处罚或行政强制。① 为实现国家立法所规定的目标,大部分平台制定了作为内部治理规则的网规,依托过滤、屏蔽等技术措施,在

① 刘权:《网络平台的公共性及其实现——以电商平台的法律规制为视角》,载《法学研究》2020 年第 2 期。

平台内部建立和实施违法信息查处机制，优化整体秩序。[①] 在此意义上，网络平台企业基于其特性，实际上具备在其平台内进行治理的能力和功能。因此，网络平台企业可以作为网络信息安全的治理主体。

二、网络平台企业的信息安全治理举措

在合作治理语境下，网络平台企业作为信息安全的治理主体，其首先需要承担大量信息安全义务。实际上，《网络安全法》《数据安全法》也规定了网络平台企业进行信息安全治理的诸多举措。

1．执法协助

执法协助是网络平台企业参与信息安全治理的重要方式。所谓执法协作，即是指网络平台企业在经营管理过程中，对于属于执法机关法定职责范围内的事项，应依法向执法机关提供相应信息或便利的活动。执法协助是证成网络平台企业之治理主体地位的重要依据。也就是说，基于网络平台企业的特性，其在运营管理过程中可能收集到大量的信息，同时对用户运用平台的过程也能够通过技术手段实施实时监控，即网络平台企业在其平台内进行治理的能力和功能。在这种背景下，网络平台企业为执法机关提供执法协助将能够更有利于网络安全目标的达成，这也是网络平台企业作为网络信息安全的治理主体的表现形式。

具体到我国而言，网络平台企业进行执法协助的方式主要有二。其一是相关情况报告。也就是说，网络平台企业对用户运用平台的过程能够通过技术手段实施实时监控，在此基础上，其发现网络信息安全问题的，应向执法机关进行报告。一方面是信息泄露的报告。《网络安全法》第 42 条规定，网络运营者应当采取技术措施和其他必要措施，确保其收集的个人信息安全，防止信息泄露、毁损、丢失。在发生或者可能发生个人信息泄露、毁损、丢失的情况时，应当立即采取补救措施，按照规定及时告知用户并向有关主管部门报告。《数据安全法》第 29 条也规定，开展数据处理活动应当加强风险监测，发现数据安全缺陷、漏洞等风险时，应当立即采取补救措施；发生数据安全事件时，应当立即采取处置措施，按照规定及时告知用户并向有关主管部门报告。另一方面是违法信息的报告。《网络安全法》第 47 条规定，网络运营者应当加

---

① 孔祥稳：《网络平台信息内容规制结构的公法反思》，载《环球法律评论》2020 年第 2 期。

强对其用户发布的信息的管理，发现法律、行政法规禁止发布或者传输的信息的，应当立即停止传输该信息，采取消除等处置措施，防止信息扩散，保存有关记录，并向有关主管部门报告。其二是执法配合。一方面是配合检查。如上所述，行政检查制度是网络平台企业信息安全监管的重要法律手段，行政机关主要对技术市场遵守有关法律、法规的情况进行检查，检查的对象包括网络平台企业及相关中介组织等。在执法机关开展检查的过程中，网络平台企业有予以配合的义务。《网络安全法》第49条也规定，网络运营者对网信部门和有关部门依法实施的监督检查，应当予以配合。另一方面是配合采取处置举措。《网络安全法》第50条规定，国家网信部门和有关部门依法履行网络信息安全监督管理职责，发现法律、行政法规禁止发布或者传输的信息的，应当要求网络运营者停止传输，采取消除等处置措施，保存有关记录；对来源于中华人民共和国境外的上述信息，应当通知有关机构采取技术措施和其他必要措施阻断传播，该条即规定了网络平台企业的配合义务。

2. 信息安全管理

信息安全管理是平台企业开展信息安全治理的主要手段。在网络平台为用户提供服务的过程中，其一方面可以收集用户的相关信息，如滴滴公司可以收集用户的身份信息；另一方面，用户也需要在网络平台发布相关商品或服务信息，如“饿了么”平台即需要商家发布商品和服务信息。在此过程中，信息安全问题就可以发生在两个方面，一方面是网络平台企业未能妥善保管用户信息，另一方面是用户所发布的信息存在违反法律法规的情形。因此，网络平台企业只有强化对其收集和发布的信息的管理，才能避免网络安全问题的发生。《网络安全法》对网络平台企业的信息安全管理进行了明确规定，其中第24条规定：“网络运营者为用户办理网络接入、域名注册服务，办理固定电话、移动电话等入网手续，或者为用户提供信息发布、即时通讯等服务，在与用户签订协议或者确认提供服务时，应当要求用户提供真实身份信息。用户不提供真实身份信息的，网络运营者不得为其提供相关服务。”第48条规定：“任何个人和组织发送的电子信息、提供的应用软件，不得设置恶意程序，不得含有法律、行政法规禁止发布或者传输的信息。电子信息发送服务提供者和应用软件下载服务提供者，应当履行安全管理义务，知道其用户有前款规定行为的，应当停止提供服务，采取消除等处置措施，保存有关记录，并向有关主管部门报告。”第49条中规定，网络运营者应当建立网络信息安全投诉、举报制度,公布投诉、举报方式等信息,及时受理并处理有关网络信息安全的投诉和举报。根据上述条款的规定,网络平台企业的信息安全管理举措主要有:一是身份信息审核,即对用户的身份信息进行审核,如用户提供的身份信息不真实的,可以拒绝提供服务。二是服务信息审核,即用户在平台上所发布的信息不符合法律法规规定的,可以停止提供服务。三是网络信息安全纠纷处理,即通过建立投诉、举报制度等方面,受理其与用户之间的信息安全纠纷。

3. 个人数据保护

对个人数据进行保护是网络平台企业承担信息安全治理主体责任的重要方式。网络平台企业的个人数据保护义务主要有三项:其一是个人信息收集当中的保护。《网络安全法》第 41 条规定:“网络运营者收集、使用个人信息,应当遵循合法、正当、必要的原则,公开收集、使用规则,明示收集、使用信息的目的、方式和范围,并经被收集者同意。网络运营者不得收集与其提供的服务无关的个人信息,不得违反法律、行政法规的规定和双方的约定收集、使用个人信息,并应当依照法律、行政法规的规定和与用户的约定,处理其保存的个人信息。”基于此条的规定,一方面,网络平台企业在收集个人数据的过程中就当征求对方的同意,只有在同意的基础上方可以收集证据;另一方面,网络平台企业所能够收集的数据范围也具有有限性,其仅能够收集与所提供服务相关的个人信息,不能超出这一范围收集无关信息。譬如,就滴滴公司而言,其所提供的服务为调配司机从事客运活动,因此,其收集司机的车辆信息和安全驾驶信息可认定为与提供服务相关,但收集司机的学历、民族等个人信息,则超出了与服务相关的范围。其二是信息妥善管理义务。《网络安全法》第 40 条规定,网络运营者应当对其收集的用户信息严格保密,并建立健全用户信息保护制度。第 42 条规定,网络运营者不得泄露、篡改、毁损其收集的个人信息;未经被收集者同意,不得向他人提供个人信息。但是,经过处理无法识别特定个人且不能复原的除外。《数据安全法》第 27 条也规定,开展数据处理活动应当依照法律、法规的规定,建立健全全流程数据安全管理制度,组织开展数据安全教育培训,采取相应的技术措施和其他必要措施,保障数据安全。利用互联网等信息网络开展数据处理活动,应当在网络安全等级保护制度的基础上,履行上述数据安全保护义务。由此可见,网络平台企业一方面需要妥善管理其收集的个人信息;另一方面,泄露、篡改、毁损其收集的个人信息或者向他人提供个人信息的，若构成违法行为的，就当承担相应法律责任。其三是及时处置的义务。《网络安全法》第43条规定，个人发现网络运营者违反法律、行政法规的规定或者双方的约定收集、使用其个人信息的，有权要求网络运营者删除其个人信息；发现网络运营者收集、存储的其个人信息有错误的，有权要求网络运营者予以更正。网络运营者应当采取措施予以删除或者更正。因此，在网络平台企业存在违法收集使用个人信息时，当及时予以处置。

三、网络平台企业的信息安全治理的保障机制

网络平台的自我规制在平台治理实践中发挥着重要节点作用，能够有效应对大数据、数字经济与人工智能时代多重叠加背景下政府规制能力不足、规制资源分散等问题。[①] 为促使网络平台企业履行网络安全义务，《网络安全法》等相关法律法规和规范性文件建立了系列制度机制，主要有企业合规制度、数据分类制度和网络产品、服务技术标准制度等。

1. 企业合规制度

企业合规制度，即是指企业为防止其经营管理活动触犯法律而建立的对其经营管理活动之合法性进行评估、监测和控制的内部管理制度。自2018年以来，《中央企业合规管理指引（试行）》《企业境外经营合规管理指引》等文件的发布，标志着企业合规开始进入官方视野，逐渐得到国家认可。最高人民检察院自2020年以来开展的合规改革试点，更是推动了企业合规在国内的发展，也进一步激发了理论研究热潮。[②] 企业合规不仅面向于信息安全合规，也面向于其他领域的合规。《数据安全法》规定了企业应建立起数据安全合规制度，其中规定，开展数据处理活动应当依照法律、法规的规定，建立健全全流程数据安全管理制度，组织开展数据安全教育培训，采取相应的技术措施和其他必要措施，保障数据安全。利用互联网等信息网络开展数据处理活动，应当在网络安全等级保护制度的基础上，履行上述数据安全保护义务。不仅如此，最高人民检察院还将企业合规制度建设作为检察服务营商环境优化的重要举措，其制定的《关于开展企业合规改革试点工作方案》指出，开展

① 孙逸啸：《网络平台自我规制的规制：从权力生成到权力调适——以算法媒体平台为视角》，载《电子商务》2021年第11期。

② 黄卫东：《网络平台的行政规制：基于行政合规治理路径的分析》，载《电子政务》2022年第11期。

企业合规改革试点工作，是指检察机关对于办理的涉企刑事案件，在依法作出不批准逮捕、不起诉决定或者根据认罪认罚从宽制度提出轻缓量刑建议等的同时，针对企业涉嫌具体犯罪，结合办案实际，督促涉案企业作出合规承诺并积极整改落实，促进企业合规守法经营，减少和预防企业犯罪，实现司法办案政治效果、法律效果、社会效果的有机统一。因此，企业合规制度是促使网络平台企业保障其经营管理活动符合法律规范、维护网络信息安全的重要制度。

2. 数据分类分级保护制度

数据分类分级保护制度是《数据安全法》建立起的数据保护制度，其中规定，国家建立数据分类分级保护制度，根据数据在经济社会发展中的重要程度，以及一旦遭到篡改、破坏、泄露或者非法获取、非法利用，对国家安全、公共利益或者个人、组织合法权益造成的危害程度，对数据实行分类分级保护。国家数据安全工作协调机制统筹协调有关部门制定重要数据目录，加强对重要数据的保护。关系国家安全、国民经济命脉、重要民生、重大公共利益等数据属于国家核心数据，实行更加严格的管理制度。各地区、各部门应当按照数据分类分级保护制度，确定本地区、本部门以及相关行业、领域重要数据的具体目录，对列入目录的数据进行重点保护。数据分类分级保护制度既具有促进数据开放流程的意义，又具有保护重要数据的意义。也就是说，基于数据分类分级制度，关系国家安全、国民经济命脉、重要民生、重大公共利益等方面的数据作为国家核心数据，实行最为严格的管理保护；在此基础上，行业、领域的重要数据实现重点保护，一般数据则可以在审批的基础上流通，因此实现了数据流通和信息安全的统一。基于数据分类分级保护制度，对于进入国家核心数据和行业、领域重要数据目录范围内的数据，网络平台企业不能进行交易，同时应严加保护；而对一般数据，则可在经审核的基础上进行交易。

3. 网络产品和服务技术标准制度

网络产品和服务技术标准制度也是实现数据保护的重要制度。产品和服务技术标准制度的本质就是从硬件的角度防止网络安全风险的发生。《网络安全法》规定，网络产品、服务应当符合相关国家标准的强制性要求。网络产品、服务的提供者不得设置恶意程序；发现其网络产品、服务存在安全缺陷、漏洞等风险时，应当立即采取补救措施，按照规定及时告知用户并向有关主管部门报告。基于此，网络平台企业所使用的产品和服务就当符合国家强制标准的要求，进而确保其在数据收集管理过程中不因产品和服务存在安全缺陷而发生信息安全事故。

第六节　网络平台企业信息安全的行业协会监管机制建构

一、网络行业协会概述

所谓行业协会，是指本行业内的企业和个人自愿组成的群众性自治组织。行业协会具有以下特征：其一，行业协会属于社会团体。根据相关法律，法人分为四种，分别为企业法人、事业单位法人、机关法人和社会团体法人。行业协会即是社会团体法人的一种。作为社会团体法人，行业协会首先需要满足非营利的目的，即行业协会并非依公司法设立、以参与市场经营活动为目的的社会组织，而是非营利性质的、以开展本行业间的自治活动为目的的法人。社会团体的非营利性是由《社会团体登记管理条例》所规定的，即社会团体不得从事营利性经营活动。在此基础上，行业协会还应当满足法律规定的法人的一般构成要件，即拥有独立的财产和经费，能够独立承担民事责任，拥有自己的名称、管理机构和活动场所等。其二，行业协会是与本行业经营管理工作相关的社会团体。在社会生活当中，社会团体的类型具有多样性，各行业一般成立有其社会团体，各学科也基本组建有各自的研究团体，乃至各种兴趣爱好者也可组建相应的团体。行业协会与这些团体的不同之处即在于行业协会是与本行业工作相关的团体，主要表现有二：一为行业协会的组成人员为本行业的企业、事业单位或从业人员。也就是说，行业协会是以本行业的相关事务为纽带所形成的社会团体，其成员在来源上区别于其他社会团体。二为行业协会所从事的活动主要为与本行业工作相关的活动，如开展学术交流、分享技术信息、展开单位间的合作等，这也是行业协会与其他社团的区别。其三，行业协会是本行业从业者间的自治性组织。行业协会的本质是群众性的自治组织，所谓群众性的自治组织，即是指从业者开展自我管理和自我服务的组织。行业协会作为自治性组织的表现有二，一是行业协会是由从业企业和人员自愿设立的社会组织，其在设立的过程中并不受政府的干预；二是行业协会以服务本行业相关企业和从业者为其活动的主要目的。

也就是说，尽管财政经费也是部分行业协会的经费来源之一，但行业协会所开展的工作主要是服务本行业的发展，而非执行行政机关给予的任务，这决定了行业协会的自治性。行业协会作为群众性自治组织的功能有两方面。一方面是反映从业者的意愿，保护从业者利益。如上所述，行业协会是由从业者自愿设立的社会组织，其主要目的为服务从业者。实际上，维护本团体成员的合法权益也是社会团体设立的目的，行业协会即是在此目的指导下设立。而在具体的活动过程中，行业协会主要通过形成技术联盟、介入纠纷解决、支持参与诉讼、向政府反映从业者意愿等方式维护其成员利益。另一方面是为国家决策提供咨询。一般来说，行业协会的成员都是具有较高知名度的企业或个人，这些从业者在本行业领域内有较高的造诣，加入行业协会后对国家决策的影响不可忽略。尤其是专业性强的行业协会能够为国家决策提供具有较高借鉴意义的科学意见。因此，行业协会是政府与公民之间的纽带，就公民而言，其将公民组织起来，形成保护公民利益的堡垒；而就政府而言，行业协会作为从业者的自治组织，其将从业者组织起来也便于政府实施对行业从业者的管理，尤其是通过行业协会即可以向从业者传达其治理政策。尤其是我国网络信息内容治理政策中有关网络信息内容违法犯罪行为的表述都较为概念化，所以平台往往难以把握而选择加码。[①] 这更需要发挥行业协会在政府与网络平台企业之间的纽带作用。

在我国，与网络平台企业相关的行业协会为中国互联网协会。中国互联网协会成立于 2001 年 5 月 25 日，由国内从事互联网行业的网络运营商、服务提供商、设备制造商、系统集成商以及科研、教育机构等 70 多家互联网从业者共同发起成立，是由中国互联网行业及与互联网相关的企事业单位自愿结成的行业性、全国性、非营利性的社会组织，现有会员 1000 多个。其中，阿里巴巴(中国)网络技术有限公司、A8 音乐网、北京新浪互联信息服务有限公司等互联网公司所经营的主要业务包括提供网络平台，如阿里巴巴(中国)网络技术有限公司经营的淘宝网和北京新浪互联信息服务有限公司经营的新浪微博就是典型的网络平台。在此意义上而言，这些企业也可以归属为网络平台企业。依该协会的章程，该协会的业务范围主要有：第一，团结互联网行业相关企业、事业单位和社会组织及个人，向政府主管部门反映会员和业界的诉

① 李炜超：《网络平台信息内容生态自我治理制度研究——以典型网络信息内容服务平台为例》，载《图书情报导刊》2022 年第 5 期。

求，维护会员合法权益，向会员宣传国家相关政策、法律、法规。第二，制定并实施互联网行业自律规范和公约，规范会员行为，协调会员关系，调解会员纠纷，促进会员间沟通与协作，发挥行业自律作用，维护国家网络与信息安全，保护公民的信息安全，维护行业整体利益和用户合法权益。第三，开展互联网行业发展状况、新技术应用以及其他影响行业发展的重大问题研究，发布统计数据和调研报告，向政府有关部门提出政策建议，为业界提供相关信息服务。第四，开展互联网发展与管理相关的研讨、论坛、年会等活动，促进互联网行业交流与合作，发挥互联网对我国经济、文化、社会以及生态文明建设的积极作用。第五，经政府有关部门授权，参与制定互联网有关的国家标准和行业标准，组织制定协会团体标准，指导会员单位自主制定实施企业标准，开展标准符合性推动活动，积极参与国际标准化活动。第六，经政府有关部门批准，开展互联网行业资质及职业资格审核、评价评估及评比表彰等工作。第七，开展国际交流与合作，经政府有关部门批准，参与全球互联网政策、规范和标准制定等国际事务，完善全球互联网治理体系，维护网络空间秩序。第八，开展互联网公益活动，开展互联网行业信用体系建设、社会责任建设等工作，引导会员单位增强社会责任，维护行业良好风尚。第九，开展法规、管理、技术、人才等专业培训，提高会员单位管理及服务能力，提高从业人员业务素质。第十，开展网络文化活动，引导网民文明上网。根据授权受理网上不良信息及不良行为的投诉和举报，协助相关部门开展不良信息处置工作，净化网络环境。第十一，承担会员单位或政府有关部门委托的其他符合本会宗旨的工作。在组织体系上，会员代表大会为中国互联网协会的最高决策机构，其下设理事会、常务理事会和秘书处负责日常事务的管理。中国互联网协会设置了大量工作委员会，主要有行业自律工作委员会、推广与普及工作委员会、网络与信息安全工作委员会、数据安全与治理委员会、共享经济委员会等。其中，网络与信息安全工作委员会、数据安全与治理委员会、共享经济委员会、信息技术风险治理工作委员会等工作委员会与网络平台企业信息安全的联系最为紧密。例如，信息技术风险治理工作委员会的主要职责包括：总结互联网行业的信息技术风险治理相关经验，形成自有知识体系，组织行业调研；围绕互联网行业信息技术风险治理各领域以及各关键环节，推进相关的技术研究、治理体系建设、最佳实践推广、合规生态构建等；制定互联网信息技术风险治理相关标准、规范、指南，确保其普适性、可操作性，加强企业自律检查，推动信息技术风险治理能力评估；搭建互联网行业信息技术风险治理交流平台，对接国际组织；整合行业和领域专家，建立有效人才培训和考核机制，培养新一代互联网行业信息技术风险管理和审计人才等，其对网络平台企业之信息安全义务的履行具有极大的促进和引领作用。

二、网络行业协会参与网络信息安全治理的方式

1. 制定行业自律规范

制定行业自律规范是行业协会参与公共事务治理的重要方式。行业协会作为自治组织，其主要通过行业自律的方式实现本行业的自我管理。就网络行业而言，中国互联网协会同样通过制定行业自律的方式规范网络平台企业的行为，尤其是强化网络平台企业信息安全义务的履行。中国互联网协会于2002年就制定了《中国互联网行业自律公约》，其中规定，自觉维护消费者的合法权益；保守用户信息秘密；不利用用户提供的信息从事任何与向用户作出的承诺无关的活动，不利用技术或其他优势侵犯消费者或用户的合法权益。除此之外，还规定，互联网信息服务者应自觉遵守国家有关互联网信息服务管理的规定，自觉履行互联网信息服务的自律义务：不制作、发布或传播危害国家安全、危害社会稳定、违反法律法规以及迷信、淫秽等有害信息，依法对用户在本网站上发布的信息进行监督，及时清除有害信息；不链接含有有害信息的网站，确保网络信息内容的合法、健康；制作、发布或传播网络信息，要遵守有关保护知识产权的法律、法规；引导广大用户文明使用网络，增强网络道德意识，自觉抵制有害信息的传播。更为重要的是，该协会于2019年制定了《用户个人信息收集使用自律公约》，对个人信息的收集进行了全面详细的规范，其中规定，收集、使用用户个人信息应征得用户同意，涉及用户个人身份、生物识别等个人敏感信息的，采用用户主动勾选、主动点击“同意”等方式征得用户明示同意，所提供服务涵盖多项业务功能的，收集、使用用户个人身份、生物识别等个人敏感信息时，不得通过一揽子授权的方式获取用户同意，不以默认、捆绑、停止安装使用等手段强迫用户授权。上述自律规范对网络平台企业履行信息安全义务具有规范和引导的作用。

2. 制定行业技术标准

行业技术标准是技术标准的重要组成部分。行业技术标准一般高于国家强制性技术标准，当然，在行业技术标准实施一段时间之后，随着新技术在大多数企业的普及，行业技术标准也可能转化为国家强制性技术标准。在此

意义上，行业技术标准对于引领技术进步具有重要作用。在网络平台企业信息安全领域，行业技术标准的制定也起到相同效果，行业协会正是通过行业技术标准的制定而实现对信息安全治理的参与。当前中国互联网协会制定了数个行业技术标准，主要包括《中国互联网协会团体标准管理办法》《数据安全治理能力评估方法》《针对内容安全的人工智能数据标注指南》《网络运营者针对未成年人的有害信息防治体系建设框架》《面向网络内容的未成年人不适龄提醒测评指南》等，其中《数据安全治理能力评估方法》《针对内容安全的人工智能数据标注指南》《网络运营者针对未成年人的有害信息防治体系建设框架》等技术标准与网络信息安全紧密相关。例如，《网络运营者针对未成年人的有害信息防治体系建设框架》指出，安全技术是与有害信息的安全防护和治理相关的防治技术，包括有害信息发现技术、网络行为识别技术、网络信息处理基础技术、基础库建设，网络运营者宜加强安全技术的研发应用；网络运营者应积极研究针对未成年人的内容分级管理机制，研究适宜未成年人接触，与其年龄、身份相符的网络信息筛选标准，例如把网络信息分为适宜未成年人观看和不宜未成年人观看两种级别。行业技术标准作为行业推荐性标准，其对网络平台企业履行信息安全义务有较强的引导作用。

3. *开展学术和技术交流*

行业协会的组建，实际上是为从业者的合作交流提供了平台。具体而言，行业协会一方面可以举办多种类型的学术会议，为从业者的合作交流提供渠道；另一方面，行业协会也可以促成从业者及会员单位之间的合作，实现技术资源优化利用的目的。例如，中国互联网协会拥有中国互联网产业年会、中国互联网大会和中国互联网法治大会、中国互联网企业社会责任论坛等品牌活动，这些活动的开展对促进网络平台企业履行信息安全义务也有促进作用。譬如，《互联网企业社会责任报告编写指南》《网络运营者针对未成年人的有害信息防治体系建设框架》《针对内容安全的人工智能数据标注指南》《基于 AI 的多媒体内容识别基本要求》等行业标准就是借助中国互联网企业社会责任论坛得以签订，这些行业技术标准对网络平台企业信息安全管理能力的提升具有一定促进作用。另外，在工业和信息化部网络安全管理局指导下，中国互联网协会与中国信息通信研究院联合牵头开展“电信和互联网行业数据安全人才强基计划”，制定数据安全人员能力相关行业标准，开发系列数据安全人才培养课程，建设数据安全人才培养基地。中国互联网法治大会就是为承接“电信和互联网行业数据安全人才强基计划”而举办的交流活动。在此意义上，中国互联网协会能够通过开展学术和技术交流，参与网络平台企业信息安全的合作治理。

三、网络行业协会信息安全治理机制的强化

1. 强化网络行业协会自治

网络行业协会的自治性不强是当前我国网络行业协会存在的最主要问题，其主要表现为，很多网络行业协会与政府之间存在千丝万缕的关系，在某种程度上成为网络管理部门或其他职能部门的附庸，未能很好地发挥其作为自治团体的功能。具体而言，在我国，网络行业协会由相应的主管部门组织设立，需要接受主管部门的业务指导，同时在人、财、物上需要获得主管部门的支持，这就造成了网络行业协会在事实上沦落为主管部门的下属组织。因此，网络行业协会应从以下两个方面强化其自治功能：其一是在外部关系上，网络行业协会应实现与政府的脱离。如上所述，网络行业协会自治性不强的原因在于网络行业协会大多保持着与主管部门之间的联系。为此，网络行业协会应实现与政府部门的完全分离。而网络行业协会实现与政府部门的分离的前提则在于立法既要明确网络行业协会的法律地位，尤其需要杜绝网络行业协会领导由主管部门领导担任的情况发生，从组织上保持网络行业协会的独立性。其二是在内部管理关系上，需要强化社团成员对社团管理事务的参与度。只有网络行业协会的成员积极地参与社团事务的处理，网络行业协会对内和对外开展活动才能够最大限度地体现成员的集体意志而非主管部门的意志，从而体现社团的独立性。

2. 调整网络行业协会与政府间关系

网络行业协会与主管部门相分离，这既是政府管理体制改革的要求，也是充分发挥网络行业协会自治功能的要求。当然，网络行业协会与主管部门的分离尽管有其必要性，但在行政管理体制改革、政府职能缩减的背景下，网络行业协会与政府之间的关系不能截然割裂。相反，在政府职责下放过程中，网络行业协会需要积极承担政府下放的职能。实际上，在网络治理领域当中，诸多公益性的事务如行业标准的形成、信息安全技术的推广应用等事务也确实需要网络行业协会承担。因此，网络行业协会制度改革应当根据专业性、外部性、操作性等标准进行区分，将该行业领域内可以自行解决的事务回归网络行业协会自主治理。要厘定政府与社会组织、平台在网络风险合作规制中的关系，通过委托文件、合作协议明确政府规划、评估、监督等职能，以

及要求社会主体就规制情况定期进行数据反馈、进度汇报等。[①] 为承接政府下放的职能，网络行业协会与政府需要从原有的管理关系转变为契约关系，政府可以通过行政委托的方式将相关公益性事务的管理职能转移给网络行业协会，网络行业协会在委托的权限内行使管理权，如此既能够减轻政府负担，又能够保持网络行业协会的独立性。

3. 完善网络行业协会的运作机制

网络行业协会的运作机制同样也是影响其功能发挥的重要因素。网络行业协会应改革其管理体制，建立起依托章程开展治理的民主管理体制，具体要求有三：其一，在社团的组织和领导人产生上，要坚持章程的核心地位，做到社团组织依章程设置，社团的领导依章程规定的程序产生。其二，在重大事务的处理上，要通过章程实现民主治理，保障成员充分行使民主权利，通过公平、公正选举理事会的方式形成集中意志，并保障成员在重大事务处理过程中的知情权和参与权。其三，在监督体制上，有条件的网络行业协会也可以依章程的规定设立监事会，由监事会代表成员对理事会的日常活动进行监督。

① 陈可翔：《互联网公共治理方式转型的行政行为法回应》，载《法学》2022 年第 2 期。

第四章 关键信息基础设施安全监管法治体系构建

"关键信息基础设施"这一概念兴起于21世纪初,伴随着现代通信、网络科技的发展而产生,是指公共通信和信息服务、能源、交通、金融、公共服务、电子政府、国防科技工业等重要行业和领域的,以及其他一旦遭到破坏、丧失功能或者数据泄露,可能严重危害国家安全、国计民生、公共利益的重要网络设施、信息系统等。习近平总书记于2016年在网络安全和信息化工作座谈会上指出:关键信息基础设施是经济社会运行的神经中枢,是网络安全的重中之重。保障关键信息基础设施安全,对于维护国家网络空间主权和国家安全、保障经济社会健康发展、维护公共利益和公民合法权益具有重大意义。党中央、国务院高度重视关键信息基础设施安全保护工作,已出台了一系列相关立法,包括近几年发布的《关键信息基础设施安全条例》《数据安全法》《网络安全审查办法》《密码法》《网络安全法》《国家安全法》等。这些法律初步确立了关键信息基础设施安全规制的法律体系。但同时应注意,我国刚刚确立关键信息基础设施的法制体系,仍需在实践中借鉴其他国家的相关法治经验,不断完善我国相关法治运行体系。

第一节 关键信息基础设施所面临的安全风险

关键信息基础设施一旦遭到入侵或损坏,金融、电信、交通、供电等关键基础设施就可能停止运转,国家机密、商业秘密、个人隐私等敏感数据可能被窃取或传输出境。关键信息基础设施治理中的安全关涉国家安全、社会安全和个人安全,是关键基础设施治理安全的重中之重。关键信息基础设施因其具有网络的互联性、分散性、广泛性、虚拟性等特点,导致其运营中面临着多维风险。

其一,传统与现代安全风险的叠加,是关键信息基础设施治理所面临的首个难题。传统安全风险是指自然灾害或武装暴力等传统方式带来的安全风险。关键信息基础设施虽然为现代科技的产物,但尚未摆脱传统安全威胁。诸如洪水、地震等自然灾害对通信系统的破坏,经常造成灾情信息无法及时向外界传递,加剧灾区的人员伤亡和财产损失。现代安全风险是指伴随工业化与科技进步而产生的安全风险。关键信息基础设施一直面临着通信程序漏洞、木马病毒入侵、DDoS 攻击等安全风险。近年来,韩国、德国、印度核电站等均遭受不同程度的网络攻击;我国国内某些核电厂仪控系统仍采用西门子公司 20 年前开发的系统,其专属协议导致我国在核电站仪控方面受制于人,存在一定的安全隐患。

其二,内生与外生安全风险的交织,是关键信息基础设施治理难以摆脱的痼疾。内生安全风险是指产品或设备系统内部所产生的安全风险,包括因本身工艺设计或质量问题、系统内部人员管理操作不当所产生的安全风险。关键信息基础设施面临着终端安全响应系统、堡垒机、防火墙、入侵防御系统、威胁发现系统等安全漏洞问题。我国能源、轨道交通等关键基础设施生产管理系统存在较高的安全漏洞,基础产品组件和服务供应链中的开发设计、交付、运营维护等任何环节出现问题,均会引发安全事故。例如,产品采购过程中因产品未达到安全等级要求所面临的风险,运营者本身恶意操作或不当操作所引发的风险。外生安全风险是指外部原因所引发的安全风险,包括外部网络攻击、远程植入危险程序、外部人员潜入系统内部进行破坏等风险。多数国家的关键信息基础设施均长期面临着黑客远程攻击。美国长期认为外国政府远程雇用网络高手潜入其官方网站,盗取机密文件。我国某研究机构服务器被"方程式"组织植入高度隐蔽网络窃密工具,长期遭受潜伏攻击。由于关键信息基础设施不能脱离网络通信系统,这导致位于地球甚或太空的任何主体,一旦探测到关键信息基础设施的安全漏洞,均可实施网络入侵而破坏其控制系统,进而引发安全事故。

其三,境内与境外安全风险的勾连,是关键信息基础设施治理所面临的复杂隐患。境内安全风险是指安全威胁产生于境内且安全事故发生于境内的风险。2020 年,我国境内感染计算机恶意程序的主机约 533.82 万台,感染主机主要分布在江苏省(占我国境内感染数量的 12.1%)、浙江省(占 11.5%)、广东省(占 11.4%)等地区;区块链领域共发生安全事件 555 起,每月均有新增安全事件;黑客利用境内云 IP 地址控制发起 DDoS 攻击次数占境内 IP 地址控制发起 DDoS 攻击总次数的 81.3%。境外安全风险是指安全威胁来源于境外或我国位于境外的财产或设施遭受损害的风险。境外“白象”“海莲花”“毒云藤”等高级持续性攻击(即 APT 攻击)组织以一些社会热点及工作文件为诱饵,向我国重要单位邮箱账户投递钓鱼邮件。境外黑客组织也对我国工业控制视频监控设备进行了针对性攻击。同时,我国投资者在海外投资或运营的铁路、电厂等关键信息基础设施也面临着较高的安全风险。由于全球化及交通的便利性已得到极大提升,实施关键信息基础设施危害行为的主体可能往返于我国境内和境外,或在境外不同国家穿行,或境内外人员相互勾结,这导致安全风险在地域上具有不确定性,跨境合作打击网络入侵刻不容缓。

综上,关键信息基础设施面临多种安全风险,包括自然灾害威胁,自身产品设计缺陷或产品本身承载的科技未能及时更新而产生的风险,系统内部工作人员未掌握操作技术、操作失误或因各种原因故意错误操作而引发的安全事故,黑客以探测系统漏洞为乐而进行的网络攻击,境内外恐怖分子或其他别有用心的组织或个人蓄意实施的网络入侵行为等。如何应对这些风险,是关键信息基础设施治理必须考虑的问题。

第二节　关键信息基础设施安全治理的法治要求

关键信息基础设施安全治理的法治建设包括立法、执法、司法、守法四个方面。其中,立法是法治建设的基础,执法是法治建设过程的重要体现,司法是法治建设的保障,守法是公民所应承担的义务。这四个方面需相互配合,形成系统、协调的合作治理模式,方能有效应对各项风险随着科技与社会演变所带来的安全威胁。实际上,我国在出台《关键信息基础设施安全保护条例》之前已对关键信息基础设施采取了安全治理措施,过去的治理经验为完善未来的安全治理奠定了基础。诚然,随着新科技与新设备的出现,我国关键信息基础设施的种类和范围也会发生改变,安全治理的法治模式也应作出相应调整。但是,总体而言,法治建设应适应科技与社会的发展,与时俱进地提升法治能力、完善法治架构,在秉持守正与创新的基础上坚持共商、共建、共享的发展理念,遵循平等、互利的基本原则,在权力限制和权利保障的价值追求中构建与之相适应的法治框架。[①] 对于关键信息基础设施安全治理的法治建设，应基于安全风险特点，构建并完善与之匹配的法治要素，实现有效的法治治理。

一、立法应满足科学性要求

科学立法要求立法者对作为立法对象的社会关系自身及其背后的客观规律予以清晰把握，在立法活动中寻求实现各种预定目的的最优方案。[②] 对于关键信息基础设施所涉立法，首先，安全风险治理要求平衡处理法的稳定性与灵活性之间的关系，一方面防止朝令夕改损害法的权威，另一方面防止法律刻板僵化而不能及时应对风险隐患和安全事故。对于关键信息基础设施而言，新科技的产生不仅挑战现有网络产品的安全性，同时催生新行业，这要求立法及时更新网络产品安全标准和行业目录清单。因此，关键信息基础设施领域的立法应当是多层次的，既有法律、行政法规、安全标准等硬法，同时应引入行业指南等软法。其次，应兼顾法对公平公正、透明度、效率等价值追求，坚持德性法治。在关键信息基础设施治理领域，安全价值固然是立法者应追求的首要价值，但同时应注意保障参与治理的各私人主体之间的平等竞争关系，防止以安全为名损害营商环境。无论是提供网络产品的生产商还是提供运营服务的运营商，政府采购或招投标过程中均应受到公平公正待遇，而透明度要求是保障公平公正的重要工具。最后，坚持法的精确性和可预期性，减少立法中的模糊规定，防止立法漏洞。立法者应充分认识关键信息基础设施的运行原理和安全治理要求，准确界定通信科技所涉的专有名词，精确回应安全事故处置的及时性要求，防止因出现重大立法空白而欠缺治理依据。

二、执法应坚持守正与创新

守正与创新之间是对立统一的辩证关系，守正要求执法者坚守行政执法的基本原则，不丧失执法方向；创新要求执法者应根据关键信息基础设施治

---

① 陈金钊：《现代语境的法治化探寻》，载《山东大学学报（哲学社会科学版）》2021 年第 4 期。

② 裴洪辉：《合规律性与合目的性：科学立法原则的法理基础》，载《政治与法律》2018 年第 10 期。

理中所出现的新情况、新风险来采取新的执法方案和措施。[①] 守正并不意味着保守或一成不变，而是坚守法律底线，坚持执法为公、服务为民的宗旨。创新并非天马行空、任意妄为，而是在法治的指引下与时俱进地改进执法、完善执法。守正与创新相辅相成，共同构成执法前进的动力。

一方面，执法者应坚持守正，遵守执法的合法性、合理性和公开透明等原则。就执法主体而言，国家网信部门、公安部门、电信主管部门、行业主管部门、省级人民政府有关部门均对关键信息基础设施治理拥有执法权，各部门之间既应分工负责、各司其职，也应相互配合、共享信息。就执法过程而言，执法主体应在授权范围内行使职权，执法内容和程序应具合法性，防止怠权或越权现象发生。执法的合理性以合法性为前提，是基于合法性来提升执法质量，要求执法机构在运用自由裁量权的过程中，不仅应遵守自由裁量权的边界，还应坚持执法为民的初心，在自由裁量权范围内，最大限度地采取最合理、最适当的执法方式。在执法过程中，执法主体可能会接触国家机密、商业秘密、个人信息等敏感信息，这要求执法主体坚持保密原则，但这并不意味着各级执法主体可以故弄玄虚，有意将执法程序神秘化或在执法过程中采用野蛮、粗暴的方法、手段。执法程序公开透明，接受社会各界监督，是法治建设的应有之义。

另一方面，执法者应不断创新，针对关键信息基础设施运营过程中所暴露出的风险隐患与时俱进地调整执法策略和方案。首先，应改变基于事后制裁为主的执法策略，转变为事前、事中、事后监管相结合的"过程监管"。这要求执法应覆盖网络产品的开发和交付环节、关键信息基础设施的运营环节和安全事故发生后的应对环节。其次，对于紧急情况或安全事故，应做好预案并将应急措施常态化。质言之，执法者应健全网络安全预警和日常安全检测制度，强化网络攻防演练，在日常执法中锻炼应急能力并完善应急方案设置。最后，提升执法的国际视野，就关键信息基础设施安全监管加强与其他国家和组织的交流与合作。各主权国家的关键信息基础设施普遍面临着境外黑客和恐怖分子远程攻击的危险。在网络全球化背景下，任何一个国家单独执法均难以有效应对跨境风险隐患。我国执法主体不仅应积极寻求境外执法者的协助，也应力所能及地为境外执法者提供帮助，借此实现人类命运共同

---

① 赵骏：《国际法的守正与创新——以全球治理体系变革的规范需求为视角》，载《中国社会科学》2021 年第 5 期。

体的集体安全。

三、司法应发挥积极性

中国司法应立足于司法职能的实现而非扩张，也不具有“司法克制”的反向常态制约，而是积极司法，在克制和进取、被动和能动两个维度中实现司法功能。[①] 关键信息基础设施治理涉及行政执法机关对运营商的安全监管、国家检察机构对网络犯罪的追究起诉以及民法领域的网络产品的供应和采购行为等，对于这些领域的纠葛，司法机关不能置身事外，而是应发挥司法的积极作用，立足于安全风险治理需要来圆满履行司法职能。第一，全面依法治国的重点是依法行政，执法机构是否依法对关键信息基础设施实施安全监管、监管程序是否合法、是否损害了运营者的合法权益，这些问题均需发挥司法对行政执法的监督功能。第二，对于与关键信息基础设施安全相关的刑事案件而言，因为其涉及国家安全、商业秘密或国家机密等原因而不宜公开，但不应对此采取“一刀切”的不公开模式；对于通过技术处理可以公开的刑事案件，应予以公开，借此发挥法的威慑作用与教育功能。第三，就民法领域的纠纷而言，多元化纠纷解决机制可能被当事人采用，来化解与关键信息基础设施相关的争议，但多元化的纠纷解决必须维护司法处断案件的终局性，通过司法程序实现正义，将司法的终局性作为恢复或重建社会秩序的指南，方能有效发挥法对经济和社会的指引。

四、守法应激发主动性

全民守法，党员干部应带头守法，是习近平法治思想的重要内容。[②] 对于关键信息基础设施治理而言，守法者可分为三类：一是参与治理且掌握国家权力的立法、执法、司法机关，二是参与治理但并不掌握国家权力的公司、企业、个人等私人主体，三是不参与治理的公司、企业、个人等私人主体。对于掌握国家权力且参与治理的主体，其不仅应带头守法，更应积极履行法定职权，这在上文中已有所论述。对于参与治理和不参与治理的私人主体，应积极调动其守法意识，化被动守法为主动守法，确保其行为不损害关键信息基

① 张志铭：《中国司法的功能形态：能动司法还是积极司法?》，载《中国人民大学学报》2009 年第 6 期。

② 张文显：《习近平法治思想研究的方法论》，载《法制与社会发展》2024 年第 1 期。

础设施的安全运转。此处尤应注重激励参与治理的私人主体发挥主动效能，无论是参与网络产品的设计和生产，还是提供运营服务，均应鼓励这些主体提高自身科技水平，加强安全设计、开发和运营的能力，激励其建立行业自治，更好地为关键信息基础设施安全治理服务。

第三节　我国关键信息基础设施安全治理的法治现状与评估

关键信息基础设施是经济社会运行的神经中枢。我国高度重视关键信息基础设施安全保障工作，习近平总书记明确指出，要树立正确的网络安全观，加快构建关键信息基础设施安全保障体系，全天候全方位感知网络安全态势，增强网络安全防御能力和威慑能力。中共中央印发的《法治社会建设实施纲要(2020—2025年)》要求依法治理网络空间，全面推进网络空间法治化。随着相关法律的陆续出台，关键信息基础设施治理的顶层设计和下层建筑已基本形成。但由于《关键信息基础设施安全保护条例》刚刚颁布，《网络安全法》实施时间较短，法治实践尚不成熟，难以对其作出全面评估。因此，下文主要集中在立法层面予以分析，简略评析执法、司法、守法情况。

一、立法体系日臻完善，但立法的科学性仍有待提升

在关键信息基础设施领域，除了最近发布的《关键信息基础设施安全保护条例》，相关立法还有《网络安全法》《国家安全法》《网络安全审查办法》《密码法》《数据安全法》，这些法律初步确立了关键信息基础设施安全治理的法制体系。《关键信息基础设施安全保护条例》作为《网络安全法》和《国家安全法》的下位法，细化了关键信息基础设施相关规定，与其他立法相辅相成，形成了相对完善的法制体系。该法制体系涵盖了关键信息基础设施安全治理所涉各个方面，包括概念界定、治理主体、治理内容等事项；但存在立法漏洞，未能妥善处理监管者权力限制和运营者权利保护之间的关系。

1. 关键信息基础设施的界定

对于关键信息基础设施的界定，国际社会通常采取的做法是首先确定其涉及的行业和领域，然后由主管部门判断并识别这些行业和领域中的哪些具

体设施属于关键信息基础设施。[①] 关于判断和识别标准，通常与关键信息基础设施遭到破坏所造成损害后果相关，可从损害后果是否影响国家安全、是否造成国民经济损失、是否引发重大人员伤亡、是否大规模泄露国家机密等方面予以衡量。我国《网络安全法》并未给出明确的定义或认定标准，仅提及关键信息基础设施所涉的行业和领域，指明关键信息基础设施关涉国家安全、国计民生和公共利益。与《网络安全法》相比，《关键信息基础设施安全保护条例》对于关键信息基础设施的界定，兼具原则性和灵活性，给出了定义和认定标准，同时指明了认定主体和程序。

首先，《关键信息基础设施安全保护条例》明确关键信息基础设施是指那些重要的网络设施、信息系统等，这区别于传统意义上的关键基础设施。然而，如何理解"重要"？"重要"是否具有等级区分？例如，"特别重要""重要""一般重要"之间有何种区别？进一步规定"重要"的判断标准，能够加强法律的确定性，有利于执法部门把握执法范围。其次，在重要行业和领域方面，《关键信息基础设施安全保护条例》第二条采取"列举＋兜底"的方法予以规定，增加了"国防科技工业"与"重要行业和领域"，同时用了"等"这个词表明此处为非穷尽式规定，这兼顾了立法的稳定性和灵活性。在判断和识别标准方面，《关键信息基础设施安全保护条例》第9条规定了认定关键信息基础设施应考虑的三个要素：一是从正面规定网络设施、信息系统等对于本行业、本领域关键核心业务的重要程度；二是从反面规定网络设施、信息系统等遭到破坏所带来的危害程度；三是从关联角度规定对其他行业和领域的影响。再次，《关键信息基础设施安全保护条例》规定认定主体为本行业、本领域的保护工作部门，这有利于防止出现外行领导内行的现象。在认定程序方面，《关键信息基础设施安全保护条例》一方面规定保护工作部门具有认定关键信息基础设施的权限和义务；另一方面规定运营者负有报告义务，在关键信息基础设施发生较大变化的情况下应及时向保护工作部门报告，保护工作部门应重新予以认定。综上，《关键信息基础设施安全保护条例》对于关键信息基础设施的概念与认定规定，一方面考虑了中国当今科技发展现状，另一方面顾及了未来科技发展对于关键信息基础设施的界定所带来的改变。无论是从认定主体、认定程序方面，还是认定需考虑要素规定，《关键信息基础设施安

① 谢玮、王榕、廖璇、方颖：《关键信息基础设施识别研究及对我国的启示》，载《2019中国网络安全等级保护和关键信息基础设施保护大会论文集》，2019年。

全保护条例》规定满足科学立法的要求。

2. 治理主体

我国《网络安全法》和《关键信息基础设施安全保护条例》主要规定了两类参与关键信息基础设施安全治理的主体，一是负责监管的行政部门，二是负责日常操作的运营者。对于监管主体而言，《网络安全法》规定，按照国务院规定的职责来编制负责关键信息基础设施的监管部门。《关键信息基础设施安全保护条例》第 3 条在此基础上明确规定国家网信部门负责统筹协调，国务院公安部门负责指导监督，国务院电信主管部门和其他有关部门在各自职责范围内负责关键信息基础设施安全保护和监督管理工作，省级人民政府有关部门依据各自职责对关键信息基础设施实施安全保护和监督管理。此外，《网络安全审查办法》规定，关键信息基础设施运营者采购网络产品和服务，影响或可能影响国家安全的，应申请安全审查。网络安全审查办公室设在国家网信办，网络安全审查工作机制由中央网络安全和信息化委员会领导下的国家互联网信息办公室会同国家发展和改革委员会、工业和信息化部、公安部、国家安全部、财政部、商务部、中国人民银行、国家市场监督管理总局、国家广播电视总局、国家保密局、国家密码管理局共同确立。由此可见，负责关键信息基础设施监管的行政部门较多，但并非繁杂无序，而是既有统筹协调，又有分工负责。这样的监管主体设置，符合关键信息基础设施散落于各行业、各领域的特点。对于运营者而言，《网络安全法》《关键信息基础设施安全保护条例》《网络安全审查办法》主要规定了经保护工作部门认定的参与关键信息基础设施运营的主体所应承担的义务和责任。国家鼓励关键信息基础设施以外的运营者自愿参与关键信息基础设施保护体系。

应注意的是，参与关键信息基础设施治理的主体具有多样性，既包括实施监管的各级行政部门，也包括提供网络产品和服务的供应商和采购商、关键信息基础设施的所有者和运营商。这些主体在某些情况下存在身份重叠。我国立法尚未解决身份重叠情况下的安全监管问题，也未全面规定所有参与治理的主体责任。首先，作为监管主体的行政部门，其本身所在的行业可能为关键信息基础设施所涉的重要行业，其运营的网络系统即为关键信息基础设施，如工业和信息化部、公安部和国家安全部等，这意味着监管主体有时也是被监管主体，其中可能涉及利益冲突。其次，提供网络产品和服务的供应商既包括中国企业，也包括外国企业。例如，中国华为公司为我国提供 5G 产品和技术支持，德国西门子公司是我国发电厂设备的供应商之一。网络产品和服务是关键信息基础设施的组成部分，产品若存在安全隐患，服务若不符合安全规范要求，那么这些供应商是否应承担责任？我国立法并未规定这些问题。最后，《网络安全法》《关键信息基础设施安全保护条例》《网络安全审查办法》规定了运营者应承担的义务和责任，没有任何关于所有者的规定。如若运营者和所有者相分离，且所有者负责采购网络产品和服务，那么，此种情况下的安全审查申请是否还应由运营者来承担？纵观国外立法，美国、欧盟均规定所有者和运营者负有保障关键信息基础设施安全的义务，我国立法规定存在遗漏。

3. 治理内容

在安全风险治理方面，我国立法者注意到了多维安全风险所带来的隐患和威胁，立法体系涵盖了关键信息基础设施供应链的各个方面，压实了运营者主体责任，同时对监管者提出了职责要求。总体而言，法制体系对于安全风险治理规定较为全面，但仍应提升立法的精确性和可预期性。

第一，《关键信息基础设施安全保护条例》明确了运营者责任主体为主要负责人，负责领导关键信息基础设施安全保护和重大网络安全事件处置工作，组织研究解决网络安全问题。这有利于加强运营者主要负责人对安全治理的重视，方便运营者统筹谋划安全保护问题，保障运营者人财物方面对于安全治理的投入。

第二，对于运营者就关键信息基础设施开展的日常运营管理，我国立法兼顾了内生和外生安全风险、境内和境外安全风险的防范。一是要求运营者遵守网络安全等级保护制度，建立网络安全保护制度和责任制，设置专门安全管理机构，保障人员、财力、物力投入。二是要求运营者对专门负责安全的人员和关键岗位人员进行安全背景审查，防止外来敌对人员渗透至运营者内部。三是运营者应自行或委托网络安全服务机构对关键信息基础设施每年至少进行一次网络安全检测和风险评估，确保关键信息基础设施不存在安全隐患。四是运营者应遵守数据境内存储要求，即运营者应将境内运营中收集和产生的个人信息和重要数据境内存储，数据跨境流动应向有关部门申请安全评估。五是关键信息基础设施发生重大网络安全事件或发现重大网络安全威胁时，运营者应向保护工作部门、公安机关报告。

第三，对于运营者的网络产品和服务采购行为，我国立法尤为重视对内生安全风险的治理，但未能兼顾法对公平公正、效率等其他价值的追求。首先，《关键信息基础设施安全保护条例》要求运营者优先采购安全可信的网络产品和服务，这符合立法对安全的价值追求。但值得思考的是，如何理解“优先”二字？“安全可信”是不是对网络产品和服务的首要和基本要求？若所有网络产品和服务均满足或均未满足安全可信要求，运营者应如何对待“优先”二字？产品和服务的品质，不仅可以从安全价值方面予以判断，还可以从价格、可操作性和便利性等方面予以考量。此处恰当的处理办法是要求运营者采购的所有产品和服务均应首先满足安全可信要求，然后允许运营者从物美价廉等角度进行采购。其次，《网络安全法》《关键信息基础设施安全保护条例》和《网络安全审查办法》规定了安全审查机制。一方面运营者可自主申请安全审查，即运营者认为采购的产品和服务可能影响国家安全的，应向网络安全审查办公室提出安全审查申请；另一方面，网络安全审查办公室可依职权开启安全审查程序。若网络安全审查办公室认为需要开展安全审查的，可向运营者发出审查要求。《网络安全审查办法》规定了审查主体、审查对象、审查原则、审查内容、审查主要考虑的要素、审查期限等内容。应注意的是，网络安全审查办公室应首先作出审查结论建议，然后将建议发送给网络安全审查工作机制成员单位和相关关键信息基础设施保护工作部门征求意见；若意见不一致，网络安全审查办公室应开启特别审查程序，报中央网络安全和信息化委员会批准后会形成审查结论。对于运营者不认可审查结论的情况，立法并未赋予其提起行政复议或行政诉讼的权利，这损害了运营者获得救济的权利，有失法对公平公正的价值追求。[①] 最后，《关键信息基础设施安全保护条例》要求运营者与网络产品和服务的提供者签订安全保密协议，以此防止机密信息泄露所带来的风险。

第四，对于监管者职责，我国立法要求建立网络安全信息共享机制、网络安全检测预警制度、安全事故预案，定期组织应急演练，提供技术支持和协助等。这有利于及时汇总、研判、预防、应对各种安全风险威胁，对于保障能源、电信等关键信息基础设施安全运行具有重要意义。但对于监管者责任，主要规定了行政处分责任，对权力的行使过程缺乏外部监督设置，能否成功将监管者权力“关进笼子”存在不确定性。

---

① 刘金瑞：《关于落实我国关键信息基础设施保护制度的思考和建议》，载《中国信息安全》2017年第8期。

二、执法、司法实践尚不成熟，守法方面亟须强化

《关键信息基础设施安全保护条例》是与关键信息基础设施安全治理最相关的立法，但由于其实施时间较短，尚不能判断其对于法治实践的影响。下文将着重依据《网络安全法》及其他相关法律的实施情况来进行分析。总体而言，我国行政执法效果有待彰显，行政诉讼缺位，民事诉讼基本没有激活，刑事诉讼相对活跃，守法方面暴露出诸多问题。[①] 这种现象的出现存在客观原因，但也存在法治发展不健全的问题。

1. 执法的守正与创新不足

在守正方面，执法者服务为民的思想有待提升，执法的合法性、合理性、公开透明等原则尚未得到彻底贯彻实施。有关关键信息基础设施安全监管的执法案例，网上公开信息较少。全国人大常委会执法检查组在报告中指出，网络安全风险治理依然存在"九龙治水"现象，权责不清、各自为战、执法推诿、效率低下等问题；一旦发生信息泄露、滥用用户个人信息等情况，经常出现投诉无门、部门之间相互扯皮的问题；各部门在网络安全保护和关键信息基础设施保护执法中缺乏协作。毋庸置疑，关键信息基础设施涉及领域多、部门广，在相关执法经验不足的情况下落实《关键信息基础设施安全保护条例》规定依然面临挑战。对于《网络安全法》执法中所出现的选择性执法，即对本部门有利就执行，否则就不执行的情况，是关键信息基础设施安全监管中应避免的问题。[②]

在创新方面，我国行政执法依然具有滞后性，滞后于科技发展变革所引发的安全风险，未能及时实现对关键信息基础设施的"过程监管"。滴滴公司赴美上市案件即为例证。其拥有 4.93 亿活跃用户，掌握了我国大量详尽的道路信息和个人信息，一旦这些信息泄露，将危害国家安全并侵犯个人隐私。2021 年 6 月滴滴公司在美上市，2021 年 7 月网络安全审查办公室对滴滴公司启动了网络安全审查程序，而安全审查程序原本应在滴滴公司赴美上市前完成。我国执法部门对其采取的是亡羊补牢式执法，安全风险已经发生，当前执法的意义主要在于防范风险扩大。这一案件启示执法者应充分认识到科

---

① 林凯：《2018 年网络安全执法分析报告》，载《犯罪研究》2019 年第 6 期。

② 夏冰：《网络空间安全与关键信息基础设施安全》，电子工业出版社 2020 年版。

技发展所带来的变革，关键信息基础设施不仅限于那些为我国国家所有的关键行业和关键领域，还包括随着现代科技而崛起的、为大众提供公共服务的私人公司，如腾讯、华为等；同时，执法者应具有国际视野，对于安全风险的防范不仅应着眼于我国境内，还应注意到资本、数据、科技、人员等要素的跨境流动而在境外引发的安全风险。

2. 司法的积极性欠缺

在关键信息基础设施治理领域，积极司法尚未得以体现。截至2021年9月1日，以“关键信息基础设施”为关键词，在中国裁判文书网仅查到6篇判决文书，全部为民事争议。之所以发生这种情况，首先因为“关键信息基础设施”这一词语在我国官方文件中出现的时间较晚，直至2013年才首次出现在《战略性新兴产业重点产品和服务指导目录》中，2016年才正式进入《网络安全法》中。与之相比，八国集团早在2003年就发布了相关文件。因此，我国对关键信息基础安全设施的立法迟延，这必然导致司法滞后。其次，在行政诉讼方面，立法未明确赋予法院以审查权。根据我国《行政诉讼法》规定，人民法院不受理法律规定由行政机关最终裁决的行政行为。对于关键信息基础设施所涉的行政执法行为，《网络安全法》授权国务院制定相关办法，国务院制定的《关键信息基础设施安全保护条例》和《网络安全审查办法》对行政行为责任主要规定了处分，除非构成犯罪应依法追究法律责任。这在很大程度上排除了行政诉讼的可能性。三是大部分与关键信息基础设施相关的犯罪可归入网络犯罪或非法侵入计算机信息系统罪、破坏计算机信息系统罪、拒不履行信息网络安全管理义务罪、扰乱无线电通讯管理秩序罪等，因此，以“关键信息基础设施”为关键词检索不出判决文书。

法院对关键信息基础设施案件作出的判决较少，司法难以发挥以案说法的教育功能。行政诉讼在关键信息基础设施领域缺位，意味着执法者和运营者之间法律地位相差悬殊，执法权力几乎不受限制，运营者权利在被执法过程中难以得到有效保障。如何实现对权力的限制和对权利的维护，仍是关键信息基础设施安全治理的未决问题。

3. 守法意识有待提高

关键信息基础设施安全治理所涉的守法者不仅包括关键信息基础设施的所有者和运营者，还包括其他社会中从事各行各业的主体。例如，公民个人破坏电力输送系统，无论是物理层面的破坏还是通过网络进行病毒传播破坏,均会对电力系统安全造成威胁。对于直接从事与关键信息基础设施运营或相关业务的公司而言,部分运营者缺乏守法意识,甚至有意规避法律,例如滴滴公司泄露数据一案。由此引申的问题是,对于新兴科技公司所提供的服务及其设备,如何界定其运营的信息载体及其系统是否构成关键信息基础设施。

值得注意的是,对于私营关键信息基础设施而言,资本的逐利性与关键信息基础设施的公共性之间存在矛盾。对于那些被私人所有的关键信息基础设施运营者,尤其应强化其守法意识和法律责任规定。对于非运营者而言,有些个人无视法律规定,为满足个人兴趣而私自探测关键信息基础设施的安全漏洞。更有主观恶意的个人和组织对我国重要网站实施了大量的APT攻击,攻击已扩展至通信、外交、能源、金融、军控等关键信息基础设施领域。[①] 如何矫正违法行为、实现全民守法,仍任重而道远。

第四节 关键信息基础设施安全治理的域外经验

保障关键信息基础设施安全、探索适合于本国国情的治理模式,是世界各国不容忽视的重要问题。依据政府参与关键信息基础设施安全保护的程度,理论上存在三种治理模式:一是完全由政府承担关键信息基础设施安全治理责任;二是采用公私合作方式治理关键信息基础设施安全风险;三是完全由市场来承担安全治理责任。[②] 实际上,目前鲜少有哪个国家仅采用单一的政府治理或市场治理模式,不同程度的公私合作治理是当前各国实践的主要做法。作为发达国家的美国以及相关国际组织的探索与实践,对于完善我国关键信息基础设施安全治理具有一定的借鉴意义。

一、美国关于关键信息基础设施的安全治理实践

美国是世界上率先关注关键信息基础设施安全治理的国家,主要采取市场为主导的安全治理模式,其中包括自治与公私合作治理,其治理模式已传

---

① 夏冰:《网络空间安全与关键信息基础设施安全》,电子工业出版社 2020 年版。

② Dan Assaf, 2008, Models of Critical Information Infrastructure Protection, *International Journal of Critical Infrastructure Protection*, 1:6-14.

播至澳大利亚、加拿大等其他发达国家。[①] 在概念方面，美国并未执着于"关键信息基础设施"的严格表示，美国相关法律中既有"关键基础设施"概念，也有"关键基础设施信息"概念。实际上，随着关键基础设施普遍实现网络化和信息化，"关键基础设施"与"关键信息基础设施"不断融合，有时对二者进行刻意区分已无必要。[②] 因此，对于美国关键信息基础设施安全治理实践的考察，不应局限于概念的字面表述而采取狭义的解读方式，而是应全面考察美国在关键基础设施物理安全、关键基础设施信息安全、网络安全等方面的立法与法律实践。

1. 美国关键信息基础设施安全的治理理念

美国具有较为丰富的关键信息基础设施治理经验，对关键信息基础设施及相关概念有着非常明确的核心思想[③]，也制定了一系列国家计划、法律法规、执行细则、指南等。根据科技与社会的发展，美国与时俱进地更新治理方案、调整治理路径。总体而言，美国秉持下述七项治理理念。[④]

第一，为了更有效地分配治理资源，美国采取协作、综合的方式就所有关键信息基础设施进行风险识别与管理。治理方式中的"协作"强调更有效地使用资源，减少不必要的重复治理，"协作"是实现"综合"治理的前提；"综合"是指防范安全威胁、削减安全漏洞，包括接受、避免、转让安全风险等处置措施。

第二，为了增进关键信息基础设施的安全性和弹性，美国政府认为了解并解决跨部门依赖和相互依赖具有至关重要的作用。关键信息基础设施各部门之间存在互动与相互依赖，包括共享信息和通信技术，这要求关键信息基础设施合作伙伴应共同管理风险。例如，所有关键信息基础设施部门都依赖于能源、通信、交通和水系统等提供的功能。此外，相互依赖是双向流动的，就像能源和通信系统相互依赖以及对其他功能的依赖一样。对于关键信

① Dan Assaf, 2009, Conceptualising the Use of Public-Private Partnerships as a Regulatory Arrangement in Critical Information Protection, in Anne Peters and others (eds.), *Non-State Actors as Standard Setters*, Cambridge University Press.

② 陈越峰：《关键信息基础设施保护的合作治理》，载《法学研究》2018 年第 6 期。

③ 〔英〕梅特兰・希斯洛普：《关键信息基础设施保护与修复力》，程乐、余方洁、王学高、孙钰岫译，中国法制出版社 2020 年版。

④ The US Department of Homeland Security, *NIPP* 2013: *Partnership for Critical Infrastructure Security and Resilience*, pp. 13-14, https://www.cisa.gov/sites/default/files/publications/national-infrastructure-protection-plan-2013-508.pdf, last accessed August 1, 2022.

息基础设施安全治理而言,重要的是在管理风险时理解并适当考虑依赖和相互依赖关系。

第三,为了获得有关关键信息基础设施风险及其相互依赖方面的知识,美国政府认为必须确保关键信息基础设施各部门之间实现及时、有效的信息共享。关键信息基础设施的各个所有者、运营者、其他利益关系主体通过实际参与运营与日常管理维护工作,能够掌握切实有用的风险信息和防护知识。在日益互联的背景下,分享并共同制定关键信息基础设施安全信息和治理规划有助于全面解决相关安全风险。为此,美国政府认为应为不同主体之间的治理合作提供法律保护,借此建立可信任的伙伴关系。

第四,鉴于不同关键信息基础设施主体所拥有的各自独特观点和比较优势,美国坚持以公私合作方式是确保关键信息基础设施安全的核心。运作良好的公私合作关系取决于一系列属性,包括信任、合作的明确目的、可衡量的合作进展和成果、领导参与、清晰而频繁的沟通、合作方式的灵活性和可适应性。各级政府部门、私营主体、非营利部门在关键信息基础设施治理方面各具独特的专业知识、能力和核心竞争力。认识到这些主体所拥有的不同观点及其价值有助于了解与关键基础设施安全相关的风险挑战和解决方案。

第五,鉴于关键信息基础设施各主体在区域、州、地方、部落等层面所存在的差别,美国政府认为建立不同层面的合作关系具有重要意义,强调合作治理应联合不同机构、不同地域的主体共同治理。就感知风险威胁而言,那些处于最基层的关键信息基础设施所有者和运营者往往最先获取这些信息,最能切身体会治理难题并提出有效治理需求。因此,美国政府认为地域或地区主体必须参与关键信息基础设施的合作治理,地区合作纳入至全国合作范围是合作治理的必要组成部分。

第六,鉴于关键信息基础设施具有跨国界属性,美国政府认为跨国合作、共同协助、制定合作协定是确保关键信息基础设施安全的重要措施。美国受益并依赖于支持国家安全和生活方式的全球基础设施网络。这些资产、系统和网络的分布式性质和相互关联性创造了一个复杂的环境,每个国家所面临的风险并不局限于本国境内。由于关键信息基础设施所提供的服务通常依赖于在高度分散的位置收集、存储或处理信息,这种跨国互联情况随着科技发展已变得越来越多、越来越复杂,这意味着政府、私营部门和国际合作伙伴必须共同努力。其中,跨国合作可以充分了解供应链漏洞并实施协调机制,而不是采取各国竞争的分散性的安全措施。美国国家计划一方面侧重于关键信息基础设施安全和弹性方面的国内努力,同时也承认国际合作的重要价值。

第七,美国强调在关键信息基础设施的设计阶段融入安全性与弹性考量。美国政府认为,参与关键信息基础设施建设与修复的主体,应当在方案设计过程中考虑如何在设施运行中能够有效辨别安全风险、削减安全漏洞、减轻安全损害可能带来的不利后果。

2. 美国关键信息基础设施的认定

就“关键基础设施”概念而言,美国在“9・11”事件发生前将其定义为公共所有并运营的公共设施,例如道路、桥梁、供水与排水设施、机场、港口、公共建筑等,“9・11”事件发生后扩大了“基础设施”的定义范围,“关键基础设施”目前已成为为公众提供所需商品和服务系统的总称。[①] 根据 2003 年发布的 7 号国土安全总统令(HSPD-7),关键基础设施涵盖 7 个行业:农业、健康与人类服务、饮用水与水处理系统、能源、银行与金融业、国家纪念碑和图标、国防工业基地。随着时间推移,2013 年 21 号总统政策令《关键基础设施安全与恢复力》将关键基础设施划分为 16 个行业,即化学、商事便利化、通信、关键制造、水坝、国防工业基地、紧急服务、能源、金融服务、食品与农业、政府设施、医疗保健和公共卫生、信息科技、核反应堆及其材料和废料、交通系统、水和废水系统。由此可见,美国对于关键基础设施的认定是一个动态过程,随着各种因素的影响不断调整其涵盖范围。

另外,美国将关键基础设施划分为两个等级:第一等级是指那些一旦遭到恐怖分子袭击或自然灾害,即将引发美国国家或地区层面的重大后果的设施;第二等级是指不具备特别重要性,但属于社区等强烈需要的设施。美国对关键基础设施这样划分的主要目的是根据设施的重要性来调配保护资源。美国每年均会复核这两个等级的划分并与时俱进地予以调整,但美国并不公布这两个等级分别包含哪些关键基础设施,因此,这两个等级中的设施信息属于美国的保密信息。[②]

就“关键基础设施信息”而言,美国 2002 年通过《关键基础设施信息法》将

① Kelly A. Cronin and Nancy E. Marion, 2016, *Critical Infrastructure Protection, Risk Management, and Resilience: A Policy Perspective*, CRC Press, p. 4.

② Kelly A. Cronin and Nancy E. Marion, 2016, Critical Infrastructure Protection, Risk Management, and Resilience: A Policy Perspective, CRC Press, pp. 4-5.

其定义为：与关键基础设施或受保护系统的安全相关且公共领域不常触及的信息，具体包括：(1) 采用物理方式或使用计算机对关键基础设施或受保护系统造成实际、潜在或威胁干扰、攻击、破坏或使其丧失功能方面的信息；或其他类似违反联邦、州或地方法律，损害各州之间的商业、公共健康或安全等信息。(2) 任何关于关键基础设施或受保护系统抵抗前述干扰、破坏或使其丧失能力方面的能力信息，包括任何过去或过去筹划的有关关键基础设施或受保护系统的评估、预测或估算信息，包括安全测试、风险评估、风险管理计划或风险审计信息。(3) 与关键基础设施或受保护系统有关的任何过去或过去筹划的运营问题或解决方案信息，包括与前述干扰、破坏或能力丧失相关的维修、恢复、重建、保险、连续性方面的信息。

值得注意的是，美国所认定的关键信息基础设施并不限于本国境内，还包括位于境外的关键基础设施，例如美国境外军事基地。“五眼联盟”(Five Eyes Alliance, FVEY)，即美国、英国、加拿大、澳大利亚、新西兰，在关键基础设施安全治理方面组成了“关键五国”，旨在加强有关关键信息基础设施安全保护方面的合作。对于这五个国家而言，每个国家均有自己对于关键基础设施的认定标准和范围。如何统一各国有关关键基础设施的概念范畴，是这五个国家合作治理所需解决的前提。为了达成共识，“关键五国”采取了宽泛的界定方法，即关键信息基础设施是指对在各国国家层面具有重要性的设施，是各国维护国家安全、经济安全、繁荣、健康与稳定所必需的系统、资产、设施和网络。[①]

3. *美国关键信息基础设施安全的治理维度*

美国关键信息基础设施安全主要包括三个层面的安全：一是物理安全，二是网络安全，三是信息安全。关键信息基础设施可能遭受的物理损害是最显而易见的安全风险。同时，网络侵害同样会造成关键信息基础设施的运营中断或其他损害，对于相互依赖的关键信息基础设施而言，安全风险具有连锁反应及扩散危险。除了物理安全和网络安全，关键信息基础设施所承载或传输的数据信息等，同样面临风险侵害，窃取或盗用相关信息可能造成难以弥补的安全损害。

---

① Critical Five-Share Narrative: March 2014, Forging a Common Understanding for Critical Infrastructure, p. 2, https://www.cisa.gov/publication/critical-five-shared-narrative-2014.

（1）物理安全

在物理安全层面，"9·11"事件为美国留下了深刻教训，迫使美国重新认识关键信息基础设施物理安全的重要性。2003年，美国白宫发布了《关键基础设施和关键设施物理保护方面的国家战略》（National Strategy to Secure Cyberspace，本小节中简称《战略》），明确指出了美国关键基础设施面临恐怖分子袭击的脆弱性。根据《战略》阐释，白宫认为恐怖主义对其关键基础设施安全所造成的不利影响包括：（1）损害联邦政府执行主要国家安全任务、确保普通公众健康与安全的能力；（2）损害州和地方政府维护秩序、提供最低限度的重要公共服务的能力；（3）损害私营部门保障经济有序运转、提供重要服务的能力；（4）损害公众对国家经济和政治机构的士气和信心。[①]

为了改善美国关键信息基础设施的物理安全状况，《战略》指明了六项指导原则。第一，保障公共安全、公众信心和公共服务。恐怖分子对于美国关键设施所造成的广泛或大规模破坏，影响了美国社会和经济的有效运作。《战略》指出，通过备份、强化安全保障、分散风险等措施，可以改进美国关键基础设施的稳健运作，提振美国民众信心，因此，美国需要制定并执行妥善的计划来应对安全风险。第二，建立责任机制和问责制度。一方面，白宫肯定政府、产业部门和公众在保护关键基础设施安全方面的重要作用；另一方面，指出厘清各相关主体的职责及其责任机制是确保关键基础设施安全的重中之重，这意味着美国需要协调有关关键基础设施的保护政策、规划、资源管理、运行评估、及各利益主体所提出的相关倡议。第三，鼓励政府部门之间、政府与产业之间建立合作关系。《战略》认为，社区、州和地方政府、基础设施的私有主体和运营者是最先感知安全风险的主体，调动这些主体的积极性并参与到关键基础设施的安全治理是美国关键基础设施安全保护的核心。因此，《战略》要求联邦政府为各主体参与安全治理提供总体支持与协调，领导各利益主体更好地履行各自的安全保护职责。第四，尽可能鼓励发挥市场机制作用；当市场失灵时，替代采取政府干预措施。《战略》认为，确保关键基础设施安全需要政府采取广泛措施，包括提升对安全隐患风险的认识、提供风险指示与预警、投资于相关研发、转让先进技术、探寻多种多样的财政激励措施、采取有针对性的规制行为等。一方面，白宫鼓励市场在关键基础设施治

① The White House of the United States, February 2003, The National Strategy for the Physical Protection of Critical Infrastructures and Key Assets, p. 11.

理中发挥基础性作用;另一方面,美国白宫认为关键基础设施领域已受到严格规制,政府应克制发布相关指南和命令。多数情况下,正向激励措施更能促进私有主体和公共主体掌握有关关键基础设施保护的知识与经验,更能消除市场机制的负面影响。第五,为有意义的信息分享提供便利。对于关键基础设施领域的公私合作而言,信息分享是合作治理的基石,是减轻风险隐患、提升自身的应对能力、挫败敌人的关键。美国白宫格外重视公共机构和私营部门之间的信息分享,要求政府必须制定可靠、安全、有效的信息分享机制,确保该机制能够促进信息得到及时、准确的分享。第六,加强国际安全合作。在应对恐怖主义袭击方面,世界各国应通力合作。《战略》认为,美国应联合盟友共同应对恐怖主义,在全球层面寻求更广泛的关键基础设施安全治理合作。第七,开发技术和专业知识来应对恐怖分子威胁。科技不仅是第一生产力,也是捍卫国家安全的重要元素。《战略》认为,美国可以利用自身科技优势,更高效、更富有成效、更节约成本地保护本国关键基础设施安全。为此,美国白宫建议加大科研投入,加强公私主体在科技研发方面的合作,更好地利用新兴科技来应对致命威胁。另外,美国白宫认为,先进的模型、模拟和分析有助于理解关键基础设施的复杂特性,帮助政府在安全治理方面做出更明智的抉择。第八,保障隐私与宪法自由。美国白宫强调美国是一个多元民族、文化、宗教、政见共存的国家,保护关键基础设施安全不能以牺牲民事权利和公民自由为代价。因此,《战略》指出,美国必须接受日常生活中所持续存在的恐怖分子威胁,减轻这些威胁、尊重公民隐私及其他各项自由权利是关键信息基础设施安全保护中不容忽视的问题。[①]

(2) 网络安全

在网络安全方面,美国前总统奥巴马于 2013 年签署第 13636 号行政令《提升关键基础设施网络安全》(EO. 13636),标志着美国将网络安全纳入关键信息基础设施安全的考量范围。第 13636 号行政令主要包括三个方面的内容:一是确立网络信息共享机制,要求政府部门向私有主体加强信息共享的数量和质量,确保信息共享的及时性和有用性;二是尊重公民隐私和自由权利,国土安全部下属部门在发布关键信息基础设施安全报告时应尽可能降低侵害公民隐私和自由权利的风险;三是建立协商机制,发布网络安全框架,为

① The White House of the United States, February 2003, The National Strategy for the Physical Protection of Critical Infrastructures and Key Assets, pp. 12-13.

关键信息基础设施运营主体加强安全防护提供指引。值得注意的是，该行政令在加强政府部门与私有主体合作治理关键信息基础设施方面，允许私有部门的专家以临时身份参与到联邦层面的信息共享机制建设，就关键信息基础设施所有者和运营者需要政府部门所共享的信息内容、信息的呈现方式等提供建议，借此增强私有主体参与关键信息基础设施安全治理的主体意识，同时实现政府部门与私有主体之间的信息双向互动。

2015年，美国颁布的相关法律中要求相关部门评估网络事件对关键基础设施的影响，同时要求提交美国网络安全漏洞报告。2018年，美国颁布了《网络安全和基础设施安全局法》(Cybersecurity and Infrastructure Security Agency Act of 2018)，专门就关键信息基础设施所涉及的网络安全问题作出规定。该法将"国家保护和计划司"更名为"网络安全和基础设施安全局"，下设基础设施安全部，将网络安全事务管理级别上升至联邦层级。其中，网络安全和基础设施安全局局长承担十一项职责：(1) 负责领导网络安全和关键基础设施安全规划、运作和相关政策，包括领导全国网络安全设施响应活动；(2) 协调联邦主体在网络安全与关键信息基础设施安全方面的活动；(3) 确保联邦信息安全，确保相关信息体系建设符合法律规定；(4) 协调全国在关键信息基础设施风险防护方面的工作；(5) 应关键信息基础设施所有者和运营者请求，向其提供专业分析、专业技术等援助；(6) 开发并使用有关政府机构和特定产业部门机构之间的协作机制，促进二者之间开展主动、频繁的协作，确保各相关主体能够认识关键信息基础设施所面临的安全风险；(7) 促进网络安全和基础设施安全局内部协作，维护并使用相关机制来加强本部门内部的日常协商与有效协作；(8) 制定并执行网络安全和基础设施安全局的综合战略计划，开展相关风险评估工作；(9) 依法履行紧急通信职责；(10) 与网络安全、关键信息基础设施安全和紧急通信相关的各利益主体共同开展安全防护工作；(11) 根据法律规定或国土安全部部长授权开展其他工作。

2022年，美国总统拜登签署《关键基础设施网络事件报告法》(Cyber Incident Reporting for Critical Infrastructure Act of 2022)，这是美国加强网络风险信息共享的新举措。该法要求网络安全和基础设施安全局就网络事件汇报问题作出进一步的明确规定，关键信息基础设施各利益相关者将根据新规定及时汇报网络风险信息；为践行关键基础设施安全治理的合作伙伴关系模式，要求网络安全和基础设施安全局在制定实施细则时必须举办听证程序，邀请各利益相关者提交有关实施细则制定的建议。在网络事件汇报的时间要求与组织安排方面，《关键基础设施网络事件报告法》规定：如果相关主体有理由认为发生了网络安全事件，联邦政府部门接到网络事件报告后，必须在24小时内与网络安全和关键基础设施安全局分享报告信息；国土安全部将组建网络事件报告委员会，该委员会将负责协调联邦网络事件汇报事宜。在应对勒索软件攻击方面，《关键基础设施网络事件报告法》规定：相关主体支付勒索赎金后24小时内，必须将该情况汇报给网络安全和基础设施安全局，安全局必须向联邦各部门分享此等信息；网络安全和基础设施安全局应制定"勒索软件漏洞预警实验安排"，辨识那些存在网络漏洞且易受勒索软件攻击的系统，将网络漏洞告知于相关系统的所有者；网络安全和基础设施安全局应继续推进全国范围的勒索软件攻击的应对工作，继续与联邦调查局和国家网络总监进行紧密合作。

4. 美国关键信息基础设施安全的治理主体

美国80%的关键信息基础设施为私人所有并运营①，然而，这并不意味着私人主体承担相应份额的安全防护工作。通常而言，私人主体无法承担超出其能力范围的安全义务，公私合作是美国治理关键信息基础设施安全的重要方式。公私合作治理方式随着20世纪90年代国际社会所盛行的关键基础设施私有化浪潮而逐步受到关注，原来由政府所提供的公共服务越来越多地由私营部门承担。② 公私合作不意味政府部门和私人主体之间有着泾渭分明的责任分配，如何在公私合作治理中充分发挥各相关主体的积极性和主动性，如何实现公私合作治理的最优方案，一直是美国及其他国家所共同面对的问题。

在政府层面，美国国土安全部是负责关键信息基础设施安全的首要部门。根据美国《2002年国土安全法》规定，美国总统或国土安全部部长有权指定关键基础设施安全项目。国土安全部负责关键信息基础设施安全防护方面的战略指导，统筹协调联邦、州、地方、地区、部落和其他私有主体在关键信息基础设施安全保护方面的工作。具体而言，国土安全部承担八项职责：

① Kelly A. Cronin and Nancy E. Marion, 2016, *Critical Infrastructure Protection, Risk Management, and Resilience: A Policy Perspective*, CRC Press, p. 6.

② Madeline Carr, 2016, Public-private Partnerships in National Cyber-Security Strategies, *International Affairs*, 92(1):48.

（1）与特定行业部门和其他联邦政府部门合作，根据关键信息基础设施遭受物理或网络安全威胁、安全漏洞及不利后果方面的考虑识别哪些关键信息基础设施应给予优先保护。（2）维护国家关键基础设施中心，监测并整理有关关键信息基础设施的发展趋势、可能受到的紧急威胁和可能影响关键基础设施运行的综合、可操作信息。（3）与特定行业部门和其他联邦政府部门合作，为关键信息基础设施的所有者和运营者提供安全分析、专业知识和其他技术培训，帮助其获取并交流有关加强关键信息基础安全与韧性方面的信息和情报。（4）与特定行业部门、各级政府部门和关键信息基础设施的所有者和运营者合作，全面评估全国关键信息基础设施的安全漏洞。（5）根据法律职权，协调联邦政府对那些影响关键信息基础设施的严重网络事件或物理事件作出响应。（6）支持司法部部长和执法部门依据职权就关键信息基础设施所受到的威胁和攻击进行调查与起诉。（7）与特定行业部门、其他联邦政府部门合作，利用商业卫星、机载系统和其他部门的才能，绘制关键信息基础设施的地理空间图和实体图片，对其进行分析和分类。（8）按照法律规定，就全国关键信息基础设施方面的工作提交年度报告。

美国《网络安全和基础设施安全局法》授权成立了网络安全和基础设施安全局，隶属国土安全部，已成为国土安全部的组成部分。其下设置网络安全处、基础设施安全处、紧急情况交流处，有利于综合处理关键信息基础设施所面临的物理安全问题和网络安全问题。安全局局长向国土安全部部长汇报工作情况，并承担多项职责。

对于关键信息基础设施所分布的特定行业而言，每个行业部门均有自己的独特性，需要根据本行业特性制定不同的风险应对方案。特定行业部门在承担关键信息基础设施安全保护方面需承担五项职责：（1）作为全国加强关键信息基础设施安全与韧性工作的组成部分，与国土安全部、其他联邦政府部门、关键信息基础设施所有者和运营者合作，以适当方式履行法定职责。（2）在本行业特定活动的动态优先排序与协作方面，与联邦政府部门进行日常对接。（3）按照法律授权及其他相关政策、指示或规章规定，履行突发事件管理职责。（4）以适当方式为本行业提供技术援助与咨询，帮助识别本行业的安全漏洞并削减突发事件。（5）支持国土安全部履行年度报告义务，提供本行业特定关键信息基础设施的年度信息。

在联邦层面，美国法律要求各政府部门应配合国土安全部工作，共同确保关键信息基础设施的安全与韧性。除了国土安全部,法律明确规定需要参与关键信息基础设施安全保护的部门包括国务院、司法部、内政部、商务部、国家情报总监、总务署、核能源管理委员会、联邦通信委员会、其他联邦政府部门。由于法律对各联邦政府部门职责作出了明确分工,有利于各部门各司其职。

具体而言,美国国务院应当与国土安全部、特定行业部门、其他联邦政府部门合作,促使外国政府和国际组织加强美国境外关键信息基础设施的安全与韧性,为与境外关键信息基础设施所在国在安全防护方面的经验与教训提供便利。

美国司法部,包括联邦调查局,应当在关键信息基础设施领域的反恐、反间谍和相关执法方面发挥领导作用;调查、阻止、起诉或以其他方式减少外国间谍、恐怖分子和其他主体对美国关键信息基础设施安全带来的威胁,以及实际发生或预谋的袭击或破坏;联邦调查局应在国内收集、分析并传播网络威胁信息,负责国家网络调查联合工作组的运营;网络调查联合工作组由网络安全部、情报机构、国防部和其他部门的代表组成,负责就网络威胁调查的协作、整合和信息分享提供联络。

美国内政部应与政府设施部门的特定行业部门合作,确定、优先考虑和协调国家纪念碑和图标的安全和复原工作,并采取措施降低这些关键资产的风险,同时促进这些资产的使用和享受。美国商务部应与国土安全部、其他联邦政府部门合作,促使私有部门、研究、学术和政府组织参与关键信息基础设施安全保护工作,提高网络系统相关技术和工具的安全性,加强关键信息基础设施方面其他工作,确保工业产品、材料和服务能够及时满足国土安全需要。

美国国家情报总监所领导的情报部门,应使用适当的权力和协调机制,酌情提供有关关键基础设施威胁的情报评估,并就与关键基础设施相关的情报和其他敏感或专有信息方面的工作进行协作;此外,按照总统指示与相关法律,就有关保护国家安全系统的信息安全政策、指令、标准和指南的执行情况,监督国家安全系统相关部门是否依法行使职权。

美国总务署应与国防部、国土安全部和其他联邦机构合作,提供和支持政府范围内的有关关键信息基础设施合同,确保合同包含政府对于关键信息基础设施安全和韧性方面的审计权。

美国核能源管理委员会将监督其许可证持有者对用于研究、测试和培训的商业核动力反应堆和非动力核反应堆、用于医疗、工业和学术环境中的核材料以及制造核燃料的设施、用于核材料和废物的运输、储存和处置方面的安全保护;酌情与国土安全部、司法部、能源部、环境保护署以及其他联邦部门和机构合作,以加强关键信息基础设施的安全性和弹性。

美国联邦通信委员会在法律允许的范围内运用其职权和专业知识,酌情与国土安全部、国务院和其他联邦政府机构就下述事项开展合作:(1) 识别并确定需优先保护的通信基础设施。(2) 识别通信领域的安全漏洞,与工业部门及其他利益相关者共同解决这些漏洞。(3) 与工业部门、外国政府、国际组织等相关利益主体合作,借此加强通信领域关键信息基础设施的安全与韧性,促进关键通信设施安全与韧性及其相关最佳实践的开发与实施。

美国联邦部门和机构应及时向国土安全部部长和国家关键基础设施中心提供必要的信息,支持跨部门分析并告知关键基础设施的态势感知能力。美国联邦政府各部门之间的职责划分相对明确,各部门既有其专属职责范围,也有部门之间的合作治理义务要求,这种职责划分较为科学合理。

5. 美国公私合作治理模式

美国一直坚持政府部门和私人主体合作治理关键信息基础设施安全问题。美国 2013 年《国家基础设施保护计划》指出,公私合作能够实现更有效果和更有效率的风险治理,其中,“合作”是指具有共同利益的主体实现共同愿景的合作;就关键信息基础设施公私合作治理而言,政府部门领导参与、政府与私人主体之间公开坦诚交流并建立相互信任的关系是合作治理的必备要素。[①] 联邦政府作为公私合作治理的责任方之一,除了考虑安全风险,还要考虑关键信息基础设施治理安全治理的经济成本,也要考虑安全治理所涉及的个人信息保护等非经济风险。比较而言,政府主体更关注关键信息基础设施的安全问题,而私人主体更关注关键信息基础设施运营所带来的经济利益。实际上,政府主体和私人主体所持有的不同关注点均具有合理性,如何统一协调二者之间的关注点并进而实现关键信息基础设施运营的安全性与可持续运营,是公私合作治理所要解决的主要问题。

---

① The US Department of Homeland Security, *NIPP* 2013: *Partnership for Critical Infrastructure Security and Resilience*, https://www.cisa.gov/sites/default/files/publications/national-infrastructure-protection-plan-2013-508.pdf.

美国关键信息基础设施所涉的十六个行业，每个行业均有联邦政府部门负责协调公私合作事宜，该联邦政府部门被称作特定行业部门。具体而言，国土安全部负责化学、商事便利化、通信、关键制造、紧急服务、信息科技、核反应堆及其材料和肥料这六个行业的公私合作事宜；农业部、卫生与公共服务部共同负责食品与农业的公私合作事宜；国防部对应国防工业基地行业；能源部对应能源行业；卫生与公共服务部对应医疗保健和公共卫生行业；财政部对应金融服务行业；美国国家环境保护局对应水和废水系统行业；国土安全部和联邦总务署共同负责政府设施行业的公私合作治理；国土安全部和交通部共同负责交通系统的公私合作治理。在行业和跨行业委员会的结构设计方面，美国设有"行业协调委员会""关键基础设施跨行业委员会""政府协调委员会""联邦高级领导委员会""州、地区、部落和地方政府协调委员会""区域合伙协调委员会""信息共享机构"。其中，行业协调委员会是私有行业自治委员会，由关键信息基础设施的所有者、运营者及其代表组成；行业协调委员会就特定行业的治理策略、政策、活动事项等问题进行广泛交流，发挥着政府与私有部门之间进行沟通的桥梁作用。关键基础设施跨行业委员会由各个行业协调委员会主席和副主席组成，负责协调私有行业的跨部门问题、行动倡议，及解决各行业之间的相互依赖问题。政府协调委员会由各级政府代表组成，这些委员会旨在促进各政府部门、各司法区域之间在关键信息基础设施方面的公私合作。联邦高级领导委员会由特定行业部门和其他联邦机构的高级官员组成，主要负责协调联邦层面有关关键信息基础设施安全治理方面的信息和合作。州、地区、部落和地方政府协调委员会由各州、地区、部落和地方政府的代表组成，旨在促进各地方层面的相关主体参与国家层面的关键信息基础设施安全治理，协调各州和各司法区域之间的治理指南、策略和计划等。区域合伙协调委员会由全国范围的地区团体和联合体组成，旨在以各种方式加强公私合作治理。信息共享机构包括为政府和各私有部门提供服务的各个资讯共享与分析中心，旨在促进信息得到及时共享，进而加强全国范围的治理合作。[①]

美国关键信息基础设施公私治理旨在纳入尽可能多的政府机构和私人

---

① The US Department of Homeland Security, *NIPP* 2013: *Partnership for Critical Infrastructure Security and Resilience*, https://www.cisa.gov/sites/default/files/publications/national-infrastructure-protection-plan-2013-508.pdf, last accessed August 1, 2022.

主体参与其中，借此促进彼此之间的交流合作并采取协调行动，进而实现安全治理效果的最大化。因此，美国公私合作治理在方式上具有多样性，在沟通方面具有灵活性，在政策协调方面具有宏观与微观相结合的统筹性，既注重自上而下的指导与要求，也注重自下而上的反馈与建议，有利于打通公共主体与私人主体之间的合作障碍。

在公私合作的具体行动层面，关键信息基础设施安全治理主要涵盖三个方面的治理和十二项具体行动，其中，三个方面的治理包括以合作努力为基础的治理、创新风险管理、关注治理结果，每个方面的治理又分别包括几项具体行动。首先，以合作努力为基础的治理包括四项行动。第一项行动是通过联合制定优先事项来确立关键信息基础设施安全治理的国家重点内容。美国联邦层面的各个国家级委员会共同制定关键信息基础设施安全治理的中长期重点内容，该重点内容的设置主要基于战略性国家风险评估来制定，同时参考关键信息基础设施治理的各个合作主体、州和地区相关机构的风险评估，包括参考关键信息基础设施安全与发展的年度报告内容。第二项行动是通过共同计划来决定有关关键信息基础设施安全治理方面的共同行动。共同行动将反映国家计划和第一项行动内容，格外注重加强行业协调委员会、关键基础设施跨行业委员会、政府协调委员会、联邦高级领导委员会等主体的能力建设，包括紧急情况应对处置方面的协调能力建设。为了支持相关国家计划，关键信息基础方面的各个行业、部门和主体每隔四年即更新行业计划，行业计划需反映协同优先治理的重点内容、行业之间的相互依赖问题、资源整合问题、网络安全问题等。美国注重地方主体在关键信息基础设施安全治理中所发挥的重要作用，认为多数安全事件实际上是在地区层面发生的，因此，美国政府认为国家由上至下地联合地方主体共同治理具有重要意义。第三项行动是培养关键信息基础设施治理方面的地方和区域主体的能力建设。首先，国家层面需要确认哪些地方主体参与关键信息基础设施安全治理；然后，分析国家主体与地方主体之间应建立怎样的互动合作模式；最后，尽最大可能将地方主体融入至全国层面的治理范畴。第四项行动是采取激励措施提升关键信息基础设施安全治理的水平。美国政府认为，政府和私人主体在关键信息基础设施安全治理中具有共同的利益诉求，关键信息基础设施的所有者和运营者不仅可以从安全治理的投资中获得回报，也承担着安全治理方面的社会责任。同时，美国注意到私人主体可能更注重安全治理投资的短期回报,这可能阻碍私人主体进行长远投资。美国采取以市场为基础的激励机制,旨在鼓励私人主体投资于安全治理。①

其次,美国公私合作治理在创新风险管理方面包括六项行动,即第五项至第十项行动。第五项行动是通过增强态势感知来作出风险知情决策。美国政府认为,关键信息基础设施所面临的安全风险处在一个动态演变的环境,这要求各个治理主体必需持续分享相关信息,不断获取安全治理方面的知识,进而调整治理政策、治理过程和治理文化。美国注重培养信息共享和信息提供方面的文化氛围,通过建立共识的方式促进各个治理主体参与关键信息基础设施安全治理方面的信息分享。在信息共享方面,美国主要采取四项措施:第一,对阻碍信息共享的障碍进行全伙伴关系方面的审查,支持解决这些障碍的努力并建立最佳实践。对信息分享进行法律层面的考量,分类处理敏感信息,厘清信息传播方面的法律和政策,建立伙伴之间的信任关系。第二,通过进一步确认联邦政府内部和跨联邦政府的职能关系,根据 21 号《关键基础设施安全与恢复力》总统政策令进行职能关系描述,辨别安全治理中所存在的职能重叠、低效率和职能缺位情况,进而完善有关情势感知和知情决策方面的建设。第三,为促进信息共享的整合和协调,通过共同制定条令和标准操作流程来开发现代化、标准化的信息共享程序。第四,为提升数据共享效率,通过界定数据标准和要求来制定互操作标准,包括两个部分:一是有关共同数据要求和数据流动、交换的信息共享的环境基础;二是特定行业的关键信息要求,例如,关键报告标准,借此改善信息流和报告,从而产生更完整和及时的态势感知。

第六项行动是分析关键信息基础设施之间的依赖性、相互依赖性和连锁损害风险。值得注意的是,美国不仅考虑本国境内的关键信息基础设施之间的依赖性和相互依赖性,还考虑本国与其他国家的关键信息基础设施之间的依赖性和相互依赖性,综合考虑安全治理方面的资源分配,努力确保关键服务具有可持续性,进而削减连锁安全事故的发生。就此而言,美国强调不同行业领域的关键信息基础设施的物理安全和网络完全,及其在国际与国内层面的相互依赖性,关注全球供应链对公共卫生、福利和经济活动的影响,聚焦

① The US Department of Homeland Security, *NIPP* 2013: *Partnership for Critical Infrastructure Security and Resilience*, https://www.cisa.gov/sites/default/files/publications/national-infrastructure-protection-plan-2013-508.pdf.

潜在安全事故所涉的关键信息基础设施的正常运转功能和全球供应链弹性问题。另外,美国根据第 13636 号行政令持续改进那些依赖网络的关键基础设施识别方法,分析依赖信息通信设备可能产生的潜在风险,为制定储备计划和能力建设提供信息。

第七项行动是识别、评估、响应有关关键信息基础设施安全事故发生之时及发生之后所不可预料的连锁影响。无论是关键信息基础设施紧急事件的响应计划和练习,还是现实世界真实发生的安全事件,均强调需要作好应对相关事件可能产生的连锁效果的准备。美国强调社区在帮助国家应对安全风险方面的重要价值,包括帮助国家快速识别、评估、响应并应对连锁效果过程中的重要作用,重视加强各治理主体在应对安全事件方面的能力建设。

第八项行动是促进事故发生之后的设施、社区和区域的恢复。美国政府认为,一些安全事件表明,设施、社区和区域必须具备长期恢复能力,方能在重建过程中增强其安全性与弹性;为了开发长期恢复能力,关键信息基础设施合作伙伴可以利用现有的信任关系,让公民、非营利组织、商业领袖等通常不参与关键信息基础设施及其安全讨论的代表参与到恢复重建工作之中;同时,可以利用联邦工作人员,鼓励联邦和地区主体在事前恢复计划、事后损害评估、恢复战略制定中考虑关键信息基础设施所涉及的挑战。

第九项行动是加强技术援助、培训和教育,促进协调发展。美国注重培养关键信息基础设施社区主体持续开发并传送创新的科技援助、培训和教育项目,包括对这些项目的有效性进行评估,美国政府认为这些项目能够促进实施风险管理行为,为相关机构和专业人士应对未来安全挑战作出准备。具体而言,首先,美国力求掌握有关关键信息基础设施各个治理主体所获得的技术援助、培训和教育需求情况,并优先考虑为相关合作伙伴提供技术援助、培训和教育。其次,为了推动国家目标方面的进展,为了确保联邦主体能够支持国家优先事项和国际计划中所描述的风险管理活动,美国审查联邦主体所提供的技术援助、培训和教育项目。再次,美国强调加强技术援助方面的协调努力,特别是国土安全部内部和关键信息基础设施特定行业机构之间的协调工作,鼓励利用更广泛的合作伙伴关系网络来提供培训和教育项目,这样不仅能够节约资源,还可以更好地提供服务并扩展服务范围。最后,为了管理通信科技在关键信息基础设施中的应用所带来的安全漏洞,美国鼓励各个合作伙伴与学术界共同设置并更新关键信息基础设施方面的课程,帮助培训关键信息基础设施领域的专业人士、行政主管和经理。

第十项行动是通过先进研发方案提升关键信息基础设施的安全与弹性。美国21号《关键基础设施安全与恢复力》总统政策令要求联邦政府制定研发计划，该计划应考虑到不断变化的风险威胁形势、年度指标和其他相关信息，以确定优先事项并指导研发要求和投资。国家关键基础设施安全和弹性研发计划将每四年更新一次，并根据需要进行临时更新。研发计划聚焦于四个方面的内容：其一，促进研发，以实现关键基础设施的安全、弹性设计和建设以及更安全的配套网络技术。其二，在判断关键信息基础设施所面临的安全事故和风险威胁的潜在影响及其对其他行业的连锁影响时，应加强模型能力建设。其三，促进激励网络安全投资，鼓励采用关键基础设施设计功能来加强应对所有安全危害。其四，优先支持国土安全部发布战略指南。美国政府认为，关键信息基础设施安全性能方面的研发合作应解决分析与政策能力方面的欠缺，帮助相关所有者和运营者提升风险管理能力，推动研发向实践操作方面转化；研发不仅应注重现有关键信息基础设施的安全保护问题，还应注意新关键信息基础设施的设计和建造问题，同时将各个关键信息基础设施之间相互依赖所产生的风险纳入考量。因此，美国强调研发既应考虑16个关键信息基础设施行业的共同要求，也应考虑各个行业的独立要求，从而提供最大的潜在收益。美国相关文件中纳入了特定行业的研发计划文件，这些文件旨在从行业视角解决行业发展需求和优先事项。

最后，美国公私合作治理在关注结果方面包括两项行动，即第十一项和第十二项行动。第十一项行动是评估目标实现的进展。美国政府认为，关键信息基础设施合作伙伴应以更广泛和更一致的规模参与治理，以促进对决策进展和适应性决策的理解。具体而言，各治理主体应共同确定与国家目标和优先事项相关的高级别治理成果，以便更好地评估目标和优先事项所取得进展；通过采用标准数据来制定“国家关键基础设施年度报告”和“年度备灾报告”，召集特定行业机构和行业伙伴共同实施有关“国家计划”愿景和目标，以及“国家备灾目标”方面的国家图景；整合来自产业、“州、地区、部落和地方政府协调委员会”和区域实体的绩效数据，以反映整个关键信息基础设施在社区各个层面所取得的进展。

第十二项行动是在演习和事故发生期间及其之后进行学习并适应安全风险的处置。美国政府认为，由于威胁和危害具有不断变化的性质，关键信息基础设施在安全和弹性方面的国家愿景只能通过众多合作伙伴的集体努力、持续学习并适应不断变化的情势才能实现。关键信息基础设施社区可以通过更具协作性的演习设计、协作方面的经验教训、纠正行动流程和最佳实践的现代化共享,更好地在演习和事故发生期间及其之后获得学习并适应风险事件的处置。首先,美国注重通过参与过程来制定和实施演习,借此适应多样化需求和目的:一方面,美国提倡感兴趣的私营部门合作伙伴(包括研发界)在演习设计、实施和评估中广泛参与并与政府部门协作,以反映所有合作伙伴的观点,最大限度地提高未来规划和运营价值;另一方面,美国制定多层次和多形式的演习,以满足国家、地区、州、部落等治理主体的需求。其次,美国的演习设计注重从先前的演习和事故中获得的教训并测试纠正措施,注重解决物理和网络安全威胁和漏洞,注重评估从稳定状态到事故响应和恢复方面的努力。最后,美国注重分享从演习和事故中所获得的教训和矫正措施,并迅速将其纳入技术援助、培训和教育项目,以改进未来有关关键信息基础设施安全和弹性方面的工作。[①]

总体而言,美国公私合作治理模式旨在强调私人主体和公共主体共同肩负安全治理责任,虽然公私治理模式的设计方案貌似全面,兼顾了各个治理主体的能力建设和治理需求,但实践运作并非尽如人意,私人主体与公共主体的利益追求不能完全重叠是公私治理所面临的难题。[②] 2021 年,美国国会研究服务部指出,关键信息基础设施安全治理的私人主体为了防止曝光自身缺陷、保护商业秘密、维护公司股价平稳、免受行政处罚等原因,并不愿意与政府部门分享一些安全治理信息,这阻碍了公私合作治理的有效性。2022 年,美国政府问责署发布《关键基础设施保护:网络安全和基础设施安全局应改善环境、促进利益相关者参与、提升威胁信息分享》报告,指出美国关键信息基础设施安全治理存在的问题:第一,网络安全和基础设施安全局,以及利益相关者认为国土安全部制定的《国家关键基础设施优先项目》用途有限,其

① The US Department of Homeland Security, *NIPP* 2013: *Partnership for Critical Infrastructure Security and Resilience*, https://www.cisa.gov/sites/default/files/publications/national-infrastructure-protection-plan-2013-508.pdf.

② Myriam Dunn Cavelty and Manuel Suter, 2009, Public-Private Partnerships Are No Silver Bullet: An Expanded Governance Model for Critical Infrastructure Protection, *International Journal of Critical Infrastructure Protection*, 2(4):179-187.

中判定某项基础设施是否构成关键基础设施的标准没能与时俱进地反映风险环境的演变，虽然一些基础设施孤立来看并不具有关键属性，但有些基础设施合在一起所产生的安全隐患及其风险足以给国家安全带来严重威胁。第二，自“9·11”事件以来，关键信息基础设施的复杂性及其相互依赖性变得更为重要，网络安全和国土安全局正在试图从“国家关键功能”层面对关键信息基础设施进行安全治理，然而，许多关键功能分散于多个关键基础设施领域，在国家关键功能框架方面的有限理解为安全治理带来了挑战。第三，为了辨识安全漏洞，网络安全和基础设施局提供网络安全评估信息，关键基础设施利益相关者通常认为其共享信息很有价值，但有些利益相关者认为网络安全和基础设施安全局的评估有时具有误导性，不能准确提供有关设施安全等级信息；网络安全和基础设施安全局由于资源有限，难以为地方层面的利益相关者提供足够的支持服务。①

二、国际组织在关键信息基础设施安全治理方面的探索与实践

关键信息基础设施的物理安全和网络安全治理需要国际社会的协作努力，尤其是在防范恐怖分子袭击、自然灾害侵袭、网络犯罪方面，需要国际社会达成治理共识，制定有关关键信息基础设施保护的国际规范，约束公共主体和私人主体可能采取的不当行为。然而，由于各国之间存在利益分歧，国际社会难以在关键信息基础设施安全治理方面达成具有约束力的多边规则，甚至有人反对达成此类国际规则。反对达成此类国际规则的理由包括：第一，关键信息基础设施所涉及的网络技术进步与工业系统不断处于演进之中，这很容易使先前达成的国际协定变得陈旧过时。第二，国家在军备武器方面可以通过条约来维持“势力均衡”、节约国防开支，但关键信息基础设施所涉及的网络攻击成本较小，私人主体可以凭借自身实时发动网络攻击，国家甚至寻找私人主体作为代理人来对其他国家的关键信息基础设施发动网络攻击。第三，私人网络和公共网络相互交织、难以分辨，这意味着很难对民用网络和军用网络采取差异化的治理方式，有些国家甚至不允许外部势力介入本国网络系统。第四，就军事冲突而言，与传统武力攻击相比，网络攻击造成

① The United States Government Accountability Office, 01 May, 2022, Critical Infrastructure Protection: CISA Should Improve Priority Setting, Stakeholder Involvement, and Threat Information Sharing, GAO-22-104279.

的平民死亡或伤害更小，更符合人道主义精神。反对就关键信息基础设施安全治理达成国际规则的主体实则坚持“零和博弈”，以地缘竞争视角强调国家之间的斗争与冲突，这种观点不利于国际和平与国家安全，但是，国际社会的现实是确实存在这样的主张，这是我国参与国际社会共同构建关键信息基础设施安全治理安全的法治建设中不容忽视或回避的问题。

目前，国际社会尚不存在有关关键信息基础设施安全治理的多边条约，但国际社会已经认识到安全治理的重要性，以联合国为主体的国际组织已经对此有所阐释并在法治实践方面作出初步探索。虽然联合国等国际组织所发布的多数文件不具有强制约束力，但这些文件体现了国际社会对关键信息基础设施安全的关注与治理追求。

1. 联合国在关键信息基础设施安全保护方面的法治实践

(1) 安理会第2341(2017)号决议

2017年，联合国通过第2341号决议，注意到恐怖主义活动对关键基础设施的威胁，呼吁各国有效保护本国境内的关键基础设施，酌情通过公私伙伴关系促进其可靠性与韧性，防止恐怖主义袭击。同时，该决议注意到跨境关键基础设施提高了各国之间的相互依赖性，恐怖主义袭击可能对关键基础设施造成跨国境与跨行业方面的连锁效应，呼吁各国在国内和国际上与政府部门、外国伙伴和私营部门业主开展多主体合作，加强和加快信息交流，与联合国反恐执行工作合作；建议各国将恐怖主义行为规定为严重刑事罪行，追究恐怖主义分子的刑事责任。

(2) 2018年《保护关键基础设施免受恐怖袭击：良好做法简编》

2018年，联合国反恐办公室和反恐执行局发布了《保护关键基础设施免受恐怖袭击：良好做法简编》(以下简称《简编》)，系统分析了各国及国际社会在保护关键基础设施免受恐怖袭击方面的做法与建议。《简编》共包含七章，第一章阐释了恐怖袭击对关键基础设施保护所造成的挑战，第二章分析了各国关于防范恐怖主义破坏所应采取的国家战略，第三章建议各国将恐怖分子袭击关键基础设施纳入刑事处罚，第四章阐释了各国有关关键基础设施安全保护的信息分享与经验，第五章分析了各国国内机构在关键基础设施安全保护方面的协调机制，第六章呼吁各国加强关键基础设施安全保护的国际合作,第七章阐释了特定部门的关键基础设施安全治理的国际倡议。

关于恐怖袭击对关键基础设施保护所造成的挑战,《简编》引入了“软目标”概念,分析了“软目标”和“硬目标”可能遭受的恐怖主义威胁。然而,《简编》并未给出“软目标”的明确定义,仅指出软目标通常与多数人聚集的地点相关,例如博物馆、电影院、宗教场所、购物中心等;与之相对照,“硬目标”是指那些通常被武装人员加强保护且公众一般禁止入内的场所,例如军事设施、大使馆、飞机场等。《简编》认为,“软目标”和关键基础设施两个概念可能存在重叠,但这两个概念不能互换适用,“软目标”可能构成关键基础设施的组成部分,但有些软目标不属于关键基础设施范畴。由于“软目标”通常是人员聚集的地方,《简编》引入软目标的意义在于提示各国应格外注意保护关键基础设施中的软目标,避免恐怖袭击造成大量人员伤亡。在具体安全风险方面,《简编》指出了关键基础设施所面临的物理威胁与网络威胁、内部威胁与外部威胁、单个基础设施作为袭击目标与多个基础设施作为袭击目标所面临的威胁。恐怖分子可能出于各种动机而对关键基础设施进行袭击,但无论动机为何,《简编》要求各国在应对恐怖主义威胁时应遵守人权保护原则,遵守国家在国际法中所应承担的义务。

关于各国防范恐怖主义破坏应采取的国家战略,《简编》认为各国应将关键基础设施保护列入国家战略层面,采用系统综合措施应对安全风险。国家安全战略应界定治理的组织结构,设定可以量化的目标与时间表,通过协调不同政策领域的任务来有效预防并应对安全事件。国家在制定国家战略时应根据本国的法律传统与法律文化来构建关键基础设施保护所涉及的政府、公民与私营部门之间的关系。就关键信息基础设施的“相互依赖”而言,《简编》指出物理依赖与网络依赖是当今关键基础设施相互依赖的两个主要方面;其中,物理依赖表现为一个关键基础设施部门的运转依赖于另一个关键基础设施部门的输出支持,网络依赖表现为一个关键基础设施部门的运转依赖于信息基础设施部门所传递的信息。“相互依赖”加剧了整个关键信息基础设施系统的脆弱性,一旦某个关键基础设施遭遇袭击,其连锁效应可能导致另一个关键基础设施运行中断。因此,《简编》建议各国在制定有关关键基础设施的国家战略时,应综合考虑各个关键基础设施之间的关联性和相互依赖性,将“相互依赖”的观念纳入安全防护范围,同时加强不同领域的关键基础设施部门之间的交流与合作。

在关键基础设施的治理模式方面,《简编》指出"自治"与"强制"是治理的两个基本模式,但实践中并不存在完全的"自治"或"强制",各国通常在"自治"与"强制"之间选择适合于本国国情的治理模式。具体而言,"自治"主要依靠行业部门的自我管理、激励和自愿遵守来进行关键基础设施安全治理,相关政策和规则鲜少具有强制约束力,立法仅作为自治的辅助手段发挥强制作用;"强制"则强调关键基础设施的所有者和运营者必须遵守相关立法,否则会面临法律的强制性惩罚或制裁。美国、英国、加拿大、瑞士等国家更多地采用了自治模式,法国、西班牙、比利时、立陶宛等则更多采用强制模式。《简编》同时指出,由于在一些国家中,大量关键基础设施为私人所有,同时私有主体通常广泛参与关键基础设施的投资及相关技术的研发,公私合作治理是实现关键基础设施达到足够弹性水平的重要途径。《简编》认为,成功的公私合作治理需要具备六项要素:一是建立政府和私营部门之间的信任,二是为私营主体提供参与公私治理所能获得的独特价值,三是尊重各个合作方在合作治理中的贡献,四是为各个合作方制定清晰明确的行为守则并借此避免合作方之间的利益冲突,五是充分了解每个合作方的能力水平及其能力限制,六是基于所掌握的资源、预算等确立合理的合作预期。《简编》援引了欧洲安全与合作组织关于公私合作治理如何实现各方利益最大化的八项指南,推荐各国予以借鉴。这八项指南为:第一,分析并确定每个合作伙伴加入关键基础设施安全治理的合作伙伴关系的动机,以阐明相互的期望和贡献;第二,根据国家有关关键基础设施安全治理的总体目标来确定合作伙伴关系的治理任务与目标,明确每个合作伙伴应承担的任务与责任;第三,筛选每个关键基础设施部门的现有监管框架,确定强制性和具有自我约束力的规范、规则和原则,根据预期风险和现有准备水平来评估现有监管框架的充分性,进而讨论如何优化监管框架;第四,为所有相关利益方之间交换关键基础设施相关信息提供机制、保护和法律的确定性,为最佳实践的开发和交流、各治理主体之间的协商和对话提供机制;第五,建立促进跨组织合作和信息交流的制度结构,明确政府机构、关键基础设施的所有者和运营者、产品供应商及其协会等每个合作伙伴的角色和贡献,确定每个合作伙伴的单一联系点,制定合作指南;第六,从小处着手,专注于一个或两个关键基础设施部门,根据所有利益相关方的合作准备与风险考量逐步扩展合作范围;第七,为了审查合作所取得的成绩并确定后续的合作方案,制定具有里程碑意义的衡量标准;第八,为了确保合作不断取得进步并与总体风险水平相匹配，制定持续审查程序来重新审视并更新伙伴关系。为了应对恐怖分子可能对关键基础设施所造成的侵害，《简编》建议从物理安全、人员配备、网络安全三个方面采取综合的治理措施。

关于将恐怖分子袭击关键基础设施纳入刑事处罚的建议，《简编》指出，确定恐怖分子应当承担刑事责任的意义在于发挥刑法的威慑功能、以刑法阻断恐怖分子实施袭击关键基础设施的计划、建立关键基础设施安全治理方面国际刑事法律合作。《简编》列举了联合国在惩治恐怖分子方面的决议及国际社会在特定领域所达成的相关协定，指出各国有义务将下述三项行为列入刑法惩治范围：一是将那些为实施恐怖主义行为提供或筹集资金的行为列为犯罪行为；二是拒绝为所有计划、支持或实施恐怖行为的人提供安全港，并应将前述人员绳之以法；三是在国内法中将恐怖行为定为严重罪行。就关键基础设施相关的刑事立法而言，《简编》建议从特定关键基础设施领域的犯罪、跨部门关键基础设施相关犯罪、一般刑事立法三个方面进行法律规制。

关于各国在关键基础设施安全保护方面的信息分享与经验，《简编》指出信息分享涉及三个首要问题：一是哪些信息应当分享；二是信息应如何分享；三是信息应当在哪些主体之间进行分享。《简编》肯定了公私主体之间进行信息分享、打破治理隔阂的重要性，但同时指出能源领域信息分享所面临的严重挑战。能源领域的安全隐患或安全事故通常发生在能源供应环节，但相关运营者并不想让这些问题暴露在公众面前，这阻碍了及时有效地分享信息。《简编》列举了日本鼓励私营主体分享信息的激励措施，即日本政府允许并鼓励相关运营者对分享信息作出适当的调整，例如，隐藏分享者的身份信息、指定信息分享的范围及其用途限制，借此避免对信息分享者造成不合理的损失或危害。同时，《简编》指出公共主体之间的信息分享对于确保关键信息基础设施安全具有至关重要性，其中列举了英国在信息分享方面的实践经验。英国依赖于卫星通信系统来确保信息得以及时分享，该卫星通信系统是独立的通信系统，可以在传统的固定电话或移动电信发生故障时发挥信息传递功能；英国“天网 5”军用卫星通信系统即承担了该项功能，既可以提供语音和数据传输，也可以提供互联网服务，位于英国境内固定地点的警察和其他紧急服务人员均可以借助该通信系统获得及时的信息沟通。无论是公私主体还是公共主体之间的信息分享，唯有在各主体之间建立信任并对敏感信息提供足够级别的保护，才能消除各主体在信息分享方面的顾虑。在建立信任方面，《简编》认为参与信息分享会议的个人应当获得一定的权限并承担相应责任，政府应采取各种办法来激发主体自愿并积极地参与信息分享。在敏感信息保护方面，《简编》认为国家应在法律中明确规定不当泄露敏感信息将损害国家安全或公共安全，因此应承担相应的法律责任。

关于各国国内机构在关键基础设施安全保护方面协调机制，《简编》认为多主体之间的协作具有重要意义。其中，“多主体”包括中央、地方及更小行政区划层面的各个主体，“协作”包括战略、技术和操作层面的协调与合作。《简编》指出，首先，各主体在协作层面应当具有明确的分工和职责，相关决定应当由最了解情况、级别最低的部门作出，最高级别部门应当随时协助并参与协作；其次，在协作过程中，各主体应充分了解关键基础设施运营中断所产生的危害及其连锁后果，危机管理行为不应当仅仅局限于单个部门所遭受的损害，而应注重所有相关基础设施可能遭受的不利影响；再次，各主体应当指定全天 24 小时承担联络职责的联系点；最后，建立信息管理系统来支持有效的数据收集、分析和共享，数据共享时应避免各主体作出相互冲突的指示，信息管理系统本身也应具备安全防护功能。《简编》列举伦敦 2005 年爆炸案作为反面示例，阐释了各主体之间缺乏有效合作给爆炸救援工作带来的不利后果。2005 年 7 月 7 日，伦敦交通系统发生四起爆炸，共有 52 名公众在爆炸中丧生。其中，三起爆炸发生在隧道中，由于隧道中缺少目击证人及隧道内的信息传递受到限制，爆炸发生后没能及时向外界及有关部门传送爆炸信息。另外，爆炸干扰了其他设施的正常运行，不知情的公众拨出了大量电话进行问询，导致无线电和电话沟通渠道堵塞。伦敦当局因此花费较长时间确认哪些事故信息是最重要的信息，没能在第一时间开展事故救援工作。该爆炸事故揭示了伦敦当局在响应紧急事件时的工作缺陷，不仅事故现场的信息传递存在问题，各紧急服务部门更没能准确识别自己应承担的职责，在事故的性质、救援需要哪些资源、救援过程中能否使用无线电等方面均存在认识不足的情况。由此可见，各主体之间应当进行联合培训与演习，以便紧急事件发生时能够有条不紊地采取救援措施。

关于各国加强关键基础设施安全保护的国际合作，《简编》指出，无论是在关键基础设施的供应链层面还是在产品或服务的供应层面，国际合作都必不可少。另外，在有些情况下，两个或两个以上国家共同使用同一个关键基础设施，某个国家境内的关键基础设施依赖其他国家提供产品、服务或技术，这些情况意味着国家之间必须建立合作关系。《简编》认为，国际合作涉及众多领域，不仅包括信息分享、危机响应、共同演习方面合作，还包括刑事领域的跨国法律执行和司法合作。《简编》列举了几项有关关键基础设施安全治理方面的国际合作示例，例如，国际民航组织的《安全手册》推荐各缔约方在航空安全方面设立特定官员，负责协助信息的快速分享。

关于特定部门有关关键基础设施安全治理的国际倡议，《简编》选取了"海洋""航空""信息科技""常规武器""化学、生物、放射性及核物质"等部门，就相关国际合作进行阐释。例如，就海洋部门而言，国际海事组织在海洋运输和港口方面的关键基础设施保护中发挥了重要作用。特别是在港口领域，很多国家均将港口视作关键基础设施，但这些国家的相关立法却并未阐明各国应如何就港口偷盗、恐怖分子进入港口等事宜开展合作。因此，国际海事组织制定了指南，帮助各国自我评估港口的安全分享，提供了安全保护方面的培训资料。随着国际风险的演化，国际海事组织也调整了战略方针，工作重点由先前针对恐怖主义活动的后果响应转向为安全事故发生之前的安全预防。国际海事组织的全球海上安全计划帮助各缔约方设计并执行《国际船舶与港口设施保全章程》(CLSPS code)等国际性法律机制，其中既包括强制性的港口安全要求，也包括非强制性的指导原则。

(3) 2021年《通过国际合作减少针对关键基础设施的网络行动》

2021年，联合国裁军研究所发布了《通过国际合作减少针对关键基础设施的网络行动》(以下简称《网络行动》)。该报告主要包括五个部分，第一部分介绍关键基础设施所面临的网络威胁，第二部分阐释国家在保护关键基础设施安全时所应采取的准备行动，第三部分呼吁国际社会参与关键基础设施所涉的网络安全行动，第四部分指出各国应在规范框架内应对网络事件，第五部分得出结论。[①] 联合国裁军研究所是联合国内部一个自治机构，主要就裁军、军备控制及其相关问题进行独立研究，旨在为各国在多边裁军与军备控制方面的交流与对话提供便利，同时提供相关看法与建议。值得注意的是，联合国裁军所获得的资助主要来自于法国、德国、荷兰、瑞士政府以及微软公司，这意味着联合国裁军所发布的报告可能更符合给予资助国家的立

---

① 安德拉斯·卡斯特利兹:《通过国际合作减少针对关键基础设施的网络行动》，2021，https://unidir.org/publication/international-cooperation-mitigate-cyber-operations-against-critical-infrastructure。

场，我国应批判性对待联合国裁军所发布的报告。

就关键基础设施的定义及其范畴而言，《网络行动》指出国际社会尚不存在统一适用的关键基础设施定义，各国对关键基础设施的界定范围也不相同，因此，其中建议谨慎对待不同主体对于关键基础设施所遭受的恶意网络攻击方面的数量统计，同时建议各国定期审查本国的关键基础设施清单及其安全保护方面的优先级别设置，以便适应不断演变的网络威胁；但报告同时指出，关键基础设施界定的范围越广，国家投资的资源就越多，超过必要限度地扩大关键基础设施保护范围可能引发国家财政负担与资源浪费。就关键基础设施所遭受的网络攻击而言，攻击行为正在日趋复杂，攻击的速度和范围正在扩大，现有关键基础设施防御系统难以抵御新的网络威胁，预防工作资源不足，这些因素导致关键基础设施安全存在严重隐患。

《网络行动》呼吁各国采取负责任的国家行为，遵守《网络空间信任与安全巴黎倡议》等规范，共同携手应对可能对关键基础设施造成重大、无差别或系统性损害的网络攻击行为，这对于保障跨国关键基础设施安全具有特别重要的意义。《网络行动》呼吁各国增强关键基础设施相关的透明度和信息共享，包括各国对于关键基础设施的定义和界定范围，促进在关键基础设施的国家概念化方面定期交流信息；建立联络点，制定全球联络点目录，各国应授权联络点在需要时与国际对口单位联系，确保某个关键基础设施遭到破坏时能够迅速传递信息；制定协议和程序，支持通过各国和国际通信渠道实现信息传送，定期举行区域和国际层面演习，测试联络点网络、协议和程序是否正常运行等。《网络行动》认为私营部门掌握丰富的网络安全专业知识，通常控制关键基础设施的相关技术，因此，报告强调将私营部门纳入至各国关键基础设施安全治理的主体范围，联合多个利益相关方共同解决网络威胁。最后，《网络行动》建议各国不要将技术规则作为解决网络事件中各方合作的核心方向，而是应尽最大可能阻止网络威胁的传播并减少不良后果。

2. 区域组织在关键信息基础设施安全保护方面的法治实践

(1) 经济合作与发展组织的相关法治实践

早在 2008 年，经济合作与发展组织（OECD，以下简称“经合组织”）即发布了《理事会关于关键信息基础设施保护的建议》，建议各国从国内和国际两个层面加强关键信息基础设施的保护工作。[①] 2019 年,经合组织发布了《理事会关于关键活动的数字安全的建议》(以下简称"2019 年《建议》"),修改并取代了 2008 年《理事会关于关键信息基础设施保护的建议》。

2019 年《建议》给出了相关概念的定义。其中,"关键活动"是指经济活动和社会活动中的那些活动中断即将产生对下述事项产生严重后果的活动:对公民的健康、安全和保障,对经济和社会至关重要的服务的有效运作,以及政府;或者更广泛的经济和社会繁荣。"数字生态系统"是指在关键活动的价值链上支持运营商关键功能的数字环境,包括硬件、软件、网络和数据等数字资产,检测或引起物理过程变化的操作技术,以及设计、维护和操作它们的内部和外部实体、人员和过程,以及它们之间的关系。

2019 年《建议》分别从总体政策框架、运营者应采取的措施、建立以信任为基础的伙伴关系、国际合作这四个方面提出了安全保护建议。在总体政策框架方面,2019 年《建议》提出四点建议:一是各国应当就关键活动的数字安全保护采取战略手段,将其纳入全国数字安全战略,各政府部门不仅应承担明确的职责分工,还应确保各政府部门之间建立总体协调机制;二是各国应当加强数字安全风险管理的能力建设,完善关键活动的韧性,采用国际数字安全标准、方法、基础安全手册、最佳实践等来强化本国的数字安全治理;三是各国应当建立以证据为基础的监督机制,评估运营者在安全要求方面的执行情况,不断改进安全治理方面的政策、法律框架和自治体制;四是各国应当将关键活动所涉的数字安全风险纳入国家风险管理范围,国家风险评估应当包含关键活动及其运营者的识别内容,鼓励运营者就相关风险开展周期性评估。在运营者应采取的措施方面,2019 年《建议》认为运营者应建立有关周期性数字安全风险评估与处理方面的组织框架,执行适当的安全措施来降低数字安全风险,设置相关程序与措施来防范及响应安全事件,采取适当的备选和恢复措施来确保关键功能得以持续运作。在建立以信任为基础的伙伴关系方面,2019 年《建议》提出三点建议:第一,各国应当在运营者和政府部门之间建立可持续的伙伴关系,采用公开对话、双边与多边合作等方式加强私人主体之间、公私主体之间信任;第二,各国应当加强伙伴之间合作,为运营者之间建立正式和非正式的合作创造条件,鼓励运营者参与国际或区域网络合

① OECD, *Recommendation of the Council on the Protection of Critical Information Infrastructures*, OECD/LEGAL/0361.

作等;第三,各国应当为建立持续性伙伴关系创造条件,明确伙伴合作的目标与价值、各个伙伴的职责,运营者和政府之间应当基于安全防卫目的以自愿、负责的方式共享信息,所共享的敏感信息应当得到适当保护。在国际合作方面,2019 年《建议》提议各国应当在信息共享、经验交流、数据统计标准与沟通等方面加强合作,帮助其他国家增进相关能力建设。

(2) 上海合作组织的相关法治实践

上海合作组织(以下简称"上合组织")是由中国、哈萨克斯坦、吉尔吉斯、俄罗斯、塔吉克斯坦、乌兹别克斯坦于 2001 年 6 月 15 日在中国上海宣布成立的永久性政府间国际组织。上合组织的宗旨是:加强各成员国之间的相互信任与睦邻友好;鼓励成员国在政治、经贸、科技、文化、教育、能源、交通、旅游、环保及其他领域的有效合作;共同致力于维护和保障地区的和平、安全与稳定;推动建立民主、公正、合理的国际政治经济新秩序。目前,上合组织有八个成员国、四个观察员国、九个对话伙伴。上合组织自成立以来,广泛关注国际和平与发展方面的议题,在关键信息基础设施安全保护方面也发布了相关文件,下文将选取部分文件进行阐释。

在能源安全方面,上合组织于 2022 年 9 月发布了《上海合作组织成员国元首理事会关于维护国际能源安全的声明》,回应了当前国际社会能源价格上涨、全球经济动荡的困境。上合组织呼吁世界各国共同建设开放、透明、高效的国际能源市场,支持能源生产国、过境国、消费国加强协作,统筹有序推进能源转型和能源安全,坚持技术中性原则,支持加强能源政策协调,共同建设公平公正、均衡普惠的全球能源治理体系。在粮食安全方面,上海合作组织于 2022 年 9 月发布了《上海合作组织成员国元首理事会关于维护国际粮食安全的声明》,指出气候变化、地区问题等因素对全球粮食产业链供应链造成冲击,单边限制措施进一步加剧全球粮食危机;呼吁国际社会践行多边主义,呼吁主要粮食生产和净出口国释放自身出口潜力,呼吁国际社会在资金、技术等方面帮助发展中国家等。在维护供应链安全方面,上合组织于 2022 年 9 月发布了《上海合作组织成员国元首理事会关于维护供应链安全稳定多元化的声明》,指出国际供应链的安全、稳定、多元化,对保障成员国经济发展具有重大意义;强调违反世界贸易组织精神和规则的单边经济措施及针对上合组织成员国金融体系实施的措施,对供应链安全稳定、多边贸易体制及其所有参与者的破坏性影响;呼吁各国减少贸易壁垒,扩大本币结算合作,开展电子商务领域经验和最佳实践交流，加强高端产业链合作，加强数字经济和绿色可持续发展领域合作等。上合组织所发布的文件，反映了新兴国家与发展中国家的利益诉求，对于缓解当前国际社会所面临的能源危机和粮食危机、抵制个别国家单边霸权行为具有重要意义。

(3) 欧洲委员会的相关法治实践

欧洲委员会在关键基础设施安全治理法治建设方面所取得的重要成就是2001年在布达佩斯签署的《网络犯罪国际公约》(cyber-crime convention，以下简称《布达佩斯犯罪公约》)，成为世界上第一部专门针对网络犯罪所制定的公约。目前，美国、英国、加拿大、法国、德国、澳大利亚、土耳其等六十多个国家批准了该公约。[①] 欧洲委员会分别于2003年和2022年正式发布了《〈布达佩斯犯罪公约〉关于通过计算机系统实施种族主义和排外罪行的第一附加议定书》(以下简称《第一附加议定书》)和《〈布达佩斯犯罪公约〉关于加强合作和披露电子证据的第二附加议定书》(以下简称《第二附加议定书》)。总体而言，《布达佩斯犯罪公约》及其议定书为探索网络空间犯罪治理提供了有益探索，但发展中国家诉求并没有得到充分体现，这是我国及其他发展中国家应予以注意的问题。[②] 下文将简要介绍《布达佩斯犯罪公约》及其议定书的主要内容。

《布达佩斯犯罪公约》共有五章，48个条款，主要内容包括国家应采取的措施和国际合作两个方面的内容。在国家应采取的措施方面，《布达佩斯犯罪公约》规定各缔约方应将非法访问、非法截取、数据干扰、系统干扰等计算机领域所涉行为列入刑事犯罪，同时要求各缔约方在处理刑事犯罪时遵守法定程序。在国际合作方面，《布达佩斯犯罪公约》要求各缔约方在调查或审理与计算机系统和数据有关的刑事犯罪、证据收集方面尽可能广泛地相互合作。《第一附加议定书》要求各缔约方将通过计算机系统传播种族主义和排外主义的行为列为犯罪，惩治那些在网络空间利用种族主义或排外主义宣扬仇恨、侮辱他人、为种族灭绝进行辩护等行为。《第二附加议定书》规定各缔约方应加强与其他缔约方的供应商或实体合作，加强官方机构之间就披露存

---

① The Council of Europe, The Budapest Convention (ETS No. 185) and its Protocols, 2001, https://www.coe.int/en/web/cybercrime/the-budapest-convention.

② 裴炜:《联合国涉网络信息技术犯罪公约起草:共识、争议与建议》，载《中国信息安全》2021年第9期。

储的计算机数据开展国际合作,包括允许本国境内实体在符合国内法规定的合理情况下向另一缔约方提供电子信息,开展联合调查等。

第五节 完善我国关键信息基础设施安全治理的法治建设

保障关键信息基础设施安全是我国国家安全建设的重要内容。目前,我国在关键信息基础设施安全治理方面的立法日臻完善。但值得注意的是,国际局势演变与科学技术进步不断对关键基础设施安全治理提出更高要求。比如,2022 年 9 月,由俄罗斯经波罗的海向德国等欧洲国家输送能源的"北溪"天然气管道发生爆炸泄露,然而,瑞典于 2022 年 10 月拒绝与丹麦和德国成立正式联合调查组调查"北溪"天然气管道泄漏事件,这表明跨境关键信息基础设施及其安全事故调查面临合作治理危机。这一案例敦促我国反思如何在关键信息基础设施供应链安全与国际合作治理方面加强法治建设。

值得注意的是,在确保关键信息基础设施供应链安全方面,我国于 2021 年发布了《网络安全审查办法》,该法对于确保关键信息基础设施供应链安全、网络安全和数据安全具有积极意义。根据《网络安全审查办法》规定,关键信息基础设施运营者采购网络产品和服务,网络平台运营者开展数据处理活动,影响或者可能影响国家安全的,应当依法进行网络安全审查。在安全审查评估要素方面,国家主管部门需要考虑七个方面的内容:第一,产品和服务使用后带来的关键信息基础设施被非法控制、遭受干扰或者破坏的风险;第二,产品和服务供应中断对关键信息基础设施业务连续性的危害;第三,产品和服务的安全性、开放性、透明性、来源的多样性,供应渠道的可靠性以及因为政治、外交、贸易等因素导致供应中断的风险;第四,产品和服务提供者遵守中国法律、行政法规、部门规章情况;第五,核心数据、重要数据或者大量个人信息被窃取、泄露、毁损以及非法利用、非法出境的风险;第六,上市公司存在关键信息基础设施、核心数据、重要数据或者大量个人信息被外国政府影响、控制、恶意利用的风险,以及网络信息安全风险;第七,其他可能危害关键信息基础设施安全、网络安全和数据安全的因素。总体而言,我国关于网络安全审查要素的设置较为完善,如果关键信息基础设施运营主体能够积极主动地依法申报安全审查,这将有力改善我国关键信息基础设施的安全治理情况。但是，如何调动运营主体积极主动地依法申报安全审查，《网络安全审查办法》中尚无相关规定，这意味着该法缺乏相应激励措施，这是否会对我国关键信息基础设施供应链安全造成不利影响，仍然有待实践检验。

在我国参与国际合作治理方面，上合组织是我国参与关键信息基础安全治理的重要平台，上合组织所发布的有关关键信息基础设施治理方面的文件，体现了我国参与国际合作治理的积极性及其取得的成绩。但是，上合组织所发布的多数文件为“声明”，“声明”通常不具有法律约束力，在执行方面缺乏具有可操作的细节规定，这意味着我国参与国际治理的深度仍然有待提升。比较而言，《布达佩斯犯罪公约》具有较强的法律约束力与可操作性，目前加入该公约的成员已经多达六十余个国家，以美欧为代表的部分国家正试图在全球范围进行推广《布达佩斯犯罪公约》，我国与其他发展中国家则认为此等公约应当在联合国框架内进行谈判[①]，两相博弈的结果如何尚未可知。但是，我国应当注意的是，以我国为代表的发展中国家与美欧国家为代表的发达国家之间的立场短期内难以协调一致，这意味着全球网络犯罪公约短期内难以达成。因此，我国是否应在区域层面推行符合我国利益的网络犯罪条约谈判，达成类似《布达佩斯犯罪公约》那样具有约束力的区域协定，从而尽快实现区域层面的网络犯罪联合执法与跨国取证等合作，值得思考与探索。

在数字安全治理方面，我国 2022 年发布了《数据出境安全评估办法》，这有利于规范数据出境活动，保护个人信息权益，维护国家安全和社会公共利益。我国数据出境安全评估坚持事前评估和持续监督相结合、风险自评估与安全评估相结合，防范数据出境安全风险，保障数据依法有序自由流动。在风险自评估方面，数据处理者应当考虑六项内容：第一，数据出境和境外接收方处理数据的目的、范围、方式等的合法性、正当性、必要性；第二，出境数据的规模、范围、种类、敏感程度，数据出境可能对国家安全、公共利益、个人或者组织合法权益带来的风险；第三，境外接收方承诺承担的责任义务，以及履行责任义务的管理和技术措施、能力等能否保障出境数据的安全；第四，数据出境中和出境后遭到篡改、破坏、泄露、丢失、转移或者被非法获取、非法利用等的风险，个人信息权益维护的渠道是否通畅等；第五，与境外接收方拟订立的数据出境相关合同或者其他具有法律效力的文件等（以下统称法律文件）

① 胡健生、黄志雄：《打击网络犯罪国际法机制的困境与前景——以欧洲委员会〈网络犯罪公约〉为视角》，载《国际法研究》2016 年第 6 期。

是否充分约定了数据安全保护责任义务；第六，其他可能影响数据出境安全的事项。比较而言，我国主管部门在评估数据出境安全时应当考虑七项内容：第一，数据出境的目的、范围、方式等的合法性、正当性、必要性；第二，境外接收方所在国家或者地区的数据安全保护政策法规和网络安全环境对出境数据安全的影响；境外接收方的数据保护水平是否达到中华人民共和国法律、行政法规的规定和强制性国家标准的要求；第三，出境数据的规模、范围、种类、敏感程度，出境中和出境后遭到篡改、破坏、泄露、丢失、转移或者被非法获取、非法利用等的风险；第四，数据安全和个人信息权益是否能够得到充分有效保障；第五，数据处理者与境外接收方拟订立的法律文件中是否充分约定了数据安全保护责任义务；第六，遵守中国法律、行政法规、部门规章情况；第七，国家网信部门认为需要评估的其他事项。总体而言，《数据出境安全评估办法》对于安全评估方面的考量要素设置得较为充分严密，但是，确保数据持续处于安全状态则需要境外接受方和境外国家采取相应的配合措施，这意味着加强国际数据安全合作治理必不可少。因此，如何在更广泛、更深入的层面推进我国与其他国家的数据安全合作治理，仍任重而道远。

第五章　重点领域数据安全监管法治体系构建

《数据安全法》规定，国家建立数据分类分级保护制度，对数据实行分类分级保护。关系国家安全、国民经济命脉、重要民生、重大公共利益等方面的数据属于国家核心数据，实行更加严格的管理制度。各地区、各部门应当按照数据分类分级保护制度，确定本地区、本部门以及相关行业、领域的重要数据具体目录，对列入目录的数据进行重点保护。分级分类保护是数据安全的核心技术。《数据安全管理办法（征求意见稿）》中指出，按照数据对国家安全、公共利益或者个人、组织合法权益的影响和重要程度，将数据分为一般数据、重要数据、核心数据，不同级别的数据采取不同的保护措施；国家对个人信息和重要数据进行重点保护，对核心数据实行严格保护。根据行业的重要性不同，可分为关系国民经济命脉、重要民生及重大公共利益的领域的数据安全监管和一般行业或领域的数据安全监管两个层次。在本章，我们将选取金融、政务、教育、汽车以及健康医疗等重要行业或领域来具体讨论数据安全监管法律体系的构建问题。

第一节　金融数据安全监管法治体系构建

一、关于金融数据安全监管的几个基本概念的界定与阐释

在探讨如何构建金融数据安全监管法治体系这一问题时，应首先对金融数据、金融数据安全治理进行基本的界定和阐释。

1. 金融数据

从现行法律来看，基本法中多有涉及“数据”“信息”等基本概念。例如，《民法典》中虽未对“数据”给出定义，但却指出，法律对数据、网络虚拟财产的保护有规定的，依照其规定。相较于“数据”概念，《民法典》中对“隐私权”和“个人信息”进行了专章规定。其中，个人信息主要指以电子或者其他方式记录的能够单独或者与其他信息结合识别特定自然人的各种信息，包括自然人

的姓名、出生日期、身份证件号码、生物识别信息、住址、电话号码、电子邮箱、健康信息、行踪信息等。个人信息中的私密信息，适用有关隐私权的规定；没有规定的，适用有关个人信息保护的规定。个人信息的处理包括个人信息的收集、存储、使用、加工、传输、提供、公开等。处理个人信息的，应当遵循合法、正当、必要原则，不得过度处理。在《刑法》中，专门制定了"侵犯公民个人信息罪"。侵犯公民个人信息罪主要指"违反国家有关规定，向他人出售或者提供公民个人信息"的犯罪行为。《刑法》中涉及"数据"概念的罪名有非法获取计算机信息系统数据、非法控制计算机信息系统罪，主要是指违反国家规定，侵入除国家事务、国防建设、尖端科学技术领域以外领域的计算机信息系统或者采用其他技术手段，获取计算机信息系统中存储、处理或者传输的数据，或者对该计算机信息系统实施非法控制，情节严重的犯罪行为。

《网络安全法》给出了"网络数据"的定义，主要指通过网络收集、存储、传输、处理和产生的各种电子数据。关于"个人信息"，则主要沿用了《民法典》中的定义。自 2021 年正式施行的《数据安全法》将"数据"定义为任何以电子或者其他方式对信息的记录。"数据安全"主要是指通过采取必要措施，确保数据处于有效保护和合法利用的状态，以及具备保障持续安全状态的能力。对金融数据有所涉及的法规条例主要有《网络数据安全管理条例（征求意见稿》，其中，关于金融行业的安全生产、运行的数据，关键系统组件、设备供应链数据被定义为重要数据。其中，关系国家安全、国民经济命脉、重要民生和重大公共利益等的数据为核心数据。国家对个人信息和重要数据进行重点保护，对核心数据实行严格保护。此外，在《监管数据安全管理办法（试行）》中，还提出了"监管数据"这一概念，监管数据就指原银保监会在履行监管过程中，依法定期采集，经监管信息系统记录、生成和存储的，或经原银保监会各业务部门认定的数字、指标、报表、文字等各类信息。中国人民银行发布的《金融数据安全 数据安全分级指南》中，对金融数据作出了明确的定义。金融数据指金融业机构开展金融业务、提供金融服务以及日常经营管理所需或产生的各类数据。该类数据可用传统数据处理技术或大数据处理技术进行组织、存储、计算、分析和管理。此外，《金融数据安全 数据安全分级指南》还进一步给出了"个人金融信息"的定义。个人金融信息主要指金融机构通过提供金融产品或服务，或者其他渠道获取、加工和保存的个人信息。其中，包括账户信息、鉴别信息、金融交易信息、个人身份信息、财产信息、借贷信息以及其他反应特定个人某些情况的信息。

2. 金融数据安全治理

根据《数据安全法》的规定，数据安全是指通过采取必要措施，确保数据处于有效保护和合法利用的状态，以及具备保障持续安全状态的能力。维护数据安全，应当坚持总体国家安全观，建立健全数据安全治理体系，提高数据安全保障能力。从组织框架来看，中央国家安全领导机构负责国家数据安全工作的决策和议事协调，各地区、各部门对本地区、本部门工作中收集和产生的数据及数据安全负责。工业、电信、交通、金融、自然资源、卫生健康、教育、科技等主管部门承担本行业、本领域数据安全监管职责。公安机关、国家安全机关在各自职责范围内承担数据安全监管职责。国家网信部门负责统筹协调网络数据安全和相关监管工作。从发展目的来看，国家保护个人、组织与数据有关的权益，鼓励数据依法合理有效利用，保障数据依法有序自由流动，促进以数据为关键要素的数字经济发展。从数据安全制度设计上来看，根据《数据安全法》规定，在数据安全领域主要有以下五项重要制度安排：一是国家建立数据分类分级保护制度，根据数据在经济社会发展中的重要程度，以及一旦遭到篡改、破坏、泄露或者非法获取、非法利用，对国家安全、公共利益或者个人、组织合法权益造成的危害程度，对数据实行分类分级保护。国家数据安全工作协调机制统筹协调有关部门制定重要数据目录，加强对重要数据的保护。关系国家安全、国民经济命脉、重要民生、重大公共利益等数据属于国家核心数据，实行更加严格的管理制度。各地区、各部门应当按照数据分类分级保护制度，确定本地区、本部门以及相关行业、领域的重要数据具体目录，对列入目录的数据进行重点保护。二是国家建立集中统一、高效权威的数据安全风险评估、报告、信息共享、监测预警机制。国家数据安全工作协调机制统筹协调有关部门加强数据安全风险信息的获取、分析、研判、预警工作。三是国家建立数据安全应急处置机制。发生数据安全事件，有关主管部门应当依法启动应急预案，采取相应的应急处置措施，防止危害扩大，消除安全隐患，并及时向社会发布与公众有关的警示信息。四是国家建立数据安全审查制度，对影响或者可能影响国家安全的数据处理活动进行国家安全审查。依法作出的安全审查决定为最终决定。五是国家对与维护国家安全和利益、履行国际义务相关的属于管制物项的数据依法实施出口管制。

具体到金融数据安全治理，现阶段尚没有在法律层面对其作出具体规定。但是，原银保监会在 2018 年发布的《银行业金融机构数据治理指引》、2020 年发布的《监管数据安全管理办法（试行）》以及在 2020 年发布的《金融数据安全 数据安全分级指南》等部门规章和规范性文件中都多有提及金融数据安全治理的具体原则和相关规定。

《银行业金融机构数据治理指引》侧重于规范银行业金融机构的内部数据治理。其中，原银保监会对金融数据治理内涵进行重点阐述，并从数据治理原则、数据管理、数据质量控制、数据价值实现以及数据治理框架方面进行细则描述。在其第 3 条和第 4 条中规定：数据治理是指银行业金融机构通过建立组织架构，明确董事会、监事会、高级管理层及内设部门等职责要求，制定和实施系统化的制度、流程和方法，确保数据统一管理、高效运行，并在经营管理中充分发挥价值的动态过程；银行业金融机构应当将数据治理纳入公司治理范畴，建立自上而下、协调一致的数据治理体系。银行业金融机构的数据治理应坚持全覆盖原则、匹配性原则、持续性原则以及有效性原则。在做好内部数据治理的同时，银行业金融机构还应该将监管数据纳入到数据治理范畴之内。通过建立工作机制和流程，确保监管数据报送工作有效组织开展，监管数据质量持续提升。在数据安全治理方面，《银行业金融机构数据治理指引》中明确规定，银行业金融机构应当建立数据安全策略与标准，依法合规采集、应用数据，依法保护客户隐私，划分数据安全等级，明确访问和拷贝等权限，监控访问和拷贝等行为，完善数据安全技术，定期审计数据安全。银行业金融机构采集、应用数据涉及个人信息的，应遵循国家个人信息保护法律法规要求，符合与个人信息安全相关的国家标准。此外，第 27 条规定："银行业金融机构应当建立数据治理自我评估机制，明确评估周期、流程、结果应用、组织保障等要素的相关要求。评估内容应覆盖数据治理架构、数据管理、数据安全、数据质量和数据价值实现等方面，并按年度向银行业监督管理机构报送。"第 28 条规定："银行业金融机构应当建立问责机制，定期排查数据管理、数据质量控制、数据价值实现等方面问题，依据有关规定对高级管理层和相关部门及责任人进行问责。银行业金融机构应结合实际情况，建立激励机制，保障数据治理工作有效推进。"

《监管数据安全管理办法（试行）》则主要从外部监管角度来讨论监管数据的安全问题，其第 3 条指出，监管数据安全是指监管数据在采集、处理、存储、使用等活动（以下简称监管数据活动）中，处于可用、完整和可审计状态，未发生泄露、篡改、损毁、丢失或非法使用等情况。第 7 条规定:“监管数据安全管理实行归口管理,建立统筹协调、分工负责的管理机制。银保监会统计信息部门是归口管理部门,负责统筹监管数据安全管理工作。银保监会各业务部门负责本部门监管数据安全管理工作。”并且,对监管数据采集、存储和加工处理的安全流程作了严格的规范,要求在保证监管数据的采集安全、准确、完整和依法合规的同时,避免重复、过度采集数据。“各业务部门监管数据采集涉及受托机构提供服务时,应事先与归口管理部门沟通并会签同意。”

2020 年《金融数据安全 数据安全分级指南》旨在探索建立金融数据安全分级保护工作机制及配套制度,以促进金融数据在机构和行业间的安全共享。实现金融数据分级管理是实施金融数据安全管理的前提。同时,《金融数据安全 数据安全分级指南》指出,统一的数据分级管理制度,能够促进数据在机构间、行业间的安全共享,有利于金融行业数据价值的挖掘与实现。其中,对金融数据安全分级的目标、原则和范围,以及数据安全定级的要素、规则和定级过程均给出了详细的标准,并明确指出数据安全定级旨在对数据资产进行全面梳理并确立适当的数据安全分级,是金融业机构实施有效数据分级管理的必要前提和基础。数据分级管理是建立统一、完善的数据生命周期安全保护框架的基础工作,能够为金融机构制定有针对性的数据安全管控措施提供支撑。数据安全定级应遵循合法合规性原则、可执行性原则、时效性原则、自主性原则、差异性原则和客观性原则。《金融数据安全 数据安全分级指南》所涉及的金融数据包括但不限于提供金融产品或服务过程中直接(或间接)采集的数据、金融业机构信息系统内生成和存储的数据,包括业务数据、经营管理数据等、金融业机构内部办公网络与办公设备(终端)中产生、交换、归档的电子数据、金融业机构原纸质文件经过扫描或其他电子化手段形成的电子数据以及其他宜进行分级的金融数据。根据影响对象和影响程度的不同确定数据安全级别。其中,影响对象主要包括国家安全、公众权益、个人隐私以及企业合法权益。影响程度则指金融业机构数据安全性遭到破坏后所产生影响的大小,从高到低划分为严重损害、一般损害、轻微损害和无损害。通过对遭受破坏的数据的保密性、完整性以及可用性进行安全影响评估后,将数据安全级别从高到低划分为 5 级、4 级、3 级、2 级、1 级。其中,重要数据的安全等级不可低于 5 级。个人金融信息相关数据在数据安全定级过程中从高考虑。对于数据体量大,涉及的客户(包含个人客户和单位客户)多、涉及客户(包含个人客户和单位客户)资金量大、涉及多行业及多机构客户的情况,影响程度宜从高确定。指南还对金融数据安全定级过程进行了规范,要求金融数据安全定级要经过数据资产梳理、数据安全定级准备、数据安全级别判定、数据安全级别审核及数据安全级别批准这五个基本环节。

二、金融数据安全监管需要重点解决的矛盾点

1. 促进金融数据流动性与保障金融数据安全性之间的矛盾

金融业的复杂性和重要性决定了金融数据安全治理必须兼顾金融数据流动性和金融数据安全性。既不能以牺牲金融数据流动性和可利用价值为代价来保障金融数据安全,但同时也不能放松金融数据安全监管,特别要避免重大数据安全事故发生。随着信息技术的不断发展进步,越来越多的金融业务和活动均已实现信息化运转。金融机构在经营生产过程中会产生大量的有用的数据资产。这些数据资产在各金融机构间流转,具有十分重要的商业价值。然而,随着金融数据在金融机构生产经营中的影响越来越重要,金融数据安全威胁的影响范围也从对单个机构的影响扩大到机构间的影响,严重时甚至产生威胁整个金融系统的系统性风险,影响国家安全、社会秩序、公众利益和金融市场稳定。因此,如何平衡金融数据高效流动与金融数据安全之间的关系问题则成为金融数据安全治理的重中之重。

2. 金融普惠的实现与金融数据安全之间的矛盾

金融科技的发展很大程度上促进了金融普惠的实现。不断拓展的金融服务边界,层出不穷的金融服务创新,大大提高了金融服务效率,让更多消费者享受到了更为丰富的金融产品。个人或企业都可以更低的成本、更加便捷的方式获得金融服务,享受到因金融科技进步而带来的福利。但是,伴随着金融科技不断进步,金融数据安全问题也愈发紧迫与复杂。如果只是放任金融普惠野蛮发展,不对整个金融机构数据采集、加工、存储以及利用等环节进行监管,那么随着金融普惠的不断深入推进,带来的终将是涉及面更广、危害性更为严重的金融数据安全危机。同时,提高对金融数据安全的监管,必然对金融机构和金融监管机构提出更高的管理要求,这也无形地增加了推进金融普惠的成本。

3. 金融数据安全监管与中小型金融机构数据治理能力间的矛盾

在我国,中小型金融机构因其小额化、门槛低等特点受到中小型企业及

农村金融消费者欢迎。中小型金融机构同时也是推进金融普惠和金融创新的强大主力。但是,长期以来,中小金融机构因数量多、分布范围广,且软硬件基础薄弱,一直是我国金融监管的薄弱环节。当下,国内外网络安全问题日益凸显,各类数据安全事件频发,不法攻击的隐蔽性不断增强,攻击手段不断翻新。在此种情形之下,金融数据安全管理相对较弱的中小型金融机构更容易成为攻击的对象,更容易引发大面积的金融数据泄漏,造成不可挽回的损失。

三、金融数据安全监管法律体系的构建思路

1. 加快构建我国金融数据安全法律规范体系

目前,我国关于金融数据安全的专门法律法规尚不完备。虽在《民法典》中提出了"法律保护数据"的基本原则;在《网络安全法》和《数据安全法》中对"数据""网络数据""数据安全"等概念作出了定义,并且提出了数据分级管理等数据管理方式;但到目前为止,并没有专门的法律对金融数据安全监管作出详细的、涉及数据从产生到采集、使用、存储以及销毁的全过程全周期监管规定。涉及金融数据安全治理规定的大多是部门规范性文件,如《银行业金融机构数据治理指引》《监管数据安全管理办法(试行)》《金融数据安全 数据安全分级指南》等。此类文件的层级效力普遍较低,相较于法律法规而言,缺乏稳定性和普遍强制性。随着金融技术的发展,金融业的发展已完全不能脱离金融技术的进步而发展。保障金融安全,维护金融数据安全应该是我国金融监管领域需要长期坚持的基本要求,仅仅靠规范性文件不足以支撑金融数据安全治理实现制度化和法律化。相对政策而言,法律具有明确性、强制性、稳定性的特点,法律规范及其之上的依法治理,相较政策驱动型治理具有"固根本、利长远、稳预期"等更好的支撑保障和规制规范作用。党的政策主张到国家法律规范的转化不及时,也导致了金融安全维护保障、金融风险防范化解等依法行政依据及司法根据不足等诸多问题。[①] 此外,金融数据安全治理还要求在制定法律法规的时候,要有总体观,有整体意识,统筹兼顾。总体性要求在制定金融数据安全法律法规的时候,要注重平衡金融发展与金融安全的关系,在关注金融系统内部数据安全治理的同时,也要关注社会安全治理、

① 李建伟:《总体国家安全观视域下金融安全法律规范体系的构建》,载《法学》2022 年第 8 期。

国际金融形势发展的影响。整体性要求在着手制定金融数据安全法律法规时，要更加关注法律法规的体系性，通盘考量，法律法规的制定更具有层次性、协调性。

2. *完善金融数据跨境流动的安全监管*

首先，应明确在何种情况下金融数据是可以跨境流通的。《网络安全法》第 31 条规定："国家对公共通信和信息服务、能源、交通、水利、金融、公共服务、电子政务等重要行业和领域，以及其他一旦遭到破坏、丧失功能或者数据泄露，可能严重危害国家安全、国计民生、公共利益的关键信息基础设施，在网络安全等级保护制度的基础上，实行重点保护。关键信息基础设施的具体范围和安全保护办法由国务院制定。"第 37 条规定："关键信息基础设施的运营者在中华人民共和国境内运营中收集和产生的个人信息和重要数据应当在境内存储。因业务需要，确需向境外提供的，应当按照国家网信部门会同国务院有关部门制定的办法进行安全评估；法律、行政法规另有规定的，依照其规定。"《数据安全法》第 31 条规定："关键信息基础设施的运营者在中华人民共和国境内运营中收集和产生的重要数据的出境安全管理，适用《中华人民共和国网络安全法》的规定；其他数据处理者在中华人民共和国境内运营中收集和产生的重要数据的出境安全管理办法，由国家网信部门会同国务院有关部门制定。"由上可知，金融领域的关键信息基础设施在我国是需要重点保护的领域。我国法律允许金融数据跨境流动，但有明确的使用前提。一是原则上关键信息基础设施的运营者在中国境内收集和产生的个人信息和重要数据应当在境内存储。二是关键信息基础设施的运营者在中国境内收集和产生的个人信息和重要数据，因业务需要，确实需要向境外提供的，应该由国家网信办会同相关部门进行安全评估后，才可流通到境外。但是，法律规定存在着较大的不确定性和可裁量性，法律中并未对"因业务需要"中的"业务"进一步说明范围。这给实践增加了不小的难度。

其次，应明确何种类型的数据是可以跨境流通的。《数据安全法》确立了数据分类分级保护制度。根据其规定，数据可分为国家核心数据、重要数据和一般数据。法律中仅对重要数据的出境流通作出了规定，并未对国家核心数据及一般数据是否可以流通，以及如果可以流通需要经过何种法定程序后方可流通作出规定。就金融领域而言，哪些数据属于重要数据需要进行明确划定。数据分类分组保护制度与数据跨境流通间的关系该如何关联应该有明确具体的规定。

最后，完善金融数据出境评估机制。《数据出境安全评估办法》指出：数据出境安全评估坚持事前评估和持续监督相结合、风险自评估与安全评估相结合，防范数据出境安全风险，保障数据依法有序自由流动。其中，应该进一步明确评估事项中数据出境的合法性、正当性、必要性和风险可控性，以便相关评估部门具体操作。合法性应评估数据是否属于法律所禁止或有关部门认定不能出境的数据类型；正当性应评估个人数据是否获得授权同意，或获得授权同意但对国家安全有潜在重大风险等；必要性应评估数据出境是否因业务需要，或为履行我国法定义务、国际条约义务或合同义务所必需等；风险可控性应评估出境数据属性、类型及敏感程度、是否可能发生安全风险等。[①] 此外，还应进一步规范自评报告内容，给出具体内容。依托金融科技进步，研究出境数据的脱敏处理技术，确保金融数据出境后的安全是有效的。

3. 建立综合数据监管体系

加强数据安全内部金融数据管理体系和制度建设，明确各部门职能分工。构建以金融机构领导为主体的数据安全治理团队，制定本机构内部数据管理的方针、制度和相关管理规程。[②] 积极探索和发展金融科技，提升防范金融数据安全风险的能力。完善金融协调性监管框架。落实数据安全监管责任，理顺各部门的监管职责分工，强化跨部门、跨条线协同监管能力。加强对金融消费者的宣传教育工作，强化消费者对数据安全的认知，提高维权意识。推进行业自律、监管机构外部监督与金融消费者监督并举的综合数据监管体系。

第二节 汽车领域数据安全监管法治体系构建

2021 年，《汽车数据安全管理若干规定（试行）》发布，于 2021 年 10 月 1 日开始施行。其中第一条指出，制定该规定主要是为了规范汽车数据处理活动，保护个人、组织的合法权益，维护国家安全和社会公共利益，促进汽车数据的合理开发利用。

---

① 宋瑞琛、冯纯纯：《中美数据跨境流动的国际法规制及中国的因应》，载《国际贸易》2022 年第 7 期。

② 夏诗园、尹振涛：《数字经济下金融数据风险及治理研究》，载《电子政务》2022 年第 7 期。

一、现有汽车数据安全及其监管基本规范制度

1. 汽车数据的定义

《汽车数据安全管理若干规定(试行)》第 3 条指出,汽车数据主要包括汽车设计、生产、销售、使用、运维等过程中涉及的个人信息数据和重要数据。其中,个人信息主要指以电子或者其他方式记录的与已识别或者可识别的车主、驾驶人、乘车人、车外人员等有关的各种信息,不包括匿名化处理后的信息。个人信息按照重要性来划分,又可以分为一般个人信息和敏感个人信息。敏感个人信息主要指一旦泄露或者非法使用,可能导致车主、驾驶人、乘车人、车外人员等受到歧视或者人身、财产安全受到严重危害的个人信息,包括车辆行踪轨迹、音频、视频、图像和生物识别特征等信息。重要数据主要指一旦遭到篡改、破坏、泄露或者非法获取、非法利用,可能危害国家安全、公共利益或者个人、组织合法权益的数据。重要数据包括:"(一) 军事管理区、国防科工单位以及县级以上党政机关等重要敏感区域的地理信息、人员流量、车辆流量等数据;(二) 车辆流量、物流等反映经济运行情况的数据;(三) 汽车充电网的运行数据;(四) 包含人脸信息、车牌信息等的车外视频、图像数据;(五) 涉及个人信息主体超过 10 万人的个人信息;(六) 国家网信部门和国务院发展改革、工业和信息化、公安、交通运输等有关部门确定的其他可能危害国家安全、公共利益或者个人、组织合法权益的数据。"

2. 关于汽车数据处理的一般规定

一是合法性与直接相关性。《汽车数据安全管理若干规定(试行)》第 4 条规定:"汽车数据处理者处理汽车数据应当合法、正当、具体、明确,与汽车的设计、生产、销售、使用、运维等直接相关。"二是坚持贯彻网络安全等级保护制度。《汽车数据安全管理若干规定(试行)》第 5 条规定:"利用互联网等信息网络开展汽车数据处理活动,应当落实网络安全等级保护等制度,加强汽车数据保护,依法履行数据安全义务。"三是开展汽车数据处理活动过程中应坚持基本原则。这里所称基本原则主要是指车内处理原则,除非确有必要不向车外提供;默认不收集原则,除非驾驶人自主设定,每次驾驶时默认设定为不收集状态;精度范围适用原则,根据所提供功能服务对数据精度的要求确定摄像头、雷达等的覆盖范围、分辨率;脱敏处理原则,尽可能进行匿名化、去标识化等处理。

3. 处理个人信息时应遵守的汽车数据安全规范

当对一般个人信息进行处理时,数据处理者主要应该遵守以下几项规定:一是汽车数据处理者进行个人信息处理时,对个人负有明确告知义务。二是应告知的内容应包括处理个人信息的种类,收集各类个人信息的具体情境以及停止收集的方式和途径,处理各类个人信息的目的、用途、方式,个人信息保存地点、保存期限,或者确定保存地点、保存期限的规则,查阅、复制其个人信息以及删除车内、请求删除已经提供给车外的个人信息的方式和途径,用户权益事务联系人的姓名和联系方式以及法律、行政法规规定的应当告知的其他事项。三是汽车数据处理者处理个人信息应当取得个人同意或者符合法律、行政法规规定的其他情形。四是匿名化处理。因保证行车安全需要,无法征得个人同意采集到车外个人信息且向车外提供的,应当进行匿名化处理,包括删除含有能够识别自然人的画面,或者对画面中的人脸信息等进行局部轮廓化处理等。五是敏感个人信息处理时应符合的特别规定。第一,具有直接服务于个人的目的,包括增强行车安全、智能驾驶、导航等;第二,通过用户手册、车载显示面板、语音以及汽车使用相关应用程序等显著方式告知必要性以及对个人的影响;第三,应当取得个人单独同意,个人可以自主设定同意期限;第四,在保证行车安全的前提下,以适当方式提示收集状态,为个人终止收集提供便利;第五,个人要求删除的,汽车数据处理者应当在十个工作日内删除;第六,只有当汽车数据处理者为了增强行车安全的目的和充分的必要性时,方可收集指纹、声纹、人脸、心律等生物识别特征信息。

4. 处理重要数据时应遵守的汽车数据安全规范

汽车数据处理者开展重要数据处理活动时应该遵守以下几种制度安排:一是风险评估制度。《汽车数据安全管理若干规定(试行)》第10条规定:“汽车数据处理者开展重要数据处理活动,应当按照规定开展风险评估,并向省、自治区、直辖市网信部门和有关部门报送风险评估报告。风险评估报告应当包括处理的重要数据的种类、数量、范围、保存地点与期限、使用方式,开展数据处理活动情况以及是否向第三方提供,面临的数据安全风险及其应对措施等。”二是跨境流通安全评估制度。第11条规定:“重要数据应当依法在境内存储,因业务需要确需向境外提供的,应当通过国家网信部门会同国务院有关部门组织的安全评估。未列入重要数据的涉及个人信息数据的出境安全管理,适用法律、行政法规的有关规定。”三是出境数据的核验制度。第12条规定，国家网信部门会同国务院有关部门有权以抽查等方式，核验汽车数据处理者向境外提供重要数据是否超出出境安全评估时明确的目的、范围、方式和数据种类、规模等。汽车数据处理者应当予以配合，并以可读等便利方式予以展示。四是汽车数据安全管理情况报送制度。第 13 条规定汽车数据处理者开展重要数据处理活动，应当在每年十二月十五日前向省、自治区、直辖市网信部门和有关部门报送以下年度汽车数据安全管理情况。第 14 条中规定，向境外提供重要数据的汽车数据处理者，除应报送第 13 条要求的内容之外，还应补充报告接收者的基本情况，出境汽车数据的种类、规模、目的和必要性，汽车数据在境外的保存地点、期限、范围和方式，涉及向境外提供汽车数据的用户投诉和处理情况，国家网信部门会同国务院工业和信息化、公安、交通运输等有关部门明确的向境外提供汽车数据需要报告的其他情况等。

5. 汽车数据安全的监管措施

汽车数据安全的监管措施有以下几点：一是数据安全评估制度。《汽车数据安全管理若干规定（试行）》第 15 条指出国家网信部门和国务院发展改革、工业和信息化、公安、交通运输等有关部门依据职责，根据处理数据情况对汽车数据处理者进行数据安全评估，汽车数据处理者应当予以配合。二是加强智能（网联）汽车网络平台建设。第 16 条指出国家加强智能（网联）汽车网络平台建设，开展智能（网联）汽车入网运行和安全保障服务等，协同汽车数据处理者加强智能（网联）汽车网络和汽车数据安全防护。三是建立消费者监督渠道。第 17 条规定汽车数据处理者开展汽车数据处理活动，应当建立投诉举报渠道，设置便捷的投诉举报入口，及时处理用户投诉举报。开展汽车数据处理活动造成用户合法权益或者公共利益受到损害的，汽车数据处理者应当依法承担相应责任。

二、汽车数据安全监管法律体系的构建思路

1. 建立并细化汽车数据安全分级制度

对于数据分级而言，可以参照《数据安全法》中的规定，在智能网联汽车企业数据分类的基础上，针对国家、公共利益、组织、个人四个维度的影响对象，结合保密性、完整性、可用性的数据安全性的三个影响要素，根据严重损害、一般损害、轻微损害三个级别的影响程度，制定定级算法，对影响对象的

不同影响程度进行分析，将分类好的智能网联数据映射到各级别，从而得到智能网联汽车企业数据级别目录。汽车在驾驶使用过程中会产生大量的数据，将这些数据按照分级分类的方式加以区分，不仅可以避免不必要的资源浪费，又可以保证数据防护的高效，使重要数据得到更为严格的监管，同时也不会对非重要数据造成监管过度。

2. 构建汽车数据安全标准体系，加快汽车数据安全技术研发，推进汽车数据重要安全标准法制化

细化《汽车数据安全管理若干规定（试行）》中的安全标准，使抽象的数据安全检查标准落实成标准化要求。大力推动汽车数据安全相关技术的研发，包括包含人脸、车牌等个人信息的车外视频、图像的匿名化处理技术，推动人脸、车牌检测技术的发展，并在车外个人信息匿名化处理的基础上，加大智能驾驶算法的技术投入，投入研究在擦除或替换人脸、车牌等个人信息的车外视频、图像数据基础上的智能驾驶算法。鼓励行业协会或社会组织开展汽车数据安全技术交流，推广宣传汽车数据合规技术方案的最佳实践，发挥头部企业数据安全水平的示范作用，整体提升汽车数据安全管理水平。[①] 汽车数据安全技术的进步必然会推进汽车数据监管标准化进程，加快实现汽车数据重要安全标准法制化。

3. 建立完善汽车数据跨境流动审查制度

汽车行业是全球性产业链，数据跨境流动管理问题是数据安全的重要隐患，涉及个人信息和重要数据的出境问题。数据跨境问题主要集中在以下两方面。一是车联网跨境服务隐患，合资品牌汽车和进口汽车的车联网服务可能由境外企业及其子公司提供，需将车主信息、使用习惯、车辆状态及行驶路径等信息传往境外，可能泄露国家地理位置信息，影响国家安全。二是云平台数据共享隐患，合资企业车联网服务以境内云平台为主，但其外资公司通常负责全球车联网运营，境内平台与境外平台的数据互联和传输共享是重点关注事项。车企应当构建自身的数据评估体系，对于无法出境或无法判定是否能够出境的数据，应存储在境内服务器，设立和管理境内数据中心。[②] 根据《网络安全法》《数据安全法》和《数据出入境管理办法》的规定，汽车行业应该

---

① 姚相振等：《汽车数据安全政策与标准化研究》，载《中国信息安全》2022 年第 3 期。

② 吴海燕等：《智能网联汽车数据安全国内外治理机制及政策研究》，载《电信快报》2022 年第 9 期。

属于重要数据。在汽车数据出入境时，应该实行重点保护，原则上应该在境内存储。如因业务需要，确需向境外提供的，应当按照国家网信部门会同国务院有关部门制定的办法进行安全评估。鉴于汽车数据的复杂性、隐蔽性，中外汽车企业合作的紧密性，未来如何实现汽车数据出入境的高效性和安全性，将是汽车数据出入境监管的重点关注内容。

第三节 政务领域数据安全监管法治体系构建

一、政务数据安全的基本内涵

1. 现行政务数据安全相关法律法规

《数据安全法》专门对“政务数据安全与开放”制度作了规定，这表明我国非常重视政务数据的安全建设与政务数据开放的关系问题。从部门规章来看，关于政务数据安全的部门规章主要有《交通运输政务数据共享管理办法》《文化和旅游部政务数据资源管理办法(试行)》等。从地方性法规来看，主要有《山西省政务数据管理与应用办法》《湖北省数据政务资源应用与管理办法》《安徽省政务数据资源管理办法》《重庆市政务数据资源管理暂行办法》等等。总体而言，我国关于政务数据安全的法律法规呈现地方性法规先行的特点。

2. 政务数据的界定

尽管《数据安全法》设计了专章规定政务数据安全与开放问题，但是《数据安全法》并没有给出关于政务数据的明确定义，其中第 38 条规定：“国家机关为履行法定职责的需要收集、使用数据，应当在其履行法定职责的范围内依照法律、行政法规规定的条件和程序进行；对在履行职责中知悉的个人隐私、个人信息、商业秘密、保密商务信息等数据应当依法予以保密，不得泄露或者非法向他人提供。”在此法条中，并未出现“政务数据”四个字，但是可以通过文字推演出“政务数据”应该是国家机关为履行法定职责的需要收集和使用的数据。这些数据应该包括但不限于“个人隐私、个人信息、商业秘密、保密商务信息等数据”。在《交通运输政务数据共享管理办法》里有关于交通运输政务数据的概念，主要指政务部门在履行职责过程中直接或通过第三方依法采集、产生、获取的，以电子形式记录、保存的各类非涉密数据、文件、资料和图表等。在《文化和旅游部政务数据资源管理办法(试行)》中,文化和旅游部政务数据资源主要指政务部门在履行职责过程中产生或获取的,以一定形式记录、保存的文字、数字、图表、图像、音频、视频、电子证照、电子档案等各类结构化和非结构化数据资源,包括直接或通过第三方依法采集的、依法授权管理的、政府购买服务的和因履行职责需要依托政务信息系统形成的数据资源等。在各地方性法规中,也有关于政务数据的相关界定。例如,《湖北省数据政务资源应用与管理办法》中,政务数据资源指政务部门在依法履行职责过程中制作或者获取的,以一定形式记录、保存的各类数据,包括直接或者通过第三方依法采集、管理和因履行职责需要依托政务信息系统形成的数据。其中还指出政务部门是指行政机关以及法律法规授权具有公共管理和服务职能的组织。

通过分析近十一部省、自治区、直辖市及城市的政务数据相关的地方性法规发现,现行部门规章和地方性法规中关于“政务数据”的定义呈现以下特点:一是大部分地方性法规和部门规章认为,获取“政务数据”的主体是政务部门,即行政机关以及法律法规授权具有公共管理和服务职能的组织。但也有个别地方性法规缩小了获取“政务数据”的主体范围,仅将其界定为行政机关。如《山东省电子政务和政务数据管理办法》《贵州省政府数据共享开放条例》以及《辽宁省政务数据资源共享管理办法》中的政务数据是指由各级行政机关在依法履行职责过程中制作或者获取的。二是大部分地方性法规中对数据客体的范围表述多为“以一定形式记录、保存的文件、资料、图表等各类数据”或“以一定形式记录、保存的各类数据”。但也有部分部门规章或地方性法规将数据限定为“电子数据”。如《交通运输政务数据共享管理办法》里的交通运输政务数据特指以电子形式记录、保存的各类非涉密数据、文件、资料和图表等。《宁夏回族自治区政务数据资源共享管理办法》中的政务数据资源特指以电子形式记录、保存的各类数据资源等。《南京市政务数据管理暂行办法》中政务数据是指具有原始性、可机器读取、可供社会化再利用的各类数据。

3. 政务数据安全治理

目前,根据《数据安全法》的规定,政务数据安全治理主要有以下几种措施:

(1) 政务机关收集和使用数据应当坚持程序合法性原则。《数据安全法》

中规定，国家机关为履行法定职责的需要收集、使用数据，应当在其履行法定职责的范围内依照法律、行政法规规定的条件和程序进行。在部门规章、地方性法规或文件中也常出现类似的规定。例如，《文化和旅游部政务数据资源管理办法(试行)》中规定，政务部门应当按照合法、必要、适度的要求，明确本部门政务数据采集、维护的规范和程序，按照法定职责在数据资源目录范围内采集数据。《山西省政务数据管理与应用办法》中规定，政务服务实施机构采集自然人、法人和非法人组织的数据信息，应当在其履行法定职责的范围内依照法律、行政法规规定的条件和程序进行。《中山市政务数据管理办法》中规定，政务部门应当遵循合法、必要、适度原则，按照法定范围和程序，采集公民、法人和其他组织的有关数据。换言之，政务机关收集、使用政务数据的过程必须是合法的。首先，政务机关必须是依法律规定具有收集政务数据的合法主体，其次，政务机关收集和使用数据的行为必须在法律法规的授权范围内。

(2) 政务机关在行使收集和使用政务数据职能的过程中负有对“履行职责中知悉的个人隐私、个人信息、商业秘密、保密商务信息等数据”的保密义务。《数据安全法》中规定，对在履行职责中知悉的个人隐私、个人信息、商业秘密、保密商务信息等数据应当依法予以保密，不得泄露或者非法向他人提供。在地方性法规中也常见类似的表述。例如，《宁夏回族自治区政务数据资源共享管理办法》中规定，共享数据涉及国家秘密的，提供部门和使用部门应当遵守有关保密法律法规的规定，在数据共享工作中分别承担相关保密责任。贵州省、重庆市和南京市为了确保政务机关行使保密义务而作了必要的制度安排。《贵州省政府数据共享开放条例》中规定，政务部门应当按照国家和省保密、政务数据分级分类以及信息安全等级规定等要求，制定本单位政务数据安全管理制度、操作规程，建立保密审查机制，确保政务数据安全有序共享和开放。其中还规定，县级以上人民政府及其部门应当加强政府数据共享开放的安全管理，做好政府数据保密审查和风险防范，定期开展安全培训、风险评估等工作。行政机关为提升政府数据质量委托第三方开展政府数据规范治理等工作的，应当履行安全管理责任，通过签订保密协议、技术监测等措施，保障政府数据安全。《重庆市政务数据资源管理暂行办法》中规定，保密行政主管部门负责指导、督促各政务部门开展政务数据资源保密管理工作。各政务部门应当建立本部门政务数据资源保密管理制度，明确管理程序和责任，依照有关法律法规和国家有关规定进行保密审查，配合国家安全机关、保密行政主管部门对政务数据资源管理工作进行国家安全检查、保密检查、技术监管。

(3) 委托他人参与政务数据工作需要保障数据安全。《数据安全法》中规定，国家机关委托他人建设、维护电子政务系统，存储、加工政务数据，应当经过严格的批准程序，并应当监督受托方履行相应的数据安全保护义务。受托方应当依照法律、法规的规定和合同约定履行数据安全保护义务，不得擅自留存、使用、泄露或者向他人提供政务数据。其中蕴含着以下几层含义：首先，委托他人建设、维护电子政务系统，存储、加工政务数据必须具备程序合法性、主体适合性以及授权有效性。其次，政务部门对受托方负有监督权力，以确保受托方履行相应的数据安全保护义务。最后，受托方应该对政务数据有保护义务，不得擅自留存、使用、泄露或者向他人提供政务数据。在地方性法规中，不乏条文直接规定了可以委托他人参与的工作。例如《沈阳市政务数据资源共享开放条例》中规定，市人民政府可以委托具备评估能力的第三方机构定期对市级政务部门和区、县(市)人民政府开展政务数据资源共享开放工作进行评估，评估结果和改进意见向社会公布。评估工作可以委托具备评估能力的第三方机构开展。《南京市政务数据管理暂行办法》中规定，政务数据行政主管部门、政务部门可以委托第三方专业机构对政务数据的质量安全、共享开放工作定期开展调查评估，发现问题应当及时整改。《交通运输政务数据共享管理办法》中规定，提供部门可委托技术支持部门对政务数据申请进行审核，技术支持部门定期向提供部门反馈审核情况。《辽宁省政务数据资源共享管理办法》中规定，省、市、县政府应当将政务数据资源共享工作纳入绩效考核。政务数据资源管理部门可以委托第三方机构，围绕政务数据资源质量、共享程度、应用能力等方面开展评估并公开结果。很显然，这些被委托机构接受政务机关的委托，围绕政务数据展开一系列的工作时，必须依照《数据安全法》的规定，不得擅自留存、使用、泄露或者向他人提供政务数据。同时，行使委托职权的政务机关有对被委托人监督的义务，要对可能发生的数据安全事件负责。

(4) 依法建立健全数据安全管理制度。《数据安全法》规定，国家机关应当依照法律、行政法规的规定，建立健全数据安全管理制度，落实数据安全保护责任，保障政务数据安全。可以说，这是关于建立健全数据安全管理制度的原则性规定。在具体实施过程中，各地结合自身特点，在法律法规规定的范围内，以法律法规的形式，建立健全了一系列数据安全管理制度。这些数据安全管理制度主要包括以下几个方面。

一是建立应急危机处理机制。湖北省、福建省、中山市以及沈阳市等省市发布的政务数据管理办法中均提及建立应急危机处理机制。《中山市政务数据管理办法》中规定，市政务数据主管部门应当会同市网信、公安、保密等部门统筹建立全市政务数据安全管理工作制度和规范，建立同城和远程异地备份、应急处理和灾难恢复机制，明确事故应急响应和支援处理措施。《沈阳市政务数据资源共享开放条例》中规定，政务部门应当建立本部门政务数据资源安全管理制度，明确安全管理负责人，制定政务数据资源安全应急预案，并定期开展安全测评、风险评估和应急演练，采取安全保护技术措施，防止政务数据资源丢失、毁损、泄露和篡改，同时规定，政务部门发生重大政务数据资源安全事故时，应当立即启动应急预案，并按照规定向有关主管部门报告。《湖北省政务数据资源应用与管理办法》中规定政务数据资源管理部门、政务数据工作机构和政府部门应当针对政务数据资源安全风险，制定应急预案并定期组织演练。发生网络安全事件时，应当立即启动应急预案，及时采取应急措施防止事态发展，保存相关记录，并按照规定向有关主管部门报告。《福建省政务数据管理办法》中规定，政务数据资源主管部门和各政务部门应当针对政务数据资源安全风险制定应急预案并定期组织演练。发生网络安全事件时，应当立即启动应急响应，及时采取应急措施防止事态发展，保存相关记录，并按照规定向有关主管部门报告。并且，福建省还对备份恢复机制作出了具体规定，技术服务单位应当对信息资源及副本建立应用日志审计，确保信息汇聚、共享、查询、比对、下载、分析研判、访问和更新维护情况等所有操作可追溯，日志记录保留时间不少于3年，并根据需要将使用日志推送给相应的数据生产应用单位。贵州省规定了政府数据共享平台、开放平台应当具备数据调度溯源功能，调度与操作记录应当长期保存，每年定期进行安全检测评估。综合以上内容，可知现阶段应对政务数据安全事件的应急危机处理机制主要包含以下几个关键点：首先制定政务数据资源安全应急预案；其次定期对应急预案开展安全测评、风险评估演练；最后当政务数据危机事件发生时，在及时启动应急预案的同时，应按照规定及时上报有关主管部门并保存相关记录。

二是建立政务数据安全事件的预警机制。《沈阳市政务数据资源共享开放条例》中规定，政务部门应当建立政务数据资源共享、开放安全预警机制，对涉密数据和敏感数据泄漏等异常情况进行监测和预警。《文化和旅游部政务数据资源管理办法（试行）》规定，不断加强大数据环境下防攻击、防泄露、防窃取的监测、预警、控制和应急技术保障。《湖北省政务数据资源应用与管理办法》强调，指导督促政务数据资源归集、共享、开放、应用全过程的网络安全保障、风险评估和监测预警等工作。同时还规定，政务数据共享开放平台运行维护管理单位应当建立健全平台安全管理制度，采取数据加密、访问认证等安全防护措施，加强防攻击、防泄露、防窃取的监测、预警、控制和应急技术保障，完善日志留存和数据溯源等安全防护措施，保障平台安全可靠运行。

(5) 政务数据安全下的政务数据开放目录与分类分级管理。《数据安全法》确立了数据安全的分级分类保护，并在第41条和第42条对政务数据的开放标准作出了具体要求。第41条规定："国家机关应当遵循公正、公平、便民的原则，按照规定及时、准确地公开政务数据。依法不予公开的除外。"第42条规定："国家制定政务数据开放目录，构建统一规范、互联互通、安全可控的政务数据开放平台，推动政务数据开放利用。"

在地方性法规中，具体阐释了如何平衡政务数据开放与数据安全之间的平衡。《中山市政务数据管理办法》规定，市政务数据主管部门应当明确政务数据采集汇聚、共享开放、开发利用等环节的网络安全范围边界、责任主体和具体要求，实施分级分类管理，指定不同人员分别负责全市政务数据安全管理、数据操作、审计核查等工作，定期开展风险评估、安全审查、应急演练和工作业务培训。政务部门承担本部门政务数据安全分级分类及使用安全保障职责，指定专门机构和专职政务数据管理人员负责政务数据管理工作。《文化和旅游部政务数据资源管理办法（试行）》规定，政务部门应当严格落实数据资源安全管理和网络安全等级保护要求，承担本部门数据资源的安全分级分类及数据使用安全工作，确保数据资源存储、管理、应用安全。根据职责和工作需要进行授权管理和保密审查，对使用共享数据的具体用途、使用人员、批准人员、数据内容、获取时间、获取方式和介质类型等数据进行记录和监管。《山西省政务数据资产管理试行办法》中规定，涉及政务数据资产的部门或者机构应当建立政务数据安全等级管理制度，落实安全责任制，依法保护个人信息以及其他应当保护的信息。政务数据安全责任按照谁管理谁负责、谁使用谁负责的原则确定。

此外，部分部门规章和地方性法规还针对政务数据公开目录制定了相关规定。《南京市政务数据管理暂行办法》中规定，市政务数据行政主管部门应当按照国家有关网络安全、数据安全的要求，建立政务数据安全体系和标准规范，制定并督促落实政务数据安全管理制度。《宁夏回族自治区政务数据资源共享管理办法》中规定，共享平台管理单位和政务部门应当执行国家和自治区关于政务数据资源目录分类、采集、共享交换、平台对接、网络安全保障等方面的标准，保障政务数据资源共享工作依法规范推进。《交通运输政务数据共享管理办法》中规定，部级信息系统应在立项阶段通过部共享平台预编政务数据目录，上线试运行前在部共享平台上编制正式政务数据目录，并在试运行 6 个月内接入政务数据。部共享平台提供的编目回执将作为项目立项审批、上线试运行及验收等环节重要依据。通过政务数据预编目录合规性检测的，方可下载预编目回执；通过政务数据目录合规性检测并接入数据的，方可下载正式编目回执。申请部补助资金的省级信息化建设项目，应按照部印发的建设指南、标准规范等指导性文件，落实政务数据共享要求。

二、政务数据安全监管法律体系的构建思路

1. 明确政务数据的内涵外延

现行《数据安全法》中并没有对政务数据作出明确的定义和范围。政务数据涉及大量的公众数据、公共数据以及国家数据，数据之间的关系较为错综复杂，并且现行部门规章与地方性法规对政务数据的定义不尽相同。从法解释学的角度来看，政务数据、政务信息、政府信息等概念之间的边界过于模糊。现行法律法规中，并没有对这些概念作出明确的区分。这导致各部门、各地方制定政务数据相关法律法规时，在基本概念上就有所区别，实际造成政务数据的管理体系的影响范围及逻辑基础都有很大不同。因此急需制定法律或通过修改现行法律对政务数据概念的内涵外延作出规定。

2. 坚持政务数据开放共享的前提是政务数据安全

通常来讲，政务数据的无限制开放是与政务数据安全要求相冲突的。无限制的公开政务数据意味着对国家安全的威胁，对自然人隐私权的侵犯，对法人及各类非法人组织的秘密权的侵犯。依法推进政务数据的分级分类法制化是平衡政务数据开放共享和政务数据安全的有力保障。行政机关所掌

握的数据资源，很多都关系到国家安全以及企业和个人隐私。有些机关担心共享后发生泄密事件会造成不利影响，同时由于不同部门的数据管理、保密规则等不一致，出于规避责任的考虑，很多政府部门对数据共享都持相对消极的态度。为真正打通政务数据流转壁垒，可以考虑在推动数据分类标准统一的同时，针对政务数据应用的特殊性，同步研究制定政务数据共享分类标准，按照可共享、处理后共享、不可共享三大类，同时结合数据产生方式、敏感程度、脱敏难度、社会影响等因素，研究制定细化的分类标准，并制定统一的标记规则。通过对分类定级方式的变更，进一步明确数据共享规则以及共享后的使用范围。[①] 只有明确了政务数据分级分类的统一标准，才能真正地打通政府各部门间的行政壁垒，实现政务数据的有效流通，从而提高行政效率；实现政务数据的"真正"公开，实现不以牺牲个人、企业及国家利益的政务数据公开。

3. 应建立对政务数据安全的全流程监管

根据《数据安全法》的规定，为了防范数据安全风险，需要建立安全风险评估机制、安全审查机制、风险监测预警机制以及应急危机处理机制。但是，现行《数据安全法》的规定都是宏观层面的原则性规定，并没有对实践操作的具体过程提出专门的制度安排。部门规章或地方性法规中相关机制的规定可能会稍显细致一些，但是大部分规则仍局限于原则性的表述。因此，今后政务数据的重点是如何使原则性的规定更具有可操作性和可评价。实现对政务数据安全的全流程监管，就是要在基础设施建设阶段、公共数据搜集阶段、开放政务数据辨别阶段、公共数据开放和利用阶段都做到万无一失。在基础设施建设阶段，要求注意参与政务数据收集和利用的主体的合法性。参与政务数据收集利用的主体必须依法依授权或依协议而产生，在收集和利用数据的过程中不能超越法律法规、授权范围或协议规定的内容范围。在公共数据收集阶段，政务部门应对政务数据进行安全评估，确保数据是"安全"的。在开放公共数据甄选阶段，最重要的公共数据安全保护工作包含如下两点：一是确定开放属性，实现公共数据分类分级；二是制定技术规范，保障公共数据脱敏脱密。在公共数据开放与利用阶段，公共数据利用者（平台用户）的参与进来使得公共数据安全主体更加多元。就公共数据主管部门而言，应加强

① 徐丹、栾群：《优化政务数据共享应用是提升治理现代化的关键》，载《民主与科学》2022 年第 2 期。

对公共数据开放与利用活动全流程的日常监督管理，同时制定数据安全事件应急预案；就平台的建设及运行维护方面而言，应加强对平台的压力测试和风险监测，一旦发现风险，立即采取补救措施；就公共数据的实际利用者而言，自觉遵守公共数据使用协议，不将公共数据用于开发可能危害国家安全和公共利益的数据产品或服务。[①]

第四节　教育领域数据安全监管法治体系构建

一、教育数据安全的基本内涵

1. 教育数据的定义

最早制定的与教育数据相关的地方法律性文件是 2016 年制定并实施的《浙江省教育数据暂行管理办法》。其中，教育数据仅仅被定义为浙江省教育基础数据库存储的各教育阶段的学生、教职工、机构等基础数据。2017 年陕西省制定并实施了《陕西省教育数据管理办法》。其中教育数据被定义为陕西省教育信息系统产生的各类教育数据。随后，2018 年由教育部发布并开始实施的《教育部机关及直属事业单位教育数据管理办法》对教育数据的含义作出了界定。其第 2 条规定，教育数据，是指教育部机关及经法律法规授权具有行政职能的直属事业单位在履行职责过程中获取的各类数字化的数据资源，包括法定统计数据和行政记录数据。此处将教育数据定义为数字化数据。在《教育部机关及直属事业单位教育数据管理办法》发布之后，上海市跟进制定了《上海教育数据管理办法（试行）》。其中，上海教育数据被定义为上海市教育委员会、各区教育局及其辖区内的公办中小学和幼儿园、各市属公办高等学校和各市属公办中等职业学校等教育单位（部门）在履行职责过程中产生、采集和使用的各类非涉密数据。涉密数据管理按照国家和本市有关法律、法规进行。很显然，《上海教育数据管理办法（试行）》与《教育部机关及直属事业单位教育数据管理办法》在教育数据的定义上有所出入。相较于《教育部机关及直属事业单位教育数据管理办法》，《上海教育数据管理办法（试行）》扩大了教育数据的范围。教育数据不再单单仅指数字化的数据资

① 郑建明、刘佳静：《公共数据开放的基本认知及其模式构建思考》，载《科技情报杂志》2022 年第 4 期。

源，而且还包括非数据化数据资源。教育数据不仅仅局限于“依法履行职责”而获得，还包括“采集”和“使用”两种方式获得的数据资源。最后，《上海教育数据管理办法（试行）》还将教育数据区分为涉密数据和非涉密数据。按照《上海教育数据管理办法（试行）》规定，涉密数据管理应按照国家和上海市有关法律、法规进行，不予适用该管理办法。2021 年 4 月，即《数据安全法》发布前夕，内蒙古自治区发布并开始实施了《内蒙古自治区教育厅机关及直属事业单位教育数据管理办法（试行）》。其中，教育数据被定义为教育厅及直属事业单位（不含自治区教育招生考试中心）在履行职责过程中获取、产生和使用的各类非涉密数据，涉密数据管理按照国家和有关法律、法规进行。该定义方式基本吸收了《上海教育数据管理办法（试行）》的表述方式。2021 年 6 月 10 日，《数据安全法》发布，同年 7 月，《北京市教育数据资源管理办法（试行）》发布并开始实施。其中借鉴了《数据安全法》的表述方式，将教育数据定义为市教育系统内各单位在履行职责过程中制作或获取的，以一定形式记录、保存的文件、资料、图表和数据等各类资源。

2. 教育数据安全管理的基本原则

《浙江省教育数据暂行管理办法》中指出，教育数据管理应该坚持安全应用原则，即确保数据在采集、存储、传输等应用过程中的安全。《陕西省教育数据管理办法》中指出，教育数据管理应该坚持全程管控原则，各级教育行政部门和高等学校要建立包括数据采集、处理、传递、存储、维护、应用和共享的全面管控体系，重点加强数据质量、安全和使用等方面的管理。《教育部机关及直属事业单位教育数据管理办法》第 4 条明确指出：“规范程序，保障安全。明确教育数据各环节的管理程序，做到教育数据管理全过程有规可依。依托国家信息安全保障体系，完善教育数据共享与公开安全机制，保护个人隐私信息，保障教育数据资源安全。”《上海教育数据管理办法（试行）》中指出教育数据安全应该坚持数据安全管控原则。各级各类教育单位应当编制本级教育数据安全规划，建立教育数据安全体系，制定并督促落实教育数据安全管理制度，加强安全保障，确保数据在采集、归集、整合、共享、开放和应用等全生命周期风险可控。相较于以前，《上海教育数据管理办法（试行）》将教育数据安全原则细化到编制教育数据安全规划，建立教育数据安全体系，制定并督促落实教育数据安全管理制度。《内蒙古自治区教育厅机关及直属事业单位教育数据管理办法（试行）》中指出，明确教育数据各环节的管理程序，做到教育数据管理全过程有规可依。依托国家信息安全保障体系，完善教育数据共享与公开安全机制，确保数据在采集、归集、整合、共享、开放和应用等全生命周期风险可控。《北京市教育数据资源管理办法（试行）》中指出教育数据资源管理遵循统筹规划、破除壁垒、共享开放、充分利用、安全可控的原则。

3. 教育数据安全治理

（1）教育数据安全的全过程监管。《教育部机关及直属事业单位教育数据管理办法》第 37 条规定，教育部机关及直属事业单位设立的教育统计调查项目和行政业务管理信息系统，均应根据有关法律法规，制定涵盖数据采集、存储、共享、公开、使用等全过程的数据安全管理办法，开展数据风险评估，确定数据共享、公开类型，明确责任人，落实安全管理责任制。教育管理信息中心负责共享平台和公开平台的安全防护工作，确保教育数据安全。

（2）确立教育数据分级保护制度。《浙江省教育数据暂行管理办法》第 27 条规定，浙江省教育基础数据库与共享交换平台需落实信息安全等级保护制度，共享交换平台省级交换节点安全保护等级为第三级。设区市教育行政部门应当按照国家、省和本地区信息安全等级保护相关规定进行本级交换节点的安全定级备案、测评整改，并根据要求配备相应的安全保障措施。《内蒙古自治区教育厅机关及直属事业单位教育数据管理办法（试行）》第 27 条规定，数据使用部门应当设置或确定本部门的数据安全管理机构，并明确安全管理责任人。按照“谁主管谁负责、谁运营谁负责、谁使用谁负责”的原则，建立数据分类分级安全保护、风险评估、日常监控等管理制度，健全数据共享和开放的安全审查机制，定期组织开展安全测评和风险评估，保障数据的真实性、保密性、完整性、可用性。《北京市教育数据资源管理办法（试行）》第 20 条规定，各单位要建立健全信息安全制度，对教育数据资源实施分级分类管理，确保教育数据资源采集、共享、开放和使用安全。第 22 条规定，各单位要提高个人信息保护意识，充分保障师生、家长的知情权和隐私权。存储 100 万条以上个人信息的系统，网络安全等级保护应定为三级以上，单位要明确个人信息保护负责人，负责对个人信息处理活动及安全防护措施进行监督。

（3）建立应急处置机制。《浙江省教育数据暂行管理办法》第 28 条规定，各级数据管理部门应完善数据安全管理制度和应急处置机制，定期开展预案应急演练，避免数据被篡改、丢失和非授权外泄。第 29 条规定，各级数据管理部门应建立数据监控机制和备份灾难恢复制度，一旦发生意外应能够及时恢复并追根溯源。《内蒙古自治区教育厅机关及直属事业单位教育数据管理办法(试行)》第28条规定，数据使用部门应当制定数据安全应急预案并定期组织应急演练。发生安全事件时，应当立即启动应急预案，迅速采取应急措施降低损害程度，防止事故扩大，保存相关记录，并按照规定向有关部门报告。数据技术管理部门应当建立数据监控审计机制和数据备份灾难恢复制度，当发生意外时，应当及时恢复并追根溯源。《北京市教育数据资源管理办法(试行)》第21条规定，各单位要建立应急响应和灾备恢复机制，制定工作预案，根据教育数据资源重要程度采取相应措施。

(4) 利用数据保密技术保障数据安全。《陕西省教育数据管理办法》中规定，数据安全是指从管理和技术层面，保障数据不受偶然的或恶意的原因而遭到数据破坏、篡改和泄露。各数据管理单位应依据国家信息安全有关规定做好数据的加密和安全保密工作，确保教职工和学生的姓名、性别、出生日期、身份证号码、住址、电话号码、照片等关键信息不外泄。《北京市教育数据资源管理办法(试行)》中规定，领导小组办公室组织开展教育数据资源风险评估和安全审查，完善统一身份认证、权限管理、数据加密等技术防护体系，增强技术防范能力。

(5) 强化从事教育数据相关工作人员的责任意识。《陕西省教育数据管理办法》中规定，各数据管理单位和管理及技术操作人员均应签署《陕西省教育数据安全保密承诺》，因管理和应用不当造成安全问题的，将依法追究有关单位和人员的法律责任。《内蒙古自治区教育厅机关及直属事业单位教育数据管理办法(试行)》中规定，各部门应当建立安全管理岗位人员管理制度，明确重要岗位人员安全责任和要求，并定期对相关人员进行安全培训。同时规定，数据使用单位相关人员均应签署《内蒙古自治区教育数据安全保密承诺》，由数据使用单位存档备查。

(6) 除教育数据的提供者外，教育数据的使用者、数据技术管理部门乃至提供信息技术的外包公司都应该履行对教育数据的保密义务。《教育部机关及直属事业单位教育数据管理办法》第39条规定，共享数据涉及国家秘密、商业秘密和个人隐私的，提供部门和使用部门应当遵守有关保密的法律法规，在数据共享工作中分别承担相应的安全保障责任。《内蒙古自治区教育厅机关及直属事业单位教育数据管理办法（试行）》第 29 条规定，数据使用部门应当采用数据分类分级管理、备份、加密等措施加强对个人信息和重要数据保护，保护个人信息和重要数据免受泄露、窃取、篡改、毁损、非法使用等；第 30 条中规定，数据归属部门、数据使用部门、数据技术管理部门应当加强信息技术外包服务管理，与外包公司签订网络与信息安全承诺书和保密协议。各部门及其工作人员泄露、出售或者非法向他人提供履行职责过程中知悉的个人信息、隐私和商业秘密等数据，或者不依法履行职责，玩忽职守、滥用职权、徇私舞弊的，依法追究法律责任。

二、教育数据安全监管法律体系的构建

1. 建立健全教育数据安全监管法律体系

首先，从现有法律法规、部门规章及地方性法律文件的数量和内容来看，我国教育数据安全领域的法律法规存在大量缺失。关于教育数据安全监管的专项法律法规只有《教育部机关及直属事业单位教育数据管理办法》，另外通过系统只能检索到五部与教育数据安全监管相关的地方性文件，不仅数量少，现行的各部与教育数据相关的法律法规法律性文件中关于一些重要问题的观点也不一致，亟需统一。

2. 增强教育领域人员的数据安全意识

首先，教育数据平台、教师以及学生对信息保护的意识不强，在数据收集过程中往往存在着过程收集的问题。同时，收集上来的数据往往并不会经过有效的技术过滤的方式进行数据安全保护。教育数据泄露往往是在不经意间发生的。因此，要加强对教育领域人员的数据安全意识教育，提高相关人员的业务能力。

3. 相关教育企业建立的数据平台的定性问题

一些大型教育机构或企业，有其自己内容的数据库系统。当其学员数量积累到一定程度时，该大型教育机构或企业所拥有的数据平台是否应该纳入到教育数据安全规制的范围内？如果应该纳入到教育数据安全规制的范畴内，那么该如何监管？相较于政务部门、各类学校的数据安全防控，大型教育机构或企业的数据平台往往会因为人员素质低、意识差等问题更容易出现数据泄露事件。因此需要更严格且更具有操作性的数据安全监管措施。

4. 分步骤实现对教育数据的有效监督和规制

我国各地区教育资源分布不均，在教育水平相对落后偏远地区提出严苛的教育数据安全保障显然是不合适的。在加大宣传力度的同时，应对这些相对落后地区投入更多的硬件设施，借助更为广泛的力量投入到相对落后地区教育数据安全保障工作中来。

5. 从技术层面提高教育数据安全系统防范风险的能力

提高教育数据安全体系防范风险的能力需要技术先行。首先应弥补软硬件上的安全风险漏洞，消除安全隐患。其次，应加强数据流动监控与追溯等技术在安全监测预警、威胁治理、应急管理等方面的应用，推广防泄露、防窃取、匿名化等数据保护技术，发挥云平台安全统一管理等技术手段在数据环境保护与风险防控中的作用。[①] 最后，提高系统识别敏感数据的能力，针对不同级别的数据采用不同的技术操作规范。

第五节 健康医疗数据安全治理法治体系构建

一、健康医疗数据的界定及内涵

1. 健康医疗数据的定义

早在 2017 年，福州市发布并实施《福州市健康医疗大数据资源管理暂行办法》，其中规定，健康医疗大数据，是指所有与医疗卫生和生命健康活动相关的数据集合，是覆盖全员人口和全生命周期、涉及国家公共卫生安全和生物信息安全的极大量数据。福州市健康医疗大数据包含政府机构、卫生医疗机构等组织产生的数据，以及从互联网、物联网、第三方等途径获得的数据。健康医疗大数据资源是国家重要的基础性战略资源。从某种程度上来说，这是对"健康医疗大数据"全面而富有前瞻性的界定。2018 年发布并开始实施的《国家健康医疗大数据标准、安全和服务管理办法（试行）》中规定，健康医疗大数据是指在人们疾病防治、健康管理等过程中产生的与健康医疗相关的数据。2019 年发布并开始实施的《重庆市卫生健康行业健康医疗数据资源管理办法》中规定，卫生健康行业健康医疗数据资源是指全市卫生健康行业单

① 王娟等：《教育政务数据开放共享的保障框架与路径设计》，载《电化教育研究》2022 年第 4 期。

位在服务和管理过程中产生的人口信息、医疗卫生服务和生命健康活动相关的数据集合。2020 年发布并实施的《山东省健康医疗大数据管理办法》则将健康医疗大数据定义为在疾病防治、健康管理等过程中产生的,以容量大、类型多、存取速度快、应用价值高为主要特征的健康医疗数据集合,以及对其开发应用形成的新技术、新业态。《贵阳市健康医疗大数据应用发展条例(2021 修正)》中规定,健康医疗数据主要包括卫生健康等有关主管部门、卫生健康机构、健康医疗服务企业依法履行职责和提供服务过程中产生的医疗服务、公共卫生、健康管理等方面的数据。尽管部分法律法规及地方法律性文件都对医疗健康大数据作出了界定。但是界定方式多以抽象概括方式为主,并没有具体列举医疗健康大数据所包含的具体内容。2022 年 8 月发布并开始实施的《医疗卫生机构网络安全管理办法》中,对“数据”给出了列举式的定义。其中第 3 条第 2 款指出:“本办法所称的数据为网络数据,是指医疗卫生机构通过网络收集、存储、传输、处理和产生的各种电子数据,包括但不限于各类临床、科研、管理等业务数据、医疗设备产生的数据、个人信息以及数据衍生物。”

2. 健康医疗数据安全管理

根据《国家健康医疗大数据标准、安全和服务管理办法(试行)》的规定,健康医疗大数据安全管理是指在数据采集、存储、挖掘、应用、运营、传输等多个环节中的安全和管理,包括国家战略安全、群众生命安全、个人信息安全的权责管理工作。其中,责任单位主体在健康医疗数据安全管理建设中的作用至关重要。责任单位应当建立健全相关安全管理制度、操作规程和技术规范,落实“一把手”责任制,加强安全保障体系建设,强化统筹管理和协调监督,保障健康医疗大数据安全。涉及国家秘密的健康医疗大数据的安全、管理和使用等,按照国家有关保密规定执行。责任单位应当建立健全涉及国家秘密的健康医疗大数据管理与使用制度,对制作、审核、登记、拷贝、传输、销毁等环节进行严格管理。由此可见,责任单位主体是健康医疗数据安全制度的建立者是操作规程和技术规范的制定者。此外,正如《山东省健康医疗大数据管理办法》中的规定,健康医疗大数据活动应当坚持政府主导、开放融合、创新驱动、安全可控原则,严格遵守生物安全、网络安全等法律、法规,依法保守国家秘密、商业秘密,保护个人隐私以及维护信息安全。《重庆市卫生健康行业健康医疗数据资源管理办法》进一步说明,卫生健康行业健康医疗数据资源的采集、存储、处理、应用、共享及其相关管理服务活动应做到可管可控可追溯,涉及商业秘密、个人隐私的,应当遵守有关法律、法规规定。任何单位和个人均不得篡改卫生健康行业健康医疗数据资源。各级主管单位应掌握本辖区卫生健康行业健康医疗数据资源管理及控制权限,禁止将数据资源存储在市外的服务器及其存储系统中;各级生产应用单位应掌握本单位健康医疗数据资源管理及控制权限。

二、健康医疗数据治理

1. 建立数据容灾备份工作机制

《国家健康医疗大数据标准、安全和服务管理办法(试行)》第 18 条规定:“责任单位应当采取数据分类、重要数据备份、加密认证等措施保障健康医疗大数据安全。责任单位应当建立可靠的数据容灾备份工作机制,定期进行备份和恢复检测,确保数据能够及时、完整、准确恢复,实现长期保存和历史数据的归档管理。”《福州市健康医疗大数据资源管理暂行办法》中规定,市数字办授权数据运营单位组织开展健康医疗大数据平台和服务商的可靠性、可控性和安全性评测,开展健康医疗大数据应用的安全性评测和风险评估,建立安全防护、系统互联共享、公民隐私保护等软件评价和安全审查制度。市数字办应当按照国家有关规定的数据存储、容灾备份和管理条件要求,建立可靠的数据容灾备份工作机制,定期进行备份和恢复检测,确保数据能够及时、完整、准确恢复,实现长期保存和历史数据的归档管理。

2. 构建健康医疗大数据分级分类管理

《国家健康医疗大数据标准、安全和服务管理办法(试行)》第 19 条规定:“责任单位应当按照国家网络安全等级保护制度要求,构建可信的网络安全环境,加强健康医疗大数据相关系统安全保障体系建设,提升关键信息基础设施和重要信息系统的安全防护能力,确保健康医疗大数据关键信息基础设施和核心系统安全可控。健康医疗大数据中心、相关信息系统等均应开展定级、备案、测评等工作。”第 22 条规定:“责任单位应当按照《中华人民共和国网络安全法》的要求,严格规范不同等级用户的数据接入和使用权限,并确保数据在授权范围内使用。任何单位和个人不得擅自利用和发布未经授权或超出授权范围的健康医疗大数据,不得使用非法手段获取数据。”《医疗卫生机构网络安全管理办法》第 20 条规定:“各医疗卫生机构应每年对数据资产进行全面梳理,在落实网络安全等级保护制度的基础上,依据数据的重要程度以及遭到破坏后的危害程度建立本单位数据分类分级标准。数据分类分级应遵循合法合规原则、可执行原则、时效性原则、自主性原则、差异性原则及客观性原则。"福州市对数据分级分类的要求进行了明确要求。《福州市健康医疗大数据开放开发实施细则》第 12 条规定:"数据运营单位会同市数字办、市卫计委等相关行业主管部门进行健康医疗大数据开放开发的分级分类管理。数据分级分类要求如下:(一) 制定数据资产分级分类策略和原则,明确禁止交易的数据。(二) 为数据提供方提供数据分级分类标识,并审核分级分类情况。(三) 根据数据分级分类策略,实施安全管理策略和保障措施。(四) 记录并保存数据交付过程中分级分类的操作过程,对数据分级分类变更的操作记录进行审计。" 此外,福州市还制定了健康医疗大数据资源目录和标准体系规划。《福州市健康医疗大数据资源管理暂行办法》第 9 条规定:"市健康医疗大数据资源目录由基础信息、公共卫生、计划生育、医疗服务、医疗保障、药品管理、综合管理、新型业态八大类组成。市健康医疗大数据标准体系规划包括基础类、数据类、技术类、应用类、管理类以及安全与隐私保护类等标准。"

3. 提高从事健康医疗大数据安全管理工作人员的职业素养

《国家健康医疗大数据标准、安全和服务管理办法(试行)》中规定,建立健全健康医疗大数据安全管理人才培养机制,确保相关从业人员具备健康医疗大数据安全管理所要求的知识和技能。福州市对从事健康医疗大数据安全管理工作人员提出了一系列要求。《福州市健康医疗大数据开放开发实施细则》中规定,数据运营单位和数据使用单位应在重要岗位人员任职前对其进行背景调查,确保其任职资格符合相关的法律、法规要求,并签订保密协议。应明确重要岗位人员安全责任和要求,并定期进行安全审查和技能考核。数据运营单位和数据使用单位应明确安全岗位人员职责和要求,不得在外单位兼职或在本单位兼任其他职务,并定期进行信用审查。数据运营单位和数据使用单位应对所有人员制定和实施培训计划,培训内容包括安全意识、专项技能以及相关知识,对培训结果进行评估和记录,并告知相关人员安全责任和违规惩罚规定。

4. 建立应急处置联动机制

《国家健康医疗大数据标准、安全和服务管理办法(试行)》中规定,责任单位应当建立健康医疗大数据安全监测和预警系统,建立网络安全通报和应急处置联动机制，开展数据安全规范和技术规范的研究工作，不断丰富网络安全相关的标准规范体系，重点防范数据资源的集聚性风险和新技术应用的潜在性风险。发生网络安全重大事件，应当按照相关法律法规和有关要求进行报告并处置。《福州市健康医疗大数据开放开发实施细则》中规定，数据运营单位应当加强平台安全防护，建立应急处置机制、备份恢复机制，保障数据、平台的安全、可靠运行。《山东省健康医疗大数据管理办法》中规定，健康医疗大数据管理机构、数据生产单位、数据使用单位应当严格落实网络安全主体责任，制定安全管理制度和应急预案，组织开展数据安全风险评估和安全防护演练，及时处置数据安全事件，保护个人信息和数据安全。

5. 建立安全检测预警机制

《国家健康医疗大数据标准、安全和服务管理办法(试行)》中规定，责任单位应当建立健康医疗大数据安全监测和预警系统。《山东省健康医疗大数据管理办法》中规定，健康医疗大数据管理机构、数据生产单位、数据使用单位应当建立安全预警和信息报告制度，加强日常检查和监测预警，及时发现数据泄露等异常情况，立即采取应急措施并按照规定程序向网信、公安、大数据等部门报告。

6. 数据开放应以数据安全为前提

《国家健康医疗大数据标准、安全和服务管理办法(试行)》中规定，健康医疗大数据相关系统的产品和服务提供者应当遵守国家有关网络安全审查制度，不得中断或者变相中断合理的技术支持与服务，并应当为健康医疗大数据在不同系统间的交互、共享和运营提供安全与便利条件。责任单位应当依法依规使用健康医疗大数据有关信息，提供安全的信息查询和复制渠道，确保公民隐私保护和数据安全。责任单位应当建立严格的电子实名认证和数据访问控制，规范数据接入、使用和销毁过程的痕迹管理，确保健康医疗大数据访问行为可管、可控及服务管理全程留痕，可查询、可追溯，对任何数据泄密泄露事故及风险可追溯到相关责任单位和责任人。

7. 明确参与健康数据安全管理工作各方职责

《医疗卫生机构网络安全管理办法》《重庆市卫生健康行业健康医疗数据资源管理办法》和《福州市健康医疗大数据资源管理暂行办法》中分别规定了主管部门、生产应用部门、技术服务单位以及数据使用者的责任。

一是主管部门职责。《重庆市卫生健康行业健康医疗数据资源管理办法》中规定，各级主管单位应按照市、区县信息网络安全监管部门的要求建立卫生健康行业健康医疗数据资源安全保障体系，实施分级分类管理，防止越权使用数据，定期进行安全评估，建立安全报告和应急处置机制，建立安全防护、系统互联共享、公民隐私保护等软件评价和安全审查制度。《福州市健康医疗大数据资源管理暂行办法》中确定了福州市卫计委在健康医疗数据管理中的具体职责，其中规定，福州市卫计委负责建立健康医疗大数据标准管理机制，动态管理健康医疗大数据标准的开发与应用，加强健康医疗大数据相关标准应用的监督检查，对各级各类医疗卫生计生机构信息化建设项目的标准应用情况进行动态监测；负责组织对健康医疗大数据标准应用效果进行评估，并根据标准应用评估情况，对相关标准进行修订或废止等。福州市数字办及市卫计委等相关行业主管部门应按照省、市信息网络安全监管部门的要求建立健康医疗大数据安全保障体系，实施分级分类管理，防止越权使用数据，定期进行安全评估，建立安全报告和应急处置机制。

二是生产应用单位职责。《医疗卫生机构网络安全管理办法》指出，应建立数据安全管理组织架构，明确业务部门与管理部门在数据安全活动中的主体责任，通过安全责任书等方式，规范本单位数据管理部门、业务部门、信息化部门在数据安全管理全生命周期当中的权责，建立数据安全工作责任制，落实追责追究制度。其中还规定，各医疗卫生机构应建立健全数据安全管理制度、操作规程及技术规范，涉及的管理制度每年至少修订一次，建议相关人员每年度签署保密协议。每年对本单位的数据进行数据安全风险评估，及时掌握数据安全状态。加强数据安全教育培训，组织安全意识教育和数据安全管理制度宣传培训。结合本单位实际，建立完善数据使用申请及批准流程，遵循“谁主管、谁审查”、遵循事前申请及批准、事中监管、事后审核原则，严格执行业务管理部门同意、医疗卫生机构领导核准的工作程序，指导数据活动流程合规。《重庆市卫生健康行业健康医疗数据资源管理办法》中规定，应当设立卫生健康行业健康医疗数据资源安全管理部门或岗位，加强卫生健康行业健康医疗数据资源采集处理、共享应用和服务的安全保障工作；应当按照国家有关规定的数据存储、容灾备份和管理条件要求，建立可靠的数据容灾备份工作机制；应当对数据资源及副本建立应用日志审计制度，确保所有操作可追溯，日志记录保留时间不少于6个月，并根据需要将使用日志推送给相应主管单位；生产应用单位发生变更时，应当将所有管理的卫生健康行业健康医疗数据资源完整、安全地移交给主管部门或承接延续其职能的机构管理,不得造成数据的损毁、丢失和泄露。《福州市健康医疗大数据资源管理暂行办法》中规定,数据生产应用单位、数据运营单位和技术服务单位在开展健康医疗大数据采集、存储、处理、应用、共享、开放及其相关管理服务活动中应做到可管理、可控制、可追溯;涉及商业秘密、个人隐私的,应当遵守有关法律、法规规定。任何单位和个人均不得篡改和删除健康医疗大数据。

三是技术服务方职责。《重庆市卫生健康行业健康医疗数据资源管理办法》中规定,单位应当加强平台安全防护,建立应急处置、备份恢复机制,保障数据、平台安全可靠运行。《福州市健康医疗大数据资源管理暂行办法》中规定,技术服务单位应当加强平台安全防护,建立应急处置、备份恢复机制,保障数据、平台安全可靠运行。技术服务单位应当对信息资源及副本建立应用日志审计制度,确保信息汇聚、共享、查询、比对、下载、分析研判、访问和更新维护情况等所有操作可追溯,日志记录保留时间不少于 3 年,并根据需要将使用日志推送给数据运营单位及相应的数据生产应用单位。

四是数据使用方职责。《重庆市卫生健康行业健康医疗数据资源管理办法》规定,数据使用方应承担其所使用的卫生健康行业健康医疗数据资源的安全和保密工作,在接收到数据后,要进行登记备案,指定人员进行跟踪管理,确保在可控环境下使用,保障数据在使用过程中的安全。《福州市健康医疗大数据资源管理暂行办法》第 28 条规定,数据生产应用单位应当设立健康医疗大数据安全管理部门或岗位,应当加强健康医疗大数据采集处理、共享应用和公共服务的安全保障工作。健康医疗大数据生产应用单位发生变更时,应当将所管理的健康医疗大数据完整、安全地移交给主管部门或承接延续其职能的机构管理,不得造成数据的损毁、丢失和泄露。第 29 条规定,数据使用单位对其所使用的健康医疗大数据负安全和保密责任,在接收到数据后,要进行登记备案,指定人员进行跟踪管理,确保在可控环境下使用,保障数据在使用过程中的安全;在申请使用期满后,应及时销毁在本部门环境中存在的相关数据,并及时反馈给数据运营单位。数据使用单位如需延期使用生产数据,必须在到期前重新申请,按本办法规定获同意后方可继续使用。

8. 依托数据处理技术,建立数据的全生命周期安全管理

《医疗卫生机构网络安全管理办法》第 22 条规定:"各医疗卫生机构应加强数据收集、存储、传输、处理、使用、交换、销毁全生命周期安全管理工作,数

据全生命周期活动应在境内开展，因业务确需向境外提供的，应当按照相关法律法规及有关要求进行安全评估或审核，针对影响或者可能影响国家安全的数据处理活动需提交国家安全审查，防止数据安全事件发生。（一）各医疗卫生机构应加强数据收集合法性管理，明确业务部门和管理部门在数据收集合法性中的主体责任。采取数据脱敏、数据加密、链路加密等防控措施，防止数据收集过程中数据被泄露。（二）在数据分类分级的基础上，进一步明确不同安全级别数据的加密传输要求。加强传输过程中的接口安全控制，确保在通过接口传输时的安全性，防止数据被窃取。（三）各医疗卫生机构应按照有关法规标准，选择合适的数据存储架构和介质在境内存储，并采取备份、加密等措施加强数据的存储安全。涉及到云上存储数据时，应当评估可能带来的安全风险。数据存储周期不应超出数据使用规则确定的保存期限。加强存储过程中访问控制安全、数据副本安全、数据归档安全管控。（四）各医疗卫生机构应严格规定不同人员的权限，加强数据使用过程中的申请及批准流程管理，确保数据在可控范围内使用，加强日志留存及管理工作，杜绝篡改、删除日志的现象发生，防止数据越权使用。各数据使用部门和数据使用人须严格按照申请所述用途与范围使用数据，对数据的安全负责。未经批准，任何部门和个人不得将未对外公开的信息数据传递至部门外，不得以任何方式将其泄露。（五）各医疗卫生机构发布、共享数据时应当评估可能带来的安全风险，并采取必要的安全防控措施；涉及数据上报时，应由数据上报提出方负责解读上报要求，确定上报范围和上报规则，确保数据上报安全可控。（六）各医疗卫生机构开展人脸识别或人脸辨识时，应同时提供非人脸识别的身份识别方式，不得因数据主体不同意收集人脸识别数据而拒绝数据主体使用其基本业务功能，人脸识别数据不得用于除身份识别之外的其他目的，包括但不限于评估或预测数据主体工作表现、经济状况、健康状况、偏好、兴趣等。各医疗卫生机构应采取安全措施存储和传输人脸识别数据，包括但不限于加密存储和传输人脸识别数据，采用物理或逻辑隔离方式分别存储人脸识别和个人身份信息等。（七）数据销毁时应采用确保数据无法还原的销毁方式，重点关注数据残留风险及数据备份风险。”

9. *健康医疗数据的跨境流动问题*

《福州市健康医疗大数据资源管理暂行办法》第 25 条中规定，禁止将健康医疗大数据存储在境外服务器。这里所提及的“禁止将健康医疗大数据存储在境外服务器”，实际已经涉及健康医疗数据的跨境流转问题。可以说，在《数据安全法》还没有颁布之前，福州市就能在立法中涉及这一点实属不易。

三、健康医疗数据安全监管法律体系的构建

1. 确定健康医疗数据的内涵和外延

健康医疗数据是个极其复杂的概念。首先，健康医疗数据涉及的范围较广。传统意义上的健康医疗数据仅指患者在接受医疗服务过程中产生的一系列数据，但不仅限于此。尽管主要的医疗数据来源于患者的相关信息，但是健康医疗数据信息还应该包括医院医疗数据、医院管理运营类信息等等。这些数据不仅可以为疾病诊断、人口健康分析、疾病预防提供科学依据，还将为需要基于健康医疗数据而制定的相关政策提供判断的依据。其次，健康医疗数据包括着几乎最为全面的患者个人信息。患者在就医过程中，首先需要向医院提供可供识别自然人身份的个人信息，如姓名、身份证号码、居住地址等，同时，患者在就医过程中还会暴露一系列的生物识别信息，如指纹、虹膜、人脸等等。在支付医疗费用时还会暴露个人金融支付信息，在精准医疗时还会暴露基因信息等。再次，在人工智能、大数据等技术支撑下，对医疗数据进行加工处理后产生的医疗数据资产的价值越来越大。这些具有巨大价值的医疗数据，不仅可以提升健康医疗服务效率和质量，还是国家重要的基础性战略资源。因此，保障医疗数据的安全性显得尤为重要。现阶段，在仅有的几部包含医疗数据概念界定内容的部门规章和法律性文件中，对医疗数据这一概念的界定均不统一，并且出入较大，对医疗健康数据的安全管理非常不利，因此需要在法律层面上统一健康医疗数据概念。

2. 用系统性思维构建健康医疗数据安全防范体系

健康医疗数据产生于整个医疗过程、医院经营过程、科学研究过程，健康医疗数据之间也存在着千丝万缕的联系，错综复杂。健康医疗数据安全防范体系的构建也应该抓住这一特点。在体系建设的过程中，不仅要看到关键点，还要做到以点牵线，点线结合，最后将健康医疗数据安全防范体系构建成为防范数据安全隐患的安全网。

3. 平衡数据安全与数据开放之间的关系

数据开放的前提是保障数据安全，这一点在健康医疗数据的开放分享中显得尤为重要。目前，我国已经制定了《数据安全法》《国家健康医疗大数据

标准、安全和服务管理办法(试行)》等与健康医疗数据安全相关的法律法规和部门规章。但是,还需要单行法或者是更为具体的法律规定对数据开放共享应该遵守的基本规则、基本程序以及风险防范措施等作出规定,科学合理、合法地开放分享健康医疗数据具有非常重要的意义。同时,国内外严峻的政治、经济形势,也给数据安全提出了更高的要求,这是摆在我们面前迫在眉睫需要解决的问题。

4. 加快数据安全领域的信息技术进步,提高利用技术防范数据安全风险的能力

医疗健康数据涉及面较为广泛,涉及的数据形式也较为多样。随着网络技术的进步,远程医疗发展迅速,随之也带来了新的数据安全问题。如何保障涉及面如此之广、形式多样的健康医疗数据在远程且长时间的传输过程中,不被盗取、不被窃取,相关服务器和终端不受攻击,则是当下需要研究并推进解决的问题。另外,海量的健康医疗数据被存储医疗数据中心,如何依靠技术进步保障健康医疗数据中心的安全将是非常重要的课题。最后,发展保护个人数据隐私的技术。加强去标识化和再识别风险的算法研究,使对敏感信息的处理应用数据开放共享的需要的同时,确保健康医疗数据的安全。

第六章　网络信息安全犯罪防控法治体系构建

第一节　网络信息犯罪的概念及特征

一、网络信息犯罪的概念

近年来，国家高度重视网络信息安全。习近平总书记反复强调，"网络和信息安全牵涉到国家安全和社会稳定，是我们面临的新的综合性挑战"。2014 年 2 月，中央网络安全和信息化领导小组宣告成立，由习近平总书记亲自担任组长。2018 年 3 月，中共中央《深化党和国家机构改革方案》把中央网络安全和信息化领导小组改为中央网络安全和信息化委员会。

(1) 网络信息安全的概念及特征

"网络信息"是"信息"的下位概念，特指在网络场域中存在的信息。何谓网络信息安全？为了保障网络安全，我国《网络安全法》分别规定了网络运行安全和网络信息安全的内容。因此，根据《网络安全法》的规定，我国网络安全分为网络运行安全和网络信息安全两部分，前者是"网络处于稳定可靠运行的状态"，后者是"保障网络信息的完整性、保密性、可用性的能力"。由此可见，网络信息安全是指网络信息的完整性、保密性和可用性，网络信息安全是网络安全的组成部分。当然，保障网络信息安全的前提是网络系统硬件、软件能够正常运行，因此，网络信息安全和网络运行安全密不可分。也因此，有学者认为，网络信息安全指在保障网络系统硬件、软件正常运行的前提下，其中的数据在静态存储和动态传输过程中均受到严密保护，不因病毒感染或恶意攻击而遭致破坏。[①]

根据《网络安全法》的规定，我国网络信息安全的特征包括网络信息的完整性、保密性和可用性，具体来说：网络信息的完整性是指网络信息在存储、传输和处理的整个过程中基本保持原貌，能够保持不缺失、不失真，不被增删

① 范冠峰：《我国网络信息安全法治的困境与对策》，载《山东社会科学》2019 年第 5 期。

或篡改。网络信息的完整性是网络信息安全的前提和基础，若无网络信息的完整性，网络信息安全则无从谈起。网络信息的保密性是指网络信息只能在一定范围内被特定的人和组织知悉。在大数据时代，网络信息具有价值属性，因此，网络信息一般是非公开的，而是储存在个人、组织甚至国家的计算机信息系统之中，并被多重技术措施加以保护。网络信息的可用性指对网络信息的有效使用，可控性是可用性的前提和基础。网络信息的可用性主要站在使用者角度而言，可控性则是对网络运营者和管理者所提出的要求，即如何通过对网络软硬件设施的运行维护、对信息传播过程及网络信息内容的有效控制来保障信息的可用性。

（2）网络信息犯罪的概念和范围

我国《刑法》中并没有直接引入“网络信息安全”或“网络信息犯罪”的概念。根据上文对“网络信息安全”的定义，网络信息犯罪是指直接作用于网络信息，危害网络信息安全的犯罪行为。即网络信息犯罪是发生于信息空间中危害信息法益、威胁信息秩序，应受刑法处罚的数字化行为。[①] 直接作用于网络信息，危害网络信息安全的犯罪行为，整体上可以分为三种类型：第一，非法获取网络信息的行为；第二，非法传播网络信息的行为；第三，非法滥用网络信息的行为。

在我国刑事立法及完善过程中，随着互联网技术和大数据技术的迅猛发展，网络信息安全对网络安全的价值开始凸显，网络信息逐步成为网络安全刑法保护的重点。

1997年《刑法》所规定的非法侵入计算机信息系统罪和破坏计算机信息系统罪主要保护网络安全中的网络运行安全。《中华人民共和国刑法修正案（七）》（以下简称《刑法修正案（七）》）新增设非法控制计算机信息系统罪和提供侵入、非法控制计算机信息系统的程序、工具罪，然而这些新增犯罪也主要保护网络运行安全。为应对形势变化需要，我国《刑法修正案（七）》增设了出售、非法提供公民个人信息罪和非法获取公民个人信息罪，网络信息安全得到刑事立法的重视和正式回应。在《刑法修正案（七）》规定的有关公民个人信息罪的基础上，《刑法修正案（九）》将出售、非法提供公民个人信息罪和非法获取公民个人信息罪合并为侵犯公民个人信息罪。与此同时，新增设的拒

---

① 高德胜：《信息犯罪研究》，东北师范大学出版社2014年版。

不履行信息网络安全管理义务罪，非法利用信息网络罪，编造、故意传播虚假信息罪，几乎都可以视为网络信息安全的专属罪名，仅有帮助信息网络犯罪活动罪是兼顾网络信息安全和网络运行安全的罪名。[①] 刑事立法对网络安全的关注开始转向，大量严重危害网络信息安全的行为被纳入《刑法》的制裁范围。以拒不履行信息网络安全管理义务罪为例，我国《网络安全法》规定，网络运营者应当加强对其用户发布的信息的管理，发现法律、行政法规禁止发布或者传输的信息的，应当立即停止传输该信息，采取消除等处置措施。该条所反映的网络信息可控性是对网络运营者所提出的要求。而新增设的拒不履行信息网络安全管理义务罪强化了互联网服务提供者的网络安全管理责任，以防止违法犯罪分子利用网络服务进行违法犯罪。

网络信息犯罪是直接作用于网络信息的犯罪，但有价值的网络信息一般是非公开的，储存在个人、组织甚至国家的计算机信息系统之中并被技术加以保护。因此，为了实施网络信息犯罪，行为人需要先通过一定的违法犯罪方式，如非法侵入他人计算机信息系统，非法获得网络信息。即网络信息犯罪虽然是直接危害网络信息安全的犯罪，但为了实施网络信息犯罪，行为人也需先实施直接危害网络运行的犯罪行为，从而为接触网络信息创造条件。因此，为保障网络信息安全，网络信息犯罪既包括直接作用于网络信息的犯罪，也包括为侵犯网络信息主动或附随对互联网或信息系统侵犯的犯罪。

在欧美国家网络犯罪是比较通行的指称，欧洲理事会《网络犯罪公约》将网络犯罪界定为两类犯罪行为：一是狭义的网络犯罪，具体指侵犯计算机系统或信息机密性、完整性与可用性的犯罪行为；一类是广义的网络犯罪，具体指以互联网为工具实施的犯罪行为。[②] 可见，网络信息安全是网络安全的组成部分，网络信息犯罪也是网络犯罪的组成部分之一。网络信息犯罪主要指直接作用于网络信息，破坏网络信息完整性、保密性和可用性的犯罪，也包含少量为获取网络信息而主动或附随对互联网或信息系统侵犯的犯罪。而网络犯罪的范围则更宽泛，不但包括网络信息犯罪，还包括一般性的侵犯网络运行安全的犯罪以及更多以互联网为工具实施的犯罪，也即传统犯罪的网络异化。

---

① 田刚：《网络信息安全犯罪的定量评价困境和突围路径——大数据背景下网络信息量化标准的反思和重构》，载《浙江工商大学学报》2020 年第 3 期。

② 敬力嘉：《信息网络犯罪规制的预防转向与限度》，社会科学文献出版社 2019 年版。

二、网络信息犯罪的特征

1. 产业化、链条化特征

随着信息网络技术的快速发展，犯罪和网络信息技术的联系更加密切。在网络信息技术的推动下，网络信息犯罪呈现出分工细化的常态化发展特点。根据《2020网络黑灰产犯罪研究报告》，新型网络信息犯罪的一大特点是形成跨省甚至跨国的犯罪链条。犯罪分子将犯罪过程分解成多个环节，每个环节有专门的负责人，层级分明，衔接紧密，形成产业化、链条化发展。和普通犯罪"单兵作战"的模式不同，网络信息犯罪更多是团队协作，分工负责，流水线式作业，从而形成规模可观的网络"黑灰色"产业链。以近几年来势头猖獗的电信网络诈骗为例，在网络"黑灰色"产业链的滋养下，电信网络诈骗的再生能力强劲。电信网络诈骗在犯罪层级上已经形成上中下游浑然一体的态势，其中上游犯罪主要通过技术攻击获取受害人个人信息，中游犯罪负责技术加工，下游犯罪主导技术运用，而在各个层级中都有暗网提供匿名服务的身影。非法获取、买卖个人信息本身已经成为众多网络"黑灰色"产业的上游，同时，其自身也在进一步细分化，并已经形成一条链条长、利益庞大的"黑灰色"产业链，这条产业链结构完整、分工细化，包含上、中、下游三部分犯罪环节。上游主要包括用户信息非法获取和通过违规手段获取大量用户信息，如恶意爬虫、病毒软件、APP违规收集个人信息等。中游主要包括违规买卖个人用户信息，并负责对其进行处理和再加工，通过买卖、交换等形式形成规模化市场，对个人信息明码标价进行买卖。下游主要包括使用个人信息进行违法犯罪活动，不法分子通过购买得到数据，并利用这些数据进行精准诈骗和敲诈勒索等违法犯罪活动。

2. 平台化特征

近年来，随着数字经济的繁荣，网络平台的发展如火如荼。大数据时代，网络平台是人们参与社会活动的关键节点和重要媒介。网络平台是大数据时代推动社会发展的核心力量。但如今网络平台面临的安全与法律风险与日俱增，给网络社会以及数字经济的发展蒙上一层阴影。

网络平台流量大、资源集中且高效快捷，往往成为网络信息犯罪的"温床"或者"遮挡墙"，平台企业面临更重的监管义务和更严峻的合规风险。比如，微信、QQ等即时聊天工具已成为不法分子使用较为频繁的工具；有的犯罪分子利用同城速递即收即送、线上化等特点实施犯罪，不直接参与取毒、送毒，犯罪行为更加隐蔽；互联网企业、电信运营商等处存储大量手机号码，一旦因操作系统、服务器和数据库设置不当留下漏洞，就极易成为犯罪分子的入侵攻击对象，给公民个人信息安全带来较大威胁；部分 APP 违反相关法律规定，超出必要范围大量收集公民个人信息等。[①] 发生在网络平台上的违法犯罪行为主要包括两种类型，一种是网络平台作为主体实施的犯罪，另一种是网络平台作为帮助犯帮助其他主体实施的犯罪。前者是网络平台单独实施的犯罪，后者是网络平台和其他主体共同实施的。网络平台拥有技术、资金、用户群等不可比拟的优势，特别是借助计算机、网络技术应用的自动信息处理、低成本、高效便捷的特性，造就了“一人服务人人、人人服务于一人”的社会行为样态，使网络平台环境下的犯罪具有了传统物态环境下所不具有的作用广度和深度。网络平台的这种特殊帮助作用对其新犯罪能力的获得，无疑是关键的。[②]

大数据时代，网络在向民众提供个性化、精准化服务的同时，网络平台也存在诸多漏洞甚至违法犯罪行为，网络平台不但大量参与犯罪活动，而且在网络信息犯罪中起到越来越重要的作用。也因此，我国颁布实施的《网络安全法》对网络平台进行了全过程的法律规制，内容涵盖从内容制造到信息提供等。由此，网络平台不是法外之地，网络平台必须在法治轨道上健康运行，网络平台要履行相关监管义务，也要接受政府的强制监管。

根据 web3.0 时代网络平台在违法犯罪行为中的高参与度，应将刑法对网络信息犯罪的追责重点由个人转向平台，加强对平台责任的监管与规制；对网络信息犯罪的治理应从强化个人责任转向强化平台责任。

3. 技术化特征

网络信息犯罪之所以呈现出与普通犯罪不同的特征和图景，最关键的一点是受网络信息技术的加持，从这个意义上讲，高技术性是网络信息犯罪的根本特征。网络信息犯罪的高技术性推动犯罪手段智能化、隐蔽化。近几年随着公安机关技术打击能力增强，犯罪分子往往藏匿境外，以“裸聊敲诈”犯罪为例，犯罪分子基本藏匿于缅北地区，使用难以监控的境外通联工具，用专门的“黑话”“暗语”进行沟通，使用比特币、泰达币等虚拟货币进行交易结算，具有极

---

① 谢鹏程主编：《网络犯罪实体法研究》，中国检察出版社 2022 年版。

② 皮勇：《网络平台犯罪及其治理对策》，载《中国检察官》2019 年第 10 期。

强的隐蔽性。

如今,犯罪分子能够熟练运用各种先进的网络信息技术,从而导致网络手段不断更新,新型犯罪层出不穷,具体方式既包括传统的木马控制、黑客渗透、病毒操纵、挂黑链、DNS 劫持、DDoS 攻击等,还包括新型的撞库盗取数据、预置静默插件、VPN 翻墙等,甚至出现了网络型集资诈骗、非法吸收公众存款以及网络黑恶势力犯罪。①

人工智能、5G、物联网和量子计算等新兴技术将为犯罪分子提供大量可利用机会,从而为执法带来独特的挑战。新时代网络信息犯罪在网络技术发展的支持下,结合时代赋予它的特殊性,在传统犯罪的基础上呈现新特质,如何应对社会数字化而出现的这类新型犯罪是当前我们整个社会面临的一个重大问题。人工智能让非专业的犯罪分子运用专业工具犯罪,降低高科技数字犯罪的门槛,非法侵入计算机信息系统、新型诈骗、盗窃的风险提升。早在 2017 年浙江就破获了首例运用人工智能软件破解密码的案例,如今这些软件不断升级,产业链也日趋完备。欧洲刑警组织发出警告称,新技术也会为黑客提供进行恶意活动的新手段,例如通过使用人工智能定制恶意电子邮件、分析响应来提高钓鱼攻击的成功率,以及确定最佳攻击目标。人工智能还可以使具有有限专业知识水平的攻击者更容易地进行复杂的犯罪活动。欧洲刑警组织担心这些新兴技术还会对深度造假和虚假信息提供某种帮助——在最近报道的某案件中,犯罪分子已经开始使用深度造假技术来冒充某组织首席执行官的声音,企图对该组织实施诈骗。

第二节　网络信息犯罪治理的多重困境分析

一、网络信息犯罪的法规范供给不足

1. 网络信息安全的某些领域前置法没有作出规定

没有国家安全,就没有经济社会稳定运行,广大人民群众的利益也难以得到保障。网络空间不是法外之地,要坚持依法治网、依法办网、依法上网,

① 张佳华:《大数据时代新型网络犯罪的惩治困境及进路》,载《学习与实践》2022 年第 5 期。

让互联网在法治轨道上健康运行。近年来，我国网络信息技术发展一日千里，为更好地治理网络，我国进入立法活性化时代，出台了网络信息领域的多部基础性法律法规，推动网络空间治理的法治化。其中《网络安全法》是网络信息领域的基本法，为本领域其他法律规范奠定了立法基础。后来随着数字经济的蓬勃发展以及网络违法犯罪的层出不穷，《数据安全法》《个人信息保护法》等法律相继制定并实施。这些法律涉及面广，涵盖了网络运行安全、网络硬件安全以及数据、信息安全，大体织就了我国网络与信息安全的法网，为部门、地方的立法和政策的制定、修改和完善提供了法律依据。我国以法治思维贯穿网络安全工作的始终，建立健全网络安全法律法规体系。把关键信息基础设施保护作为重中之重，进一步建立和完善关键信息基础设施保护制度，把加强数据安全和个人信息保护作为关键任务，切实维护公民、法人和其他组织的合法权益。当然，我国有关网络信息安全的法律虽然比较多，但领域性、碎片化的现象相对突出，还没有专门的信息安全法，立法相对缺乏系统性，对信息安全的范围的界定多是在特定法律服务的领域内展开的，尚未统一网络信息安全的概念及体系。

另外，在《刑法》与前置法的关系问题上，近年来，我国已经相继颁布实施了《网络安全法》《数据安全法》《个人信息保护法》等多部法律，这些法律明确了网络安全、数据安全以及个人信息安全各方主体的责任和义务，为正确处理前置法与《刑法》的关系提供了基础，为后续《刑法》的介入作了规范准备。但人工智能领域的前置法仍为空白。人工智能、大数据等新技术既可以为经济发展插上腾飞的翅膀，也可以帮助非专业的犯罪分子运用专业工具进行犯罪，降低了高科技数字犯罪的门槛，从而带来了监管难题和打击困境。为从国家法律层面限制人工智能技术发展带来的潜在风险和不良影响，2021 年 4 月，欧盟发布《人工智能法案》，提出了人工智能统一监管规则，法案基于风险预防的理念为人工智能制定了一套覆盖全过程的风险规制体系，设计了多个规制工具，比如风险管理体系、质量管理体系以及“监管沙盒”等。我国虽然已经颁布了《新一代人工智能治理原则：发展负责任的人工智能》和《新一代人工智能伦理规范》，但是这些规定更多是关于人工智能规制的原则性指引。在此基础上，应进一步健全人工智能技术管理规定，明确人工智能各方主体的具体责任和义务，为《刑法》介入作规范准备。

2. 网络信息安全的某些领域需增设新的罪名

以数据犯罪、信息犯罪为例，我国现行《刑法》仅对涉及国家安全、商业秘密以及个人信息的三类数据予以保护，现行《刑法》保护的是数据本身，但利用不正当手段对原有数据进行分析和处理加工而形成的新数据不被《刑法》保护。在5G时代，这些经处理加工后的新数据是更重要的数据。另外，《刑法》立法保护公民个人信息，但对个体信息汇集而成的宏观层面的大数据缺乏关注。这些宏观层面的大数据关涉国家安全、经济安全，大数据在国家法益层面具有重要意义，但缺乏周到的《刑法》保护。现行《刑法》对数据犯罪主要通过信息网络类或财产类犯罪进行规制，将"数据"作为"信息""秘密""财产"等予以间接保护，除了非法获取计算机信息系统数据罪以外，未对数据进行专门和全流程保护。但是，《民法典》《数据安全法》使数据安全逐渐成为独立于信息网络安全的新型法益。《刑法》保障的制度空缺以及数据法益的独立性凸显，使得完善数据刑事立法不可避免。[①]

3.《网络安全法》需与其他法衔接

随着网络信息领域立法的实际操作性不断增强，近年来新实施的相关法律规范对履行网络运行安全、关键信息基础设施安全、网络信息安全和数据安全义务的主体应承担的法律责任规定逐渐具体化。例如，针对关键信息基础设施安全，2021年9月1日施行的《关键信息基础设施安全保护条例》对关键信息基础设施的认定和运营者责任义务作了更细致全面的规定，对《网络安全法》中"关键信息基础设施的运营安全"的内容进行了重要补充；《个人信息保护法》对个人信息保护的责任也已作出较详细的规定，这需要《网络安全法》与其进行有效衔接。[②] 2022年9月，国家网信办发布《关于修改〈中华人民共和国网络安全法〉的决定（征求意见稿）》，面向社会公开征求意见。其中明确，为做好《网络安全法》与新实施的法律之间衔接协调，完善法律责任制度，对《网络安全法》作出四部分修改：一是完善违反网络运行安全一般规定的法律责任制度。二是修改关键信息基础设施安全保护的法律责任制度。三是调整网络信息安全法律责任制度。四是修改个人信息保护法律责任制度。在后续的修改过程中，《关于修改〈中华人民共和国网络安全法〉的决定（征求意见稿）》可以参考相关领域新实施的法律规范对网络信息保护义务、关键信息基础设施等规定进行整合。

① 贾宇：《数字经济刑事法治保障研究》，载《中国刑事法杂志》2022年第5期。
② 马付才：《完善法律责任制度 进一步保障网络安全》，载《民主与法制时报》2022年9月27日。

二、网络信息犯罪给犯罪侦查带来巨大挑战

网络信息犯罪面临侦查难、打击难的挑战，具体有以下原因。

1. 网络信息犯罪案件复杂多变，呈现多重取证难点

一是网络信息犯罪的受害人可以突破地域的限制，受害人人数众多，全面取证难。网络信息犯罪的实施过程中，网络犯罪分子之间以及犯罪分子与被害人之间并不存在线下接触。一旦发案，线索基本上来源于被害人报案时的叙述，但被害人数量众多，案情复杂，要把握案件的全部过程，查清所有环节，对全部被害人进行核实调查较为困难，侦查取证成本高，耗时费力，难以全面取证。而且网络信息犯罪突破了环境和地域的限制，潜在犯罪人利用网络跨地域实施犯罪，这一特征使传统基于地域管辖的犯罪打击体制面临挑战，受到冲击。不但如此，犯罪地域跨国化日趋严重。以网络诈骗案为例，受害者在一国，犯罪分子在另一国实施诈骗活动，而诈骗来的钱财又通过第三国转移走。

二是网络信息犯罪的高技术性。网络信息犯罪高度复杂性的根源是网络犯罪相关行为人身份的虚拟性，不仅网络环境是虚拟的，其中活动的人物也是虚拟的。相关网络信息犯罪行为在网络上往往体现为某一 IP 地址和人物账号等，虽然这些 IP 地址和人物账号等均可以通过相关手段予以查询，但相关人物的行为却并不与相关 IP 地址和人物账号一一对应。而且很多网络信息犯罪分子为了规避 IP 地址和人物账号可能被锁定的情况，还会采取一系列网络技术手段使用代理 IP 地址，甚至使用虚拟 IP 地址，以及注册多个账号、盗用他人账号等方式进行相关网络信息犯罪行为，从而使网络信息犯罪显得更为复杂。其隐蔽性则主要表现为网络信息犯罪分子进行犯罪行为时不需要暴露在真实的社会环境中。网络犯罪的高技术属性所产生的复杂性和隐蔽性结合在一起，使网络犯罪行为的侦查变得非常困难，大大削弱了传统刑法规制方式的有效性。[①]

三是网络信息犯罪还呈现产业化和组织化的倾向，上下游犯罪互相协作，分工明确，犯罪行为与危害后果之间可以相互分离，网络信息犯罪从一对一的单点犯罪转变为同时一对多的辐射式犯罪，犯罪分子借助网络技术的加

---

① 庞云霞、张有林：《网络犯罪的刑法规制》，载《人民论坛》2017 年第 27 期。

持可以实施精准犯罪，成功率更高，危害更大。

2. 智慧技术执法带来独特挑战

人工智能、5G、物联网和量子计算等新兴技术将为犯罪分子提供大量可利用的机会，从而为执法带来特殊挑战。目前应着手研究人工智能、5G、物联网和量子计算等新兴技术为执法带来的挑战，分析这些新技术对刑法领域产生的深远影响，研究如何利用新技术应对犯罪分子构成的威胁、如何以技术思维、网络思维检讨现行网络信息犯罪治理体系的不足和应对方略。

(1) 人工智能

人工智能的一些潜在犯罪应用包括网络攻击的定制和自动化，例如网络钓鱼电子邮件、发现新网络漏洞的过程自动化、使用“深度伪造技术”冒充首席执行官来欺诈组织、以及被恐怖分子用来发动袭击，例如使用自动驾驶汽车作为武器等。执法当局需要投资以更好地了解人工智能及其带来的潜在威胁，并探索应对这些威胁的机会，尤其是在网络安全领域。

(2) 量子计算和加密

量子计算机有望带来前所未有的计算机处理能力提升，这可能会彻底改变信息安全和加密领域。潜在的犯罪应用包括：打破当前的加密和安全标准、策划更复杂的网络攻击、解密信息和通信、开发新方法来加密执法部门无法拦截的通信。研究人员、执法部门和政府当局需要共同开发一种有效的方法来监管和使用量子计算，包括探索可能对执法工作产生重大影响的量子密码学领域。

(3) 5G 技术

尽管 5G 具有闪电般的数据连接等预期优势，但该技术也给执法部门带来了许多挑战，包括：识别和定位设备的能力降低；使用法律调查和监视措施的复杂性；5G 网络碎片化信息，使其无法被执法部门访问；端到端加密协议可能作为强制性标准包含在内，从而无法合法拦截和分析通信。执法部门需要与提供商合作，并从安全角度为 5G 领域的发展做出贡献，例如确保合法拦截成为设计过程的一部分。

(4) 暗网网络和加密货币

暗网是非法商品和服务贸易的重要推动者，暗网让犯罪分子以匿名方式进行交易和犯下罪行。这些技术给执法带来的持续挑战包括：犯罪分子越来越多地使用高隐私加密货币来逃避执法，犯罪分子和恐怖分子可能会滥用新的去中心化计算技术,以便能够以更高程度的匿名进行操作并避免执法部门的监测等。执法部门需要参与围绕这些技术监管的讨论,与私营部门建立伙伴关系,以确保更安全的全球数字环境。

(5) 物联网 (IoT)

物联网可定义为“由互联网连接和它们之间发生的通信支持的互联物理设备的不断增长的网络”。这项技术的兴起将引发一系列网络安全问题,包括:不安全的物联网设备可能成为旨在分发攻击、渗透或感染网络的犯罪分子更容易的目标,寻求收集个人数据、破坏用户凭据甚至监视人员或组织的犯罪分子可能会利用物联网设备的漏洞,网络攻击有可能成为日益严重的物理威胁,例如物联网技术对关键基础设施的攻击等。执法部门需要跟上物联网技术的快速发展,预测并准备应对其构成的威胁。

3. 智慧化的犯罪治理建设处于初步阶段

犯罪治理实践较为依赖办案经验和人力投入,面对精细化、智慧化的犯罪态势难免力有不逮。尤其在弱智慧社会当中,大量的犯罪人能够第一时间感知智慧技术的变化,吸收智慧技术的精华,使得相关犯罪兼具瞬时性、远程化、隐蔽性等特点。与其相比,犯罪治理在应对这些犯罪新形式时就会遇到技术瓶颈。智慧科技与治理实践尚未有效结合。目前,我国的犯罪治理总体上还处于对智慧技术的第一次利用阶段,相关的技术成果主要体现在治安网络监控、网络警务平台、小数据式犯罪统计等层面。尽管这些技术进步对于治理“盗抢骗”类犯罪具有极高的应用价值,但在应对弱智慧社会的高科技犯罪时,技术应用深度不足的问题就会逐渐暴露。[①] 另外,专门执法机构应对互联网犯罪的能力需要普及到所有的执法部门,没有相关技术知识的工作人员是不能构成打击网络信息犯罪有效力量的。执法训练不足导致执法能力不够,如有时因为缺乏数字取证知识与专业技能,有时因为缺乏相关取证工具支撑,常常限制了对网络信息犯罪的调查;而装备精良且经验丰富的数字取证单位面临的问题,则不是缺乏证据的问题,而是数据量的问题,典型的网络信息犯罪案件往往涉及多种设备与海量数据。随着网络的发展,执法机关常要面临各类新问题,比如有些公司提供内嵌式的数字设备,并可为手机提供消除通话记录的技术,使执法机关的数字取证难上加难,换言之,执法能力的

① 张旭、朱笑延:《弱智慧社会语境下的犯罪治理:情势、困境与出路》,载《吉林大学社会科学学报》2019 年第 1 期。

提高经常会被犯罪分子作案技术水平的日益提升所抵消。执法机关面对的问题来自多方面，执法能力与训练水平需要全面提升。[①]

三、网络信息犯罪司法适用出现偏差

随着信息技术的不断革新，网络信息犯罪也随之完成了代际升级，其典型的特征在于网络空间成为了犯罪发生的场域，犯罪行为的全过程皆可在网络空间内完成。为了全面、有效惩治该类型的网络犯罪，立法机关通过《刑法修正案（九）》新增了拒不履行信息网络安全管理义务罪、非法利用信息网络罪和帮助信息网络犯罪活动罪等网络犯罪罪名。目前我国在治理网络犯罪过程中，通过刑事法积极介入的方式取得了一定效果。但新增的三个信息网络犯罪的司法适用却出现不同程度、不同类型的偏差。如拒不履行信息网络安全管理义务罪中"经监管部门责令采取改正措施而拒不改正"这一行政前置要件的设立，实际上是最大限度地限缩了网络服务提供者的刑事责任空间，但人们还是担心因刑罚的过度介入而造成网络言论市场的萎缩，阻碍互联网科技创新进步，而提出对该罪构成要件进行所谓目的性限缩解释以限制其适用。然而，该罪自出台以来在司法实践中就"全面遇冷"，几乎沦为"僵尸条款"，甚至"有被弃用的风险"。[②] 即便2019年10月21日通过了《关于办理非法利用信息网络、帮助信息网络犯罪活动等刑事案件适用法律若干问题的解释》（以下简称《网络犯罪解释》），情况也没有丝毫改变，迄今为止仅能在中国裁判文书网上检索到四个有关拒不履行信息网络安全管理义务罪的判例。而非法利用信息网络罪存在着罪状表述模糊、行为边界宽泛的天生缺陷，致使该罪面临着"被虚置"与"口袋化"的双重困境。当前司法实践中的生效案件已经暴露了该罪的罪质不明、追诉标准阙如、司法竞合处置有失妥当、积极适用的司法导向淡薄等问题。[③] 而帮助信息网络犯罪活动罪在司法适用中则该严未严，当宽未宽，从而形成"口袋化"的趋势。该严未严，即本来应以更重的诈骗罪共犯或者掩饰、隐瞒犯罪所得罪论处，但却按相对较轻的帮助信息

---

① 王云才：《网络有组织犯罪威胁评估——欧洲网络犯罪中心报告解读与启示》，载《中国人民公安大学学报（社会科学版）》2015年第1期。

② 陈洪兵：《拒不履行信息网络安全管理义务罪条款"僵尸化"的反思》，载《学术论坛》2022年第3期。

③ 陈洪兵：《非法利用信息网络罪"活"而不"泛"的解释论思考》，载《青海社会科学》2021年第1期。

网络犯罪活动罪"降格"处理了;当宽未宽,即本可不作为犯罪处理甚至并不符合帮信罪构成要件的,却按帮信罪"升格"处理了。

1. 帮助信息网络犯罪活动罪司法适用该严未严

(1)"明知"认定的宽松化

在明知的认定上,司法机关一般将"明知"解释为"知道或者应当知道"。有学者对关于帮助信息网络犯罪活动罪的1081份判决书进行实证研究后发现,判决书提及"确实知道 "的被告人(45.1%)和"可能知道"(54.2%)的比例相近。据此可以认为司法实践就明知的内容采取的原则是"可能知道"这一较低标准。[①] 但将"明知"解释为"知道或应当知道"明显在"知"之外纳入了新的主观要素,此类扩张解释显然降低了对主观罪过的证明:只要行为人对被帮助行为的"不正当"有大致心理认识即可。[②] 主观罪过证明标准和证明难度的降低为司法机关扩大本罪的适用提供了极大便利,近几年来本罪的爆炸式增长也就在情理之中。另外,2022年3月22日《关于"断卡"行动中有关法律适用问题的会议纪要》规定,在办案过程中,需着重审查行为人是否具有"七种认定情形",综合全案证据,对其构成"明知"与否作出判断,既要防止片面倚重行为人供述,也要避免简单客观归罪。然而实证研究表明,司法实践并不经常引用司法解释规定的七种具体认定情节,特别是接到举报后不履行法定监管职责的情节并无一例。[③]

(2)犯罪之间的界限与竞合不清

帮助信息网络犯罪活动罪司法适用中的一个突出问题是本罪与信息网络犯罪的共犯和掩饰、隐瞒犯罪所得、犯罪所得收益罪的界限及竞合问题不清。对于帮助信息网络犯罪活动罪与信息网络犯罪的共犯而言,司法实践并未对两罪关系及竞合处断原则加以明确,其适用存在两方面的缺陷:其一,此罪与彼罪的区分标准模糊。司法机关多直接认定构成此罪(即帮助信息网络犯罪活动罪),并辅之以构成要件的分析,而对是否构成彼罪则只字未提,或稍有提及,但仍按照此罪处理,且未说明判断标准究竟为何。其二,《刑法》第287条之2第3款处断原则的规定被架空,恰恰由于司法机关怠于逐一分析

① 周振杰、赵春阳:《帮助信息网络犯罪活动罪实证研究——以1081份判决书为样本》,载《法律适用》2022年第6期。

② 冀洋:《帮助信息网络犯罪活动罪的证明简化及其限制》,载《法学评论》2022年第4期。

③ 周振杰、赵春阳:《帮助信息网络犯罪活动罪实证研究——以1081份判决书为样本》,载《法律适用》2022年第6期。

两罪犯罪构成，造成大多直接以一罪论处，实践中甚至存在数罪并罚的情形。[①] 由此导致从 2019 年 10 月 21 日最高人民法院、最高人民检察院《关于办理非法利用信息网络、帮助信息网络犯罪活动等刑事案件适用法律若干问题的解释》发布后，原本应成立诈骗等罪共犯的，实务中也基本仅以该罪论处。而对于和掩饰、隐瞒犯罪所得、犯罪所得收益罪的界限问题，对于行为人出租、出售信用卡的行为，司法实务中存在不同观点：有人认为若行为人单纯地把银行卡出租、出借给他人的应认定为帮助信息网络犯罪活动罪，而对于行为人既提供银行卡又进行资金转入、转出的，应当定性为掩饰、隐瞒犯罪所得、犯罪所得收益罪。有人认为若行为人既提供银行卡又进行资金转入、转出的，应认定为帮助信息网络犯罪活动罪。有人认为若行为人单纯地把银行卡出租、出借给他人的行为应认定为帮助信息网络犯罪活动罪，而后行为人进行的资金转入、转出行为应认定为掩饰、隐瞒犯罪所得罪，若行为人既提供信用卡又进行资金转入、转出的，应数罪并罚。

2. 帮助信息网络犯罪活动罪司法适用当宽未宽

电信网络诈骗屡禁不止，很重要的原因是现在电信网络诈骗犯罪已经形成精细化分工、产业链化的运作模式，一大批帮凶在幕后为电信网络诈骗分子提供技术、资金便利。境外的诈骗集团通过网络或者电话等渠道在国内分层设立代理人，从而形成“卡商”“中介”“卡农”的层级结构。2020 年 10 月以来，全国大力开展“断卡”行动，提高了打击网络诈骗犯罪的力度和强度，由此导致帮助信息网络犯罪案件激增。然而，据江苏省检察院统计，低龄化现象突出，35 周岁以下人员占 80.78%；低学历、低收入群体占多数，其中无业人员占比 74.3%，初中及以下文化程度占 61.96%。这类人员由于缺乏稳定的生活来源，法律意识淡薄，容易被所谓的“低投入、快回报”所诱惑。司法机关为了打击电信网络诈骗耗费无数人力、物力，但打击的更多是电信诈骗产业链的“下游”，比如出卖自己信用卡的学生或者低收入群体，但是处于“上游”的诈骗主犯则可能依旧逍遥法外。

中国司法大数据研究院发布的《涉信息网络犯罪特点和趋势(2017.1—

① 阴建峰、张印：《竞合论视域下帮助信息网络犯罪活动罪的处罚界限》，载《宁波大学学报(人文科学版)》2022 年第 5 期。

2021.12)司法大数据专题报告》显示,2017 年至 2021 年,全国各级法院一审审结帮助信息网络犯罪活动罪从作案手段分布来看,支付结算环节提供帮助占比最大为 53.45%,司法实践中,买卖“两卡”是帮助信息网络犯罪活动罪适用最多的一种类型。但是买卖“两卡”是否属于提供支付结算帮助,仍有争议,故而这一行为是否适用帮助信息网络犯罪活动罪也存在疑问。对于何为“支付结算”,实践中争议很大,存在不同观点:第一种观点认为,只要存在入账行为,即符合该司法解释的“支付结算”;第二种观点认为,单纯转入账户不属于“支付结算”。根据字面理解,“支付结算”有两种含义,即有支付行为和结算行为,有钱款入账仅是一种“支付”行为,还不能认定为“支付结算”,必须还要转出。第三种观点认为,涉案钱款入账、转出之外,还需查实“支付结算”资金性质,用于违法犯罪资金才能认定为“支付结算”的数额。1997 年 9 月中国人民银行颁布的《支付结算办法》中有关于“支付结算”规定,该办法第三条规定,支付结算是指单位、个人在社会经济活动中使用票据、银行卡和汇兑、托收承付、委托收款等结算方式进行货币给付及其资金清算的行为。从该规定的“支付结算”上看,票据、银行卡等是一种结算方式,“支付结算”的目的是进行货币给付和资金清算。最高人民检察院《关于办理涉互联网金融犯罪案件有关问题座谈会纪要》中规定,支付结算业务(也称支付业务)是商业银行或者支付机构在收付款人之间提供的货币资金转移服务。

因此,支付结算本质上是资金转移服务,包括资金的“进”,也包括资金的“出”,而不是指单纯的一个方面。以此可见,支付结算行为不仅包括提供银行卡等支付结算工具的行为,还包括提供资金转账的行为,这些行为均属于支付结算的范畴。而提供“两卡”则属于提供支付结算的工具,而不是提供支付结算本身。因此,《关于“断卡”行动中有关法律适用问题的会议纪要》中指出,行为人出租、出售的信用卡被用于接收电信网络诈骗资金,但行为人未实施代为转账、套现、取现等行为,或者未实施为配合他人转账、套现、取现而提供刷脸等验证服务的,不宜认定为相关法律解释中规定的“支付结算”行为。但司法实务中类似这样的行为都被认定为帮助信息网络犯罪活动罪。

四、网络信息犯罪治理过度依赖刑法惩罚模式

为了防止网络空间不可控的法益侵害风险的滋生,网络信息犯罪治理时点应当适度提前,惩罚力度也要对应法益侵害程度适当提升。积极刑法观契

合了当前网络信息犯罪治理的客观需要，现行刑法以此为逻辑基础，搭建起了网络信息犯罪的预防体系。目前，我国在治理网络犯罪过程中，通过刑事法积极介入的方式取得了一定效果，但是以风险预防为思考基点的网络犯罪刑事治理模式，需要不断放宽国家行使刑罚权的要求，强化刑事政策的工具属性、过分强调刑法的威慑功能，就在给现代刑法理论带来极大的冲击与挑战的同时，也使得法律实践中出现过度犯罪化的倾向。[①]

1. 网络信息犯罪治理过度依赖刑法惩罚模式的表现

互联网空间内的规则制定主体是多元的，电商平台、运营商等非官方主体有着更具决定性、迅捷性以及官方权力主体所不具备的网络技术性治理权限，刑事治理的有限性可见一斑。执着于网络"源头治理"之目标，刑事政策的目标受到深刻影响，首当其冲的便是刑法干预的向前延伸，即需要准确地发现"病情""客观准确考察犯罪问题"的前置性目标，将治理诱发犯罪之因素纳入考察范围、打击上游犯罪直至追击犯罪根源。[②] 比如我国对新型网络犯罪采取"打早打小"的策略，人工智能、大数据等新技术可以帮助非专业的犯罪分子运用专业工具去犯罪，降低了高科技数字犯罪的门槛。为此应将刑法规制的环节前移，对为网络犯罪提供新技术的非法利用信息网络罪和帮助信息网络犯罪活动罪加大打击力度，对于网站破坏等低级网络犯罪应保持警惕，在犯罪活动尚未形成规模时予以打击。

在刑事打击与其他法治手段的关系上，法定犯具有双重违法性，法定犯首先违反前置法，在此基础上尚需进行刑事违法性的独立判断。在法定犯中，刑法与前置法的违法判断具有紧密的递进关系。由于法定犯成立受限于前置法，当前置法没有作出规定或规定模糊时，刑法的犯罪化欠缺充足理据。但在我国的立法和司法实践中，存在这样一种现象，即前置法尚未出台时，刑法通过增设新罪率先保护新法益。个人信息保护立法便采取这条路径，刑法先规定了侵犯公民个人信息罪，几年之后《民法典》及《个人信息保护法》才对公民个人信息保护作出相关规定。但根据刑法的谦抑性原则，新罪的增设应该满足的条件之一是其他法律无法对相关行为进行有效规制，需要刑法发挥"保障法"的作用时，才可以增设新罪。

---

① 袁子轩：《从控制到保障：我国网络犯罪刑事治理的应然转向》，载《湖北大学学报（哲学社会科学版）》2022 年第 5 期。

② 卢建平、姜瀛：《治理现代化视野下刑事政策重述》，载《社会科学战线》2015 年第 9 期。

在公民个人信息的保护上，我国先刑事立法、后民事立法的做法，呈现明显的刑事立法先行的特征。刑事立法先行的特征在很大程度上不符合刑法的谦抑性原则，夸大了刑法在社会治理中的作用，容易扩大犯罪圈。中国特色社会主义社会治理体系是一个由多方主体参与、多元社会调节机制综合发力的共治体系，须处理好刑事治理与其他治理手段的关系。刑事制裁手段因其强大的强制性而居于保障性的地位，在其他治理手段有效的情况下没有诉诸该手段的必要。民事、行政等法治手段以及市场调节、技术控制、行业自律等社会自治手段，都能够发挥防控犯罪风险的作用。数字经济时代社会自治功能的充分发挥，更有利于技术进步和社会活力的培养。特别是在犯罪平台化的趋势下，网络平台在预防犯罪中发挥着不可或缺的作用。在犯罪综合治理过程中，刑事治理应注重与其他治理手段的有效衔接。①

2. 网络信息犯罪治理过度依赖刑法惩罚模式的弊端

(1) 网络信息犯罪治理效果不佳

尽管刑事打击能够有效发挥其打击功能，却不能充分发掘弱智慧社会的犯罪成因，亦不能根据犯罪成因，以弥合矛盾、化解危机、消融风险等预防手段在事前阻止犯罪发生。在传统犯罪的治理过程中，我国注重刑事打击的震慑作用，也确实有一定的震慑效果。但在网络信息犯罪中，技术的加持大大降低了犯罪的门槛，犯罪手段隐蔽化、智能化，网络信息犯罪挣脱了地域的束缚，简单的刑事打击在耗费大量的人力、物力等资源后效果未必理想。以这两年井喷的电信网络诈骗为例，这类犯罪行为的实施高度依赖对个人信息的把控。在一些案件中，不法分子之所以能够展开“精准诈骗”，正是因为其掌握了被害人的个人信息。而对网络诈骗这类网络犯罪的预防，就要大力强化对个人信息的保护，尤其是各类网络经营者应当建立个人信息保护及数据安全合规制度，通过加强内部控制达到防止个人信息泄露而衍生的网络诈骗等各类犯罪。

事实上，为了更好地实现对网络信息犯罪的治理，应该坚持预防本位的犯罪治理思路，即宏观层面从社会结构、经济转型、技术革新、文化氛围、治理体系反思犯罪成因，并在此基础上确立预防主义犯罪防控体系；在中观和微观层面，加强对表象犯罪的深层次剖析，特别要注重对新型网络犯罪的上、

① 贾宇：《数字经济刑事法治保障研究》，载《中国刑事法杂志》2022 年第 5 期。

中、下游违法行为的预防和惩治，加强在犯罪情景预防、成因分析及数据检测等环节的防控与惩治。[①]

(2) 容易激发司法入罪倾向

预防性网络信息犯罪理念容易导致刑法的扩张，频繁适用扩大解释，容易违背罪刑法定原则。以“违反国家规定”的扩大适用为例，《关于办理侵犯公民个人信息刑事案件适用法律若干问题的解释》第 2 条规定，侵犯公民个人信息罪中“违反国家规定”，是指违反法律、行政法规、部门规章有关个人信息保护的规定。但《刑法》第 96 条规定：“本法所称违反国家规定，是指违反全国人民代表大会及其常务委员会制定的法律和决定，国务院制定的行政法规、规定的行政措施、发布的决定和命令”，因此，“国家规定”不包括部门规章。非法经营罪也存在类似问题。司法实务在把握非法经营罪的范围以及“违反国家规定”的范围时却呈现出宽松化趋势，也将部门规章包含在“国家规定”的范畴，导致网络空间中非法经营罪的司法适用也呈现“口袋化”的趋势。另外，以非法利用信息网络罪为例，将非法利用信息网络这一行为予以犯罪化，是为禁止网络服务提供者个人或单位利用网络传播法律禁止传播的内容，以此确保公民通过信息网络所获取的信息具有合法性、安全性、纯净性、真实性和正当效用性。关于非法利用信息网络罪的立法目的与定位，我国实务界人士普遍认为，增设该罪是为了将《刑法》规制的环节前移，将尚处于预备阶段的在网络上发布违法信息的犯罪行为予以犯罪化，防止经发布的违法犯罪信息引发不特定或多数人实施其他违法犯罪活动，从源头预防未来的网络犯罪，净化网络空间环境。但该罪存在着罪状表述模糊、行为边界宽泛的缺陷。

五、网络信息犯罪的治理欠缺社会力量参与

当前，网络的发展给人们的社会生活带来极大的便利，同时，互联网面临着日益严峻的安全问题，网络信息犯罪的数量急剧增长，不仅对公民的人身、财产造成损害，而且对国家安全和社会安全造成严重威胁。在传统的犯罪治理模式（公力模式）之中，公共部门始终发挥着主导作用，在某种程度上垄断着刑事惩罚的权力。[②] 在社会深度转型的过程中，资本逻辑、市场逻辑、技术

① 张旭、朱笑延：《弱智慧社会语境下的犯罪治理：情势、困境与出路》，载《吉林大学社会科学学报》2019 年第 1 期。

② 张旭：《风险社会的刑事政策方向选择》，载《吉林大学社会科学学报》2011 年第 2 期。

逻辑不断进入中国社会，但强国家逻辑始终在我国的社会治理当中居于主导地位。就犯罪治理而言，尽管以国家为主导的犯罪治理模式具有深厚的本土依据，但网络信息技术与犯罪活动的深度融合极大提升了打击犯罪的难度，传统的犯罪治理模式显得捉襟见肘，犯罪能力与犯罪打击能力之间明显失衡。在此背景下，越来越多国家或地区的刑事司法机关开始探索新的打击网络犯罪思路，其中最为典型的创新路径是强化公私合作。我国《法治社会建设实施纲要(2020—2025年)》所提出的完善党委领导、政府负责、民主协商、社会协同、公众参与、法治保障、科技支撑的社会治理体系，“共建共治共享”要求多元力量参与社会治理，而不是《刑法》甚至不是法律的“独建独治独享”。

1. 网络信息犯罪治理中公私合作的成因

传统刑事司法是以打击物理世界犯罪为逻辑起点进行制度建构的。但传统刑事司法在治理网络信息犯罪时存在多重挑战。第一是犯罪地域性假设的挑战，即网络犯罪在犯罪行为、结果、证据等方面均呈现出去地域性特征，原先用于处理跨境刑事司法协助的传统机制难以有效应对。第二是犯罪后果假设的挑战，即犯罪活动通过网络空间可能造成远超出传统犯罪的侵害范围和社会影响，这使得事后打击往往难以阻止或弥补损害。第三是犯罪模式假设的挑战，即网络信息犯罪在技术、工具、方法、人员等方面具有强烈的专业化、产业化发展趋势，使得网络信息犯罪不仅难以根除，同时也极大地降低了刑事司法自身的威慑力。第四是刑事司法专业性假设的挑战，即传统刑事司法专门机关作为垄断犯罪治理活动的主体，其专业性优势在面对网络犯罪分子时大幅度削弱，刑事司法机关无论在技术工具，还是在数据能力方面均难以跟上犯罪的进化速度。① 过于强调国家在网络安全治理中的角色和作用，就可能忽视对个人基本权利和企业相关利益的保护，不利于国家长期决策机制的稳定建立。新时期网络信息安全治理工作中，既要强化政府运用大数据加强监管和保护公民权益的能力，又要重视互联网行业协会等社会组织在网络信息犯罪中的作用，激励所有相关互联网参与者共同应对大数据背景下的网络犯罪，组建大数据背景下全员参与的安全保障模式。②

另外，专业性技术如“大数据”“云计算”等，其核心往往掌握在企业手中。犯罪分子往往缺少自我研发技术的能力，其想要获得更加先进的技术支持就

---

① 裴炜：《跨境打击网络犯罪中的公私合作》，载《信息安全与通信保密》2021年第7期。

② 江溯：《论网络犯罪治理的公私合作模式》，载《政治与法律》2020年第8期。

必须向掌握技术和服务平台的公司和企业购买。相对政府而言，当今一些大型企业组织具有更强的数据、资金、技术、行业互助协调能力。在国外，一些领先的网络科技公司正在大力投资安全可靠的信息和通信技术，部分商业交易实践要求科技公司在研发上投入巨资，以提高商业交易的完整性和可靠性。

2. 网络信息犯罪治理公私合作模式逐渐受到我国重视

习近平总书记提出要提高网络综合治理能力，形成党委领导、政府管理、企业履责、社会监督、网民自律等多主体参与，经济、法律、技术等多种手段相结合的综合治网格局。我国《网络安全法》第 28 条规定："网络运营者应当为公安机关、国家安全机关依法维护国家安全和侦查犯罪的活动提供技术支持和协助。"第 29 条规定："国家支持网络运营者之间在网络安全信息收集、分析、通报和应急处置等方面进行合作，提高网络运营者的安全保障能力。有关行业组织建立健全本行业的网络安全保护规范和协作机制，加强对网络安全风险的分析评估，定期向会员进行风险警示，支持、协助会员应对网络安全风险。"由此可见，网络信息犯罪治理公私合作模式逐渐受到我国的高度重视，并在相关法律法规中得以体现。2021 年 9 月，国家网信办、中央宣传部等九部门联合发布了《关于加强互联网信息服务算法综合治理的指导意见》，强调要建立健全多方参与的算法安全治理机制，形成多元协同、多方参与的治理机制，健全算法安全治理机制，优化算法治理结构，打造形成政府监管、企业履责、行业自律、社会监督的算法安全多元共治局面。我国在科技领域立法中尤为重视多元治理，例如《数据安全法》第 9 条规定了国家推动有关部门、行业组织、科研机构、企业、个人等共同参与数据安全保护工作。

3. 西方国家网络信息犯罪治理公私合作模式的实践

英国设有专门的信息安全审查机构，政府对网络安全负责、行业自律组织对行业内有关行为进行规范、社会公众会监督网络安全治理状况，各方共同维护网络安全。法国的网络安全治理者更加的具体和有针对性，包括数字领域的专家、公共和私营部门的决策者和公民团体，专家的参与使网络安全治理的专业性增强。[①] 美国国家标准与技术研究院发布《网络威胁情报共享指南》，旨在促进美国政府机构、非政府组织及企业参与网络威胁和信息共享，提升网络威胁信息共享能力；美国国土安全部建立公私网络信息共享平

① 黄炜、秦霖、刘晓欣、许诺、李岳峰：《网络信息安全治理研究进展：基于国内外法治现状》，载《情报杂志》2020 年第 4 期。

台,推出双向网络威胁共享系统——自动化威胁情报共享系统,与企业分享网络威胁数据信息。[①]

六、网络信息犯罪治理的保障措施尚不到位

1. 关键基础设施面临的风险日益凸显

随着新基建的不断深化,需要重点保护的基础设施将大规模增加,需要更多的资金投入于安全系统、设备、服务及安全团队的建设。同时,数字化逐渐成为这些基础设施的核心,数据安全问题、生产安全问题和底层芯片将持续成为国家和相关运营者必须关注的重点。新基建中相关新兴技术领域快速发展,新技术以及产业链供应的安全风险也将日益凸显。我国相关技术起步较晚,企业大量采用国外进口设备和核心技术,对外依赖度高,导致新基建实体面临严峻的安全问题:一是互联网的数字基础设施面临网络攻击行为。数字基础设施打通了虚实空间,网络攻击不仅会影响虚拟空间的正常运行,还会延伸到物理世界,威胁所有联网终端,从而造成现实中的财产安全和人员生命安全等物理空间安全问题,也影响到整个数字经济的正常运行。二是数字基础设施价值远大于普通网络节点,网络攻击目标已不再只是针对一般的个人或企业,而是瞄准了国家的关键基础设施、社会的重要部门和企业的核心资源,从而催生可以直接针对我们工业生产、能源输送、交通出行等方面的攻击。三是对于从内部封闭的环境中开放出来的数据、系统和业务,如各类数据中心的建设,管理控制能力减弱,将面临数据泄露、恶意攻击等风险;以5G网络为代表的通信网络基础设施,网络运营商对数据的控制能力减弱,也可能导致网络风险的破坏力放大。

2. 网络信息安全执法体制有待进一步理顺

大数据时代,网络信息安全面临前所未有的挑战,探索高效统一的网络信息安全行政管理体制是网络信息安全治理的必由之路。从网络整体治理体系看,当前我国领导、监管和治理互联网的机构,中央层面的共达18个之多,各机构和职能部门之间呈条块分割格局。[②] 中央网络安全和信息化领导小组主要发挥宏观领导作用,不涉及操作层面的具体治理。国家网信办作为

---

① 肖俊芳、刘京娟、杨帅锋、刘冬:《2016年全球网络安全与保密态势和趋势》,载《保密科学技术》2016年第12期。

② 刘素华:《大数据时代保障公民数据信息安全的网络治理》,载《理论视野》2016年第11期。

领导协调机构主要协调各部门的工作。剩下的16个职能部门分别负责不同领域的网络治理责任。由于部门众多,职责协调和统筹能力弱,多头管理、各自为政式的执法体制尚需理顺,尤其是在联合执法时,产生由谁牵头、由谁负责的问题。因此,2017年12月,全国人大常委会执法检查组向全国人大常委会提交关于网络安全、网络信息保护执法情况的报告,指出我国网络安全监管"九龙治水"现象仍然存在,网络安全执法体制有待进一步理顺。另外,政府机构内部网络安全能力不足。据统计,全国各级政府机构掌握了我国八成以上的信息数据。① 但据《2019年中国互联网网络安全报告》,2017年我国有618个政府网站遭到篡改,2018年该数目大幅下降,但仍有216个之多。部分政府机构缺乏建立和执行政府信息公开审查机制的能力,使政府信息公开平台成为公然展示公民个人信息的场所。② 某些政府工作人员则可能在工作中有意无意地泄露公民的个人信息,如电信部门的工作人员可能泄露公民的电话号码,为诈骗犯罪分子的精准诈骗提供便利等。政府所掌握的信息数据如果遭到窃取或者泄露,不但严重危害国家安全、公共利益和公民权益,而且会损害政府部门的公信力以及其他网络运营者的执法权威。

3. 关键核心技术依然不能完全自主

技术是网络信息安全的基础,技术的研发和创新也是网络信息安全的保障。大数据时代的网络信息安全具有明显的技术特征,对新技术应用的治理是信息安全领域的重要内容。习近平指出科技创新作为保障国家安全等的战略支撑,在国家发展全局中居于核心位置。习近平总书记多次强调,新时代科学技术深刻影响国家前途命运,关键核心技术对保障国家安全具有十分重要的意义,特别是要把原始创新能力提升摆在更加突出的位置。科技安全是国家安全体系中的重要组成部分,科技发展是维护国家安全的关键。加强科技创新,应用科技实力,可以为国家安全提供强大的科技支撑。近年来,我国网络信息技术发展迅猛,信息安全产业发展势头远超世界平均水平,以腾讯、阿里巴巴为代表的一批互联网企业在世界互联网行业占据重要地位,部分网络技术和网络设施达到世界先进水平。如我国5G技术处于世界前列,华为、中兴等公司的信息设备在国际竞争中占据一席之地。

但我国网络信息安全产业存在薄弱环节,信息网络领域的关键设备和操

① 张砥:《在信息公开问题上政府的"说"就是"做"》,载《北京日报》2016年5月13日。

② 万静:《皖赣等地部分政府网站泄露公民隐私信息》,载《法制日报》2017年11月14日。

作系统上整体性的自主研发能力不强。我国目前使用的计算机终端，无论个人、企业还是政府机构，几乎都使用微软公司的操作系统和相关的办公软件，服务器不是IBM就是甲骨文，电脑芯片不是英特尔就是超微半导体公司(AMD)，这无不显示出我国信息技术对外的依赖。从整体的信息技术产业来看，像芯片的加工技术等核心技术依然不能完全自主，很难避免原厂商的技术攻击。① 另外，我国在网络信息技术的基础研究、基础研究与创新的衔接、网络信息技术的资金支持等方面还存在不足。而欧美则非常注重技术创新和基础研究，如2014年8月美国政府宣布成立一个全新的数字服务部门团队，以负责美国医保等诸多政府网站的数据服务。英国技术创新侧重于多领域相结合、基础性支持以及攻击恢复能力的研究。②

4. 网络信息安全人才缺乏

2018年4月，《关于加强大中小学国家安全教育的实施意见》提出推动国家安全学学科建设，设立国家安全学一级学科。随后批准一批在国家安全研究方面有基础的院校分别在一级学科下按照二级学科培育或设置国家安全学一级学科，并将国家安全学列入国家学科专业目录。2020年9月，教育部出台《大中小学国家安全教育指导纲要》。同年，教育部启动国家安全教育教师国家级培训(第1期)工作。2020年年底，经国务院学位委员会批准，决定设置“交叉学科”门类(门类代码为“14”)，设置“国家安全学”一级学科(学科代码为“1402”)。

当前，我国大安全格局已经基本形成，但与之相适应的人才体系、法治体系还不完备，需要大量的专业人才投身事业，为维护和塑造国家安全，实现平安中国和法治中国贡献力量。党政机关、企事业单位等履行维护国家安全职责、防控国家安全法律风险、推进国家安全合规建设、开展国家安全研究、从事国家安全宣传教育等，对国家安全人才具有广泛、长期的需求。如《中国共产党政法工作条例》对各级党委、党委政法委、各政法单位维护政治安全、社会安全等工作提出很多明确要求，为更好贯彻实施该条例，需要补充大量专业化、交叉型的国家安全人才。

网络空间的竞争，归根结底是人才竞争，人才培养同样是我国网络信息安全战略的重要内容之一。目前，我国网络信息安全人才培养取得了长足的

① 薛可：《亟待构建国家信息安全的防御屏障》，载《人民论坛》2017年第20期。
② 张铮：《西方主要国家如何保护网络信息安全》，载《人民论坛》2017年第20期。

进步，但与日新月异的科技发展和日益激烈的国际竞争需求相比，我们在“产学研用”上的协同配合、领军人物的培养、创新人才的锻炼、网安岗位的能力适配、大学毕业生实践经验等方面还有进一步发展的空间。《网络安全人才实战能力白皮书》数据显示，到2027年，我国网络安全人员缺口将达327万，许多行业面临着网络信息安全人才缺失的困境。

第三节 网络信息犯罪治理的逻辑分析

一、网络信息犯罪治理应坚持技术思维

互联网是借助网信技术、基于网信硬件设施搭建的物质领域。网络信息安全治理是一种技术型治理。网络信息安全治理需要重视技术、发展技术。核心技术是国之重器，承载着国家信息基础设施的安全，是网络信息安全治理的物质前提和基础保障。互联网是借助网信技术、基于网信硬件设施搭建的物质领域。人们在网络中开展的各种活动，构建的各种社会关系，都依赖于信息技术。

网信技术是互联网赖以存在的基础，网络空间的治理当然也必须关注网信技术，遵循立足技术、运用技术的逻辑。一方面，网络空间治理的对象是技术，旨在规制和引导技术的研发、使用、管理等一系列行为活动。“治技”要求更加关注学习方法、进化算法、数据资源等新领域，严格控制技术不确定、偏离设计应用、非法使用以及由此引发的社会、伦理等诸多风险。另一方面，技术又是网络空间治理的重要载体和手段。“技治”则是通过技术手段把现有社会治理规则转化应用到网络空间，并积极利用网络空间的大数据、云计算和人工智能等新技术优势，推动传统物理空间的治理变革。①

为了更好地治理网络信息犯罪，需要学习网络技术原理和网络信息犯罪发生机理，只有这样才能正确认识网络信息犯罪，才能将技术和犯罪治理结合起来，从而提高网络信息犯罪治理的针对性和有效性。为此，政府在网络治理过程中，必须在尊重网络社会基于自身技术优势而形成的技术治理的前

① 贾宇：《检察机关参与网络空间治理现代化的实践面向》，载《国家检察官学院学报》2021年第3期。

提下,充分发挥法律治理与技术治理的互补作用。[①] 这就是网络信息犯罪治理中的二元共治模式,该模式倡导技术治理与法律治理的融合,它取技术治理与法律治理之长,补两者之短。因此,在网络犯罪治理中,法律规制尤其是打击犯罪仅仅是事后规制,技术层面事前规制同样重要。而且为了减少网络信息犯罪的负面影响,《刑法》不应僭越代码规制有效性。也即当社会可以运用技术手段得以保全法益时,《刑法》应退居"保障法"的地位,而不是挺身而出,提前处罚。只有当技术规制以及其他法律规范不能发挥保护法益的作用时,才可以考虑刑法规制。先代码规制、后刑法规制的主张并非表明代码规制就比刑法规制效果好,更不表明代码规制就比刑法规制更重要。对于网络信息犯罪,代码规制与法律规制两者相辅相成,在代码发展缓慢之处,法律通过消除其创新瓶颈进行规制;在法律明确阻碍代码创新时,代码则会通过开辟新路径进行规制从而摆脱这一僵局。[②]

因此,在网络信息犯罪治理中应清楚认识到法律尤其是刑事打击作用的有限性,将技术判断交给相关技术部门解决。以如何对算法因果关系进行归责为例,在证明过程中,对于专业的技术问题,法律需要尊重技术领域得出的结论。如果相关证据不能形成证据链,不能排除合理怀疑,技术只能给出"有可能"的结论时,在司法领域中重要的"存疑有利于被告"原则便可以发挥作用,以此实现刑法的人权保障的功能。

大数据时代,人工智能、量子计算和 5G 等技术对犯罪格局和执法、司法机构产生了深远影响,技术从根本上塑造了网络信息安全挑战和应对措施。为确定与新兴技术和颠覆性技术相关的网络信息安全威胁,以及为有效应对这些威胁而需要解决的挑战,犯罪的技术治理模式兴起,如何利用新技术跟上犯罪分子构成的威胁、如何以技术思维、网络思维检讨现行网络信息犯罪治理体系和应对方略至关重要,技术驱动的强化导致社会治理更需要依托"技术对技术"。

网络信息犯罪治理呈现出整体性的技术转向,犯罪的技术治理模式蔚然成型。犯罪的技术治理,是指防控主体依托"云计算、多平台、百系统"等架构,遵循"数据集成、风险预警、决策支持、指挥调度、共治服务"的平台治理流程,集成运用几十种甚至上百种具体的智能系统进行数据分析,以实现犯罪

---

① 郑智航:《网络社会法律治理与技术治理的二元共治》,载《中国法学》2018 年第 2 期。

② 李谦:《网络犯罪刑法解释限度研究》,博士学位论文,南京师范大学,2021 年。

预警、预测、预防的整体性治理模式。[①] 伴随信息技术在犯罪治理中的迅猛发展，全国公安机关刑事案件立案数从 2016 年至今呈现持续大幅下降趋势。

技术治理推动了网络信息犯罪治理的体系性重塑，但应把握技术治理犯罪的有限性，如技术治理过于强调国家对社会的总体性控制，既影响对国民的技术赋权，还忽视了国民参与对于综合治理的重要意义，如技术治理将综合治理简单降维处理为技术问题。因此，在对技术进行前瞻性分析，了解新出现的挑战，制定创新对策时，应注意把握技术治理的限度。

二、网络信息犯罪治理应坚持共治思维

网络发端于互联，兴盛于互动，以成果共享、责任共担为基本取向。治理主体的多元化与信息技术的创新性、依赖性及脆弱性决定了网络空间治理须以共享共治为旨归，"共治"是网络空间治理的显著标识和基本方式。[②]

习近平总书记强调，维护网络安全是全社会共同责任，需要政府、企业、社会组织、广大网民共同参与，共筑网络安全防线。要提高网络综合治理能力，形成党委领导、政府管理、企业履责、社会监督、网民自律等多主体参与，经济、法律、技术等多种手段相结合的综合治网格局。[③]

中共十八大以来，我国不断强化网络安全顶层设计和总体布局，以《网络安全法》为核心的网络安全法律法规和政策标准体系基本形成，网络安全"四梁八柱"基本确立。我国始终坚持依法治网，逐渐形成党委领导、政府管理、企业履责、社会监督、网民自律等多主体参与的网络安全治理格局。国家网络安全工作要坚持网络安全为人民、网络安全靠人民。网信事业发展必须坚持以人民为中心的发展思想，始终把实现好、维护好、发展好广大人民群众在网络空间的合法权益，作为网络安全工作的出发点和落脚点。维护网络安全也是全社会共同的责任。

国际上也是如此。有学者将网络治理要素分为法律、准则、市场、技术四种，各国采用何种网络治理模式，通常会考察如下三点：(1) 公权力介入程度；

---

① 单勇：《犯罪之技术治理的价值权衡：以数据正义为视角》，载《法制与社会发展》2020 年第 5 期。

② 贾宇：《检察机关参与网络空间治理现代化的实践面向》，载《国家检察官学院学报》2021 年第 3 期。

③ 习近平：《敏锐抓住信息化发展历史机遇，自主创新推进网络强国建设》，载《党建》2018 年第 5 期。

(2) 技术治理比重;(3) 民间参与权重。这三点经排列组合后,将形成不同类型网络治理模式。当今各国主要采用网络现实主义与网络管制主义。两种网络治理模式共性在于,强调网络治理既需要介入国家公权力,也需要融入其他社会因素。两种网络治理模式的区别在于,公权力介入程度与其他社会因素融入比重有所侧重,前者更多体现技术手段、自律及伦理规范等价值,后者则更多体现国家对网络治理的相对主导作用。[①]

三、网络信息犯罪治理应坚持预防思维、平台思维

当前网络信息犯罪呈现出以下面相:犯罪形式产业化、链条化;类型多元化、广泛化;手段智能化、隐蔽化;犯罪地域跨国化。网络信息犯罪的这些特点导致犯罪人及犯罪行为线索发现困难,通过提升技术手段严厉打击网络信息犯罪具有滞后性。因此,现在网络信息犯罪的治理处于不利境地。对此,需要刑事司法改变传统犯罪治理的“发生—反应”模式,网络信息犯罪治理的重点在于管控和防范风险。而防范犯罪风险的关键又在于促进网络经营者建立有效的合规建设体系和机制,即通过引导和外力的方式,推动网络经营者构建内部管理制度和机制、充分认识各类风险并采取防范措施、建立有效的合作机制并将其纳入到合规建设体系当中,最终促使网络经营者在网络犯罪治理中履行责任、发挥作用。[②] 坚持打防并举,防范优先,加强监管和行业自律,严格对个人信息采集、保管、运用等,加强对游戏服务商、服务器租赁商、第三方支付平台、通信服务商等行业的监管,强化信息联通共享和分析研判,力求敏锐感知各类犯罪风险,实现主动预警和预防。

四、网络信息犯罪治理应坚持平衡思维

刑法作为调整社会利益冲突的重要规范,其实质是在各方错综复杂的利益交织中,设定最优的规则,从而达到舍弃较小或者少部分人的利益,获取对社会最有利的效果。从这个意义上来说,作为刑事治理的具体要素,刑法理论是否科学、刑事立法和司法实践是否妥当的判断标准之一,要看其能否实现有益于社会的整体效果,是否有利于社会持续发展、人类共同繁荣,尤其是

---

① 李谦:《网络犯罪刑法解释限度研究》,博士学位论文,南京师范大学,2021 年。
② 时延安:《以合规建设推动网络犯罪治理》,载《人民论坛》2021 年第 19 期。

在确定刑法介入关乎社会发展进步的技术领域。[1] 网络信息犯罪治理的平衡思维需要考虑信息保护和信息共享之间的权衡以及信息保护与技术发展的平衡。

就信息保护和信息共享之间的权衡而言，加强个人信息保护，有利于广大人民群众的利益。《民法典》将个人信息作为一项重要的民事权利加以规定，《个人信息保护法》为保护个人信息作了科学、系统、全面的顶层设计。个人信息权益需要保护，否则随意收集、处理和使用个人信息会造成个人信息的滥用，损害广大人民群众的利益。但过犹不及，如果对个人信息过度保护，不利于信息数据的有效利用，甚至会阻碍数字经济的持续健康发展。为此，需要平衡个人信息保护与合理利用的关系。信息保护是合理利用的前提条件，合理利用是信息保护的最终目的。

保护个人信息权益、规范个人信息收集、处理、促进个人信息合理利用，是我国《个人信息保护法》的立法目的和指导思想。平衡个人信息保护与合理利用的关系，符合我国多年来个人信息治理领域的实践做法，也是对外国有益经验的借鉴。信息保护和合理利用平衡的实现来自于以下几点：

首先，设立科学合理的个人信息处理规则，建立个人信息处理活动的多元化合法性基础。取得个人的同意不仅可以作为处理个人信息的合法根据，而且也是订立、履行个人作为一方当事人的合同和履行法定职责或者法定义务的必需品，同时，也是应对突发公共卫生事件或者紧急情况下为保护自然人的生命健康和财产安全的必需品，是处理个人信息的合法性根据。这样可以很好地协调个人信息权益的保护与个人信息的合理利用的关系。

其次，将个人信息分为一般个人信息与敏感个人信息，对个人信息进行区别保护和利用，以调和个人信息保护需求与个人信息利用需求之间的冲突。

最后，平衡信息数据所有者、大型网络平台、全社会的利益。通过一系列合理的方式来实现对信息数据所有者的倾向性保护，从而做到个人与平台之间的利益平衡。

就信息保护与技术发展的平衡而言，对于包括大数据、人工智能、区块链等尖端技术在内的网络技术刑法治理，尽管是对研究、设计、制造和使用中可

---

① 储陈城：《以利益衡量作为网络领域刑事治理的原则》，载《法学论坛》2021 年第 5 期。

能出现的风险的必要规范，但是基于利益衡量原则的考虑，必须进行利弊的权衡，防止因刑法介入过度导致技术升级的积极性受损。刑法对人工智能技术风险的适度预防在于创新与规制的平衡。在人工智能发展初期，特别是在前置法尚未健全的情况下，不宜为人工智能研发者设定过多的刑事责任。[①]以美国和欧盟为代表的一些国家和地区在人工智能相关立法方面采取的基本策略是差别化和场景化，即对人工智能不同应用领域进行专门立法。[②]《上海市促进人工智能产业发展条例》规定了市有关部门可以就人工智能产业发展过程中的轻微违法行为等制定依法不予行政处罚清单。允许试错，也将使科学家在该领域的探索更加大胆，激发创新活力。根据利益衡量原则来划定刑法规制网络技术领域的界限，在有效打击犯罪的基础上，防止包括人工智能、自动驾驶等尖端网络技术的萎缩。

第四节　网络信息犯罪的治理完善

一、丰富网络信息犯罪的法律供给

1. 完善网络信息安全某些领域的前置法规定

针对当前网络信息安全领域立法碎片化的问题，应加快出台信息安全专门法律，尽快制定统一的《网络信息安全法》，合理界定网络信息安全的概念，对各领域各行业涉及的信息安全问题进行统一的法律规定，从立法层面强化信息安全的法律地位。另外，对于人工智能领域的前置法问题，当前《上海市促进人工智能产业发展条例》已于 2022 年 10 月 1 日起实施，这是人工智能领域的首部省级地方性法规。其中，除了明确各级政府及相关部门在促进人工智能产业发展中的具体职责，探索分级治理和沙盒监管，研究出台高风险人工智能产品和服务清单之外；还成立人工智能伦理专家委员会，促进人工智能产业在规范中发展，在发展中规范，确立了人工智能产品和服务的行为底线，明确相关主体开展人工智能研发和应用，应当遵守法律、法规规定。与此同时，深圳也出台了人工智能的地方性法规。但现有人工智能领域的前置法

---

① 贾宇：《数字经济刑事法治保障研究》，载《中国刑事法杂志》2022 年第 5 期。

② 曾雄、梁正、张辉：《欧盟人工智能的规制路径及其对我国的启示——以〈人工智能法案〉为分析对象》，载《电子政务》2022 年第 9 期。

仅限于地方性法规层次,在后续的立法中,应根据我国人工智能的发展为人工智能制定一部专门的综合性法律,将人工智能用于不同场景中所遵循的共性规则进行提炼,成为规范人工智能多场景应用的基本规则。这些基本规则应注重对人工智能的风险管理,重视对过程和结果的控制。在事前阶段,可以采取分类分级的思路,根据人工智能在不同应用场景的风险程度匹配不同的规制措施。在事中阶段,需要建立人工智能产品后续观察义务制度。在事后阶段,建立人工智能风险数据平台加强风险监测和预防。

2. 审慎增设网络信息安全某些领域的罪名规定

以数据犯罪和信息犯罪为例,扩大我国《刑法》中数据的保护范围,通过修改相关法条或者增设法律条文,保护5G中经过加工处理所形成的数据,关注经个体信息汇集而成的宏观层面的大数据。应将侵犯公民个人信息罪中的"个人信息"修改为个人数据,这样除去公民个人信息外,对数据进行动态处理而形成的新数据也可以纳入刑法保护范围。侵犯商业秘密罪也可以做类似的修改,《刑法》除保护商业秘密以外,还应该保护对企业来说具有利益的数据。另外,除了保护个体的公民个人信息外,还应关注由个体信息聚集成的宏观大数据,通过增设新的《刑法》条文保护这类宏观数据。

当然,为了更好地平衡个人利益与社会利益、国家利益的关系,数据犯罪立法应坚持适度预防的犯罪控制观,处理好数据安全与数据创新的关系。在数据权属的确定以及数据法益类型化设计中,应平衡作为个人法益的数据保护与作为集体法益的数据保护。由于对个人数据法益的过分保护不利于数据的共享和流通,现阶段不宜对数据进行财产性保护。同时,应合理界定数据集体法益的边界,尽量减少抽象危险犯立法,避免对数据集体法益安全隐患的过度预防,宜为数字行业留足创新空间。[①]

二、网络信息犯罪侦查应实现从经验到智慧的技术转型

1. 以技术革新为驱动改革网络信息犯罪侦查工作

面对新型社会环境,自然要有新型的应对之道来适应,这个新型的应对之道就是技术预防,其基本思路是以我们所关注安全的某区域空间为阵地,以所关注的安全问题为中心,利用各种防范手段,采集有关该安全问题的相

① 贾宇:《检察机关参与网络空间治理现代化的实践面向》,载《国家检察官学院学报》2021年第3期。

应信息，利用技术分析手段监测安全威胁，识别安全危险，预警安全危机，利用协同机制预控处置安全危机及事件，从而实现犯罪的预防控制。技术预防利用大数据、人工智能等技术进行犯罪风险掌握、犯罪危险识别、犯罪危机预控。① 因此，应以技术革新为驱动，以智慧治理为契机，推动网络信息犯罪治理的体系性重塑。比如对于5G技术而言，基于5G移动网络的犯罪行为将更难以溯源定位，被劫持的物联网设备很难溯源，办案单位极有可能遇到无法准确定位的诈骗、色情、赌博等平台。数据是网络犯罪的关键，执法部门需要访问数据进行刑事侦查，但执法部门访问数据的能力受到挑战。5G技术将使移动电话卡唯一性标识变得复杂化，使执法部门难于识别和定位设备。这就更需要利用网络新技术加大对加密货币和暗网等的监管，提高执法队伍的技术能力和侦查能力。应根据数字货币的特性制定监管原则，推动全球协作，加强数字货币的可追踪性和透明度。执法部门和司法部门必须继续开发、共享和传播有关如何识别、追踪、扣押和追回加密货币资产的知识。由于暗网是毒品罪、性胁迫、恐怖主义等犯罪的关键促成因素，保持准确的实时信息定位能力是执法机构应对暗网的关键。应通过机器学习和人工智能的帮助，识别、收集并对相关信息进行高级分析。通过大数据和人工智能，将嫌疑人多部手机、多张卡片进行碰撞分析，确定其真实身份。

2. 建立犯罪预警机制，建立生态打击新模式

对网络信息犯罪采取“打早打小”的策略，将平台治理和打击犯罪结合，建立犯罪预警机制。人工智能、大数据等新技术可以帮助非专业的犯罪分子运用专业工具去犯罪，降低了高科技数字犯罪的门槛。为此应将《刑法》规制的环节前移，对为网络犯罪提供新技术的非法利用信息网络罪和帮助信息网络犯罪活动罪加大打击力度，对于网站破坏等低级网络犯罪应保持警惕，在犯罪活动尚未形成规模时予以打击。另外，坚持打防并举，防范优先，加强监管和行业自律，严格对个人信息采集、保管、运用等，加强对游戏服务商、服务器租赁商、第三方支付平台、通信服务商等行业的监管，强化信息联通共享和分析研判，力求敏锐感知各类犯罪风险，实现主动预警和预防。为此，应建立犯罪治理的数据技术协作机制，实现数据与治理的适度融通。一是通过制度明晰公安机关等犯罪治理主体的数据调取权力和数据调取限制，在提升数据

① 蒋文荣、韦婷婷：《技术预防构建可控安全——安全防范理论的创新与发展》，载《公安学刊（浙江警察学院学报）》2018年第3期。

利用度的同时，确保数据调取权依法行使。二是明确数据占有主体有条件的协助义务。在紧急情况下，国家、企业、个人应该协助公安机关进行关键数据的调取工作。[①] 坚持网络信息犯罪生态打击策略，以“追源头、打团伙、摧平台、断链条”为目标，严打为网络信息犯罪提供数据服务、支付结算、技术维护、工具买卖的黑色产业链条，适时发起集群战役，消灭网络信息犯罪生存基础，从根本上打击网络信息犯罪黑产的生存根基。推动警种之间信息共享、数据共用新机制，打破部门壁垒，同时加强各地公安的地域协作，形成网络违法犯罪打击合力。

三、匡正网络信息犯罪司法适用的偏差

本部分以帮助信息网络犯罪活动罪司法适用中的偏差为例，为匡正该罪在司法适用中的偏差，应将本罪的“明知”应平义解释为“知道”，不能为降低证明难度而将“应当知道”作为下限。关于“明知”的证明，以经验为中介的推定方法不可避免，但“推定”系司法证明中断，具有突破法定证明标准的风险，为区隔有罪推定，“排除合理怀疑”的心证程度及证明标准、被告人“经验抗辩”机会、认罪认罚案件的自愿性审查均不能简化。[②] 关于帮助信息网络犯罪的刑事政策把握，应遵循“区别对待”的基本原则。对于重点对象应从严处理。重点对象包括犯罪集团中的组织者、指挥者、策划者和骨干分子；对利用未成年人、老年人、残疾人特殊群体实施犯罪的，要依法从严；对惯犯要依法从严。但对于其他对象则尽量从宽处理，比如对于按照工作指示从事辅助性劳务性工作、参与时间较短、仅领取少量报酬等发挥作用较小的人员依法从宽处理，考虑依法不起诉。对于初犯、偶犯特别是未成年人，比如在校学生违法所得、涉案数额较少，认罪认罚的，也可以考虑作出不起诉的决定。因帮助信息网络犯罪中“明知”的研究成果比较丰富，帮助信息网络犯罪中刑事政策适用的研究较多，所以本节着重讨论在司法实务中适用混乱，但理论界研究相对较少的界限和竞合问题。

1. 帮助信息网络犯罪活动罪与诈骗罪等罪的共犯的界分

二者侵犯的法益明显不同。虽然帮助信息网络犯罪活动的行为附属于信息网络犯罪行为，但是侵犯的法益具有独立性：诈骗是侵财类犯罪，侵犯的

---

① 江溯：《论网络犯罪治理的公私合作模式》，载《政治与法律》2020 年第 8 期。

② 冀洋：《帮助信息网络犯罪活动罪的证明简化及其限制》，载《法学评论》2022 年第 4 期。

是公私财产所有权，而帮助信息网络犯罪活动罪属于扰乱公共秩序犯罪，特别是在“一帮多”的情形下，侵害法益具有多元化，不仅是网络空间管理秩序，甚至会蔓延至毒品、淫秽物品、洗钱、知识产权等不特定领域的秩序。也就是说，应以帮助行为实质上造成的侵害后果为考量进行定性，当提供“两卡”的行为造成了具体法益的侵害时，可能同时构成两罪；而造成的法益侵害具有抽象性、概括性时，则不适合认定为诈骗罪共犯。①

从客观行为角度来讲，如果行为超出了单纯提供技术支持和帮助的范畴，通过事前共谋、共同经营、参与分成或者受雇佣、聘用而成为公司成员等方式，应认为深度参与了他人的网络犯罪行为，而与他人形成“共生、共存”的一体关系，就难以否认诈骗、盗窃、赌博、开设赌场、洗钱等罪共犯的成立。②“高某研发虚拟期货交易平台案”的司法判决支持了上述观点。本案中被告人章某某委托高某研发“辉投国际”虚拟期货网络交易平台，并从网上导入数据，然后将平台分别交由上述多家公司代理运营，其他被告人利用章某某提供的微信和客户资源，冒充女性身份加为好友，与客户谈感情聊生活取得信任，逐步诱导客户在非法设置的交易平台上充值，投资虚拟的期货交易，期间，章某某联系被告人高某为该平台修改客户支付通道等进行相关技术维护。本案中，章某某被法院判定非法经营罪，而提供平台开发和维护工作的高某则被认定帮助信息网络犯罪活动罪。章某某在本案中负责开发虚拟交易平台，联系工作人员对平台进行管理和维护，提供投资人手机号码信息等，表面上看，其起到的作用和高某类似，不同点就是章某某属于期货非法经营平台的成员，而高某则属于乙方公司。③ 法院认定，章某某之所以构成非法经营罪，不仅仅其参与了平台的开发与维护，还提供了相关客户信息和资源给公司使用，并在被捕前指示高某删除数据，其行为不仅是帮助他人实施信息网络犯罪，而是本案非法经营犯罪得以展开的基础行为，原判据此认定其构成非法经营的共犯，并根据其所起的作用认定其为从犯。而高某开展的是技术开发服务，则被认定为帮信罪。从该案的认定可以看出，章某某之所以被认定为非法经营罪的共犯，主要是法院认为其行为属于非法经营罪得以开展

① 宋鹏、杨金玲：《“帮助”信息网络犯罪活动的界定与甄别》，载《检察日报》2021年4月21日。

② 陈洪兵：《帮助信息网络犯罪活动罪的“口袋化”纠偏》，载《湖南大学学报（社会科学版）》2022年第2期。

③ （2020）粤20刑终467号判决书。

的基础行为，其本身作为非法期货公司员工，对于公司的非法经营犯罪行为存在明确了解，而高某属于乙方技术开发公司的员工，其对于帮助对象的行为性质明知程度较为模糊。

2. 帮助信息网络犯罪活动罪与掩饰、隐瞒犯罪所得、犯罪所得收益罪的界分

(1)“支付结算业务”的含义

最高人民检察院《关于办理涉互联网金融犯罪案件有关问题座谈会纪要》第 18 条规定，支付结算业务(也称支付业务)是商业银行或者支付机构在收款人之间提供的货币资金转移服务。因此，支付结算本质上是资金转移服务，包括资金的“进”，也包括资金的“出”，而不是指单纯的一个方面。以此可见，支付结算行为不仅包括提供银行卡等支付结算工具的行为，还包括提供资金转账的行为，这些行为均属于支付结算的范畴。因此，提供银行卡并参与接收款项、协助转账并未超出“支付结算帮助”的范围，不能仅以是否协助转账作为帮信罪与掩饰罪的区分标准。

另外，行为人如果在提供银行卡号后又操作自己的账户进行转账或取现的，与行为人将银行卡号与密码提供给他人去转账或取现的，在法益的侵害程度上这两者之间并没有本质上变化。因此，应当将行为人“提供银行卡和实施取现”视为整体的支付结算行为，将二者结合起来，这样既没有超出“支付结算”的文义范围，也符合“取现”行为是前面“供卡”行为的自然延伸的实际。

(2)“供卡、转账行为”下二罪的核心区别：法益不同

掩饰、隐瞒犯罪所得、犯罪所得收益罪的相关规定在《刑法》第 312 条，属于妨害司法类型的犯罪，该罪的主要社会危害是妨害司法机关追究犯罪，造成公私财物损失无法挽回。因此，在一定程度上该罪属于赃物犯罪。最高人民法院 2021 年 4 月修正后施行的《关于审理掩饰、隐瞒犯罪所得、犯罪所得收益刑事案件适用法律若干问题的解释》第 1 条，强调该罪立案的条件是掩饰、隐瞒行为致使上游犯罪无法及时查处，并造成公私财物损失无法挽回的，实施其他掩饰、隐瞒犯罪所得及其产生的收益行为，妨害司法机关对上游犯罪进行追究的，该司法解释也认为，构成掩饰、隐瞒犯罪所得、犯罪所得收益罪强调犯罪行为妨害司法机关追查赃款赃物。根据该罪侵害的法益以及上述司法解释精神，掩饰、隐瞒犯罪所得、犯罪所得收益罪中被告人进行相关转账、取现操作的目的，就是要把这些“赃款”隐藏起来，也就是俗称的“销赃”，

实际上也应起到妨害司法机关对上游犯罪进行追究的效果。而帮助信息网络犯罪活动罪并不是妨害司法的犯罪,因此,帮助信息网络犯罪活动罪中的转账、取现操作并不需要妨害司法机关追究犯罪的目的,也不需要实际达到妨害司法机关对上游犯罪进行追究的效果。所以,帮助涉嫌犯罪的人取现或转账,并不必然属于掩饰、隐瞒犯罪所得罪的"转移",其核心在于,行为人的转账或者取现的行为,是否增加了司法机关追缴赃物的难度,是单纯的将资金从一个账户转至另外一个账户或取现后直接交给上家,还是将一笔资金分别转入多个账户,层层分拆,频繁转账。

(3)"供卡、转账行为"下二罪区分的标准

对于使用非本人身份证明开卡并转账的,宜认定为掩饰、隐瞒犯罪所得、犯罪所得收益罪。

根据《关于办理电信网络诈骗等刑事案件适用法律若干问题的意见》(法发〔2016〕32号,以下简称《电诈意见一》),行为人在明知是电信网络诈骗犯罪所得及其产生的收益的情形下,多次使用或者使用多个非本人身份证明开设的信用卡、资金支付结算账户或者多次采用遮蔽摄像头、伪装等异常手段,或者为他人提供非本人身份证明开设的信用卡、资金支付结算账户后,又帮助他人转账、套现、取现的,应当以掩饰、隐瞒犯罪所得、犯罪所得收益罪追究行为人刑事责任。《关于办理电信网络诈骗等刑事案件适用法律若干问题的意见(二)》(法发〔2021〕22号,以下简称《电诈意见二》)中再次规定了相同的内容。由此可见,无论是《电诈意见一》还是《电诈意见二》,对于供卡人使用的是否是本人身份证明开设银行卡进行了明确区分,供卡人使用他人身份证明开设的银行卡进行收款并协助转账、取现等操作的,符合掩饰、隐瞒犯罪所得、犯罪所得收益罪的行为方式,应当以该罪定罪处罚。

为何该行为被认定为掩饰、隐瞒犯罪所得、犯罪所得收益罪呢?因为使用本人身份证开设的银行卡和手机卡的数量是有限的,行为人若获得多个非本人身份证明开设的信用卡的,此时行为人的身份很有可能是"卡贩","卡贩"通过从"卡农"处收购大量的银行卡、手机卡,专门从事电信网络诈骗犯罪活动的赃款转移工作。当前金融机构在开立个人账户时均要求实名制,用非本人身份证明开设银行账户不利于办案单位的追查,能更好地达到掩饰、隐瞒赃款的犯罪目的,从而妨碍司法活动。在司法实践中,侦查人员往往只能找到出租、出售银行卡的"卡农","卡贩"则躲在"卡农"实名认证的银行卡背

后而得以躲避侦查、逃脱法律制裁。“卡贩”的行为严重妨碍了司法秩序。因此，当“卡贩”使用他人银行卡收款并转账时，对其以掩饰隐瞒犯罪所得罪定罪处罚符合刑法理论，也符合司法解释的规定。

对于使用本人身份证明开卡并转账的，区分不同情况认定二罪。

如果被告人提供并用于接收被害人款项的银行卡均系其本人身份证明开设，而非他人的银行卡，那么被告人的行为相对容易被公安机关追查到。如果只是单纯转账一次或者取现后直接交给上家，这种情况给司法机关追赃挽损增加的难度是较小的，办案人员直接查看银行流水或者向行为人核对资金去向即可了解资金去向，无法达到掩饰、隐瞒的效果，行为人也只是为了牟利偶尔取款并未考虑取款的后果，在整个过程中只是充当提取款项的工具人，这时宜认定为帮助信息网络犯罪活动罪。而如果将一笔资金分别转入多个账户，多次取款，层层分拆，频繁转账，办案人员如果要追查资金的去向，不仅需要追查多个银行账户，核对多人的供述或证言，可能还需要委托专门的司法会计鉴定机构进行鉴定，查到最后也不一定能够查清每一笔资金的最终流向，此时认定为掩饰、隐瞒犯罪所得罪相对合理。

四、处理好刑事治理与其他法治手段的关系

中共十九届四中全会提出系统治理、依法治理、综合治理、源头治理。互联网“源头治理”并非针对刑法而是针对整体社会政策，它不能脱离“综合治理”和“系统治理”，因为参与互联网治理的规范不只来自于刑法，它还涉及更为主要的技术治理、行业伦理、行政管理、民商经济法规则等其他软性或硬性方案，刑事治理具有极大局限性。更为重要的是，“源头治理”离不开“依法治理”，刑法不能对国家治理体系断章取义。网络空间确非“法外之地”，但网络空间也绝非处处是刑法应介入之地，刑法不可能做到一劳永逸地解决某个网络难题。

1. 以消极刑法观限制刑罚权

网络犯罪整体上采取积极刑法观而推进预防犯罪，并不排斥其在具体构成要件解释上吸收消极刑法观的有益思想，在预防网络犯罪中合理嵌入消极刑法观，有助于划定刑法介入网络治理的合法性边界。[1] 为此，在网络信息安

① 夏伟：《网络时代刑法理念转型：从积极预防走向消极预防》，载《比较法研究》2022年第2期。

全法律体系基本完善的情况下，增设新罪应更加审慎，应该坚持刑法谦抑性原则和罪刑法定原则，防止刑法过度干预网络信息安全。

另外，应防止《刑法》过度介入网络信息犯罪治理，防止刑事制裁手段在整个网络信息犯罪治理体系中占据主导地位。刑事制裁手段在整个网络暴力治理体系中占据绝对优势地位，而前置的预防性行政管理措施、相对柔和的民事制裁手段相对缺位。《刑法》过多干预网络暴力治理，将导致治理机制短效等问题，形成治标不治本的形式法治困局。以网络暴力治理为例，网络暴力属于综合性社会问题，仅靠单一部门法不足以完成法治化治理任务，需统筹构建一体化的网络暴力法律治理体系。《最高人民法院、最高人民检察院、公安部关于依法惩治网络暴力违法犯罪的指导意见(征求意见稿)》和《网络暴力信息治理规定(征求意见稿)》覆盖了网络暴力法律责任中的民事、行政和刑事责任问题，初步搭建了有关网络暴力案件处理中"民行刑"一体化衔接机制。同时，网络暴力治理是一项系统性的风险治理工程，民主参与和多元主体的协同共治是网络暴力治理的关键。上述两部征求意见稿都在网络暴力自身特点的基础上采取了公私协同治理的思路，比如网络信息内容的国家和平台事前沟通的公私协同治理，调查取证中被害人自行取证与公安协助调查的协同以及办案机关调取与平台技术协助的协同等。综上，《刑法》应作为严重性后果的保障性制裁手段，应充分激发多元主体在网络暴力治理中的作用，尤其网络平台应发挥技术优势提前介入并承担事先的监测和预警义务，扮演好第一重防御角色的任务。

2. 加大网络执法的力度

网络执法要利剑出鞘，加大执法力度，健全工作机制，强化地方执法，有力震慑违法行为，有效遏制违法乱象，不断增强网络执法针对性、实效性和震慑力；网络普法要入脑走心，构建网络普法工作大格局，积极开展以案释法的工作，把青少年网络法治宣传教育作为重点，推动形成全网全社会尊法学法守法用法的良好氛围；网络执法督查要实督严查，突出督查重点，强化日常督查，加强督查规范化建设，有效提升督查工作效能；网络行政执法队伍建设要务实创新，加强建设和培育，保障执法工作力量，努力建立一支对党忠诚、服务人民、执法公正、纪律严明、精通网络的革命化、正规化、专业化、职业化全国网络执法队伍。

3. 完善网络信息犯罪的行刑衔接机制

2021 年 1 月，中共中央颁布《法治中国建设规划(2020—2025 年)》，明确要求,健全行政执法和刑事司法衔接机制,全面推进"两法衔接"信息平台建设和应用。

而对于网络信息犯罪的行刑衔接而言,打破网信监管领域封闭性的切入点就是案件线索的移送机制。部分地方性法规对此已有先期探索。《浙江省人民代表大会常务委员会关于网络虚假信息治理的决定》中规定,省、设区的市、县（市、区）人民政府应当探索建立网络虚假信息治理领域行政执法与刑事司法衔接机制。网信部门与司法机关之间应当建立健全案件移送制度,加强证据材料移交、接收衔接,完善案件处理信息通报机制。网信监管领域的行刑线索移送制度至少包括以下两个方面的内容。一是违法线索分流与犯罪线索移送,由网信监管机关与司法机关建立专门联络机构或指派专员负责日常工作的联系。二是信息共享平台与机制建设。信息共享平台应当具备以下两方面的功能:一方面是报案线索和举报信息的共享,另一方面是线索分流与处置结果的共享。[①]

五、加强网络信息犯罪治理中的公私合作

1. 发挥国家在网络信息犯罪治理中的主导作用

在强制力量、资源和动员能力方面,一般的非国家行为主体与国家是不可同日而语的。尤其是涉及国与国之间的争议、协调等问题更是只能由国家解决。另外,非国家行为主体自身存在难以克服的局限性,比如其关注的问题一般较为单一,过分注重追求单个利益目标,而忽视政策的平衡性和整体性等。而且即便对于非国家主体而言,也需要公共部门充分发挥监管协调功能,提供必要的资金和技术扶持,以便增强网络系统整体的风险预防能力。因此,在网络信息犯罪的治理过程中,国家仍应居于主导地位,具有不可替代的作用。

传统的民族国家的作用和职能适应不断变化的环境,而非变得过时。在过去的几十年中,国家已经不断尽他们最大可能通过国际合作、国内立法和治理去塑造互联网的域外范围。从美国、英国、德国、日本等国家发布的各国网络空间战略和政策以及建立的专门负责网络信息安全事务的机构,我们可以看出,国家正在网络空间树立他们的权威,发挥其他非国家行为主体无法

---

① 李怀胜:《网络犯罪案件的行刑衔接机制研究——以反电信网络诈骗等网信监管为样本》,载《中国刑事法杂志》2022年第4期。

发挥的作用。[①] 国家一方面要正向引导网络经营者构建网络信息犯罪风险防范体系，另一方面也要通过必要的外力促使其改变经营策略、改善经营方式，弥补犯罪风险防范制度和机制方面的不足和漏洞。

2. 落实企业合规治理

网络犯罪治理，就是管控风险，既包括网络犯罪本身带来的风险，也应考虑促成网络犯罪的各种风险，以及这些风险得以形成的机制以及风险得以集聚、扩散的平台。[②] 之所以强调网络经营者在网络犯罪以及网络犯罪预防方面的基础性作用，就是因为网络经营者具有控制网络信息犯罪风险的能力和手段。这些网络经营者内部合规建设存在诸多漏洞。当单位内部治理存在漏洞或自治无效的情况下，其所经营的网络平台很容易被各类不法分子利用。

个人信息管理不善是电信网络精准诈骗的源头，个人信息泄露和侵犯个人信息是导致电信网络精准诈骗的主要原因。通信、银行、保险、房产、酒店、物业、物流等多个行业“内鬼”泄露、买卖公民个人信息现象仍比较突出，2021年全国公安机关抓获行业内部人员680余名，全国检察机关起诉侵犯公民个人信息的行业“内鬼”500余名。[③] 中小民营企业主要以业务发展为导向，内控制度不完善或落实不到位，财务管理混乱，企业管理漏洞比较大。这是民企在企业治理方面共同面临的突出问题。另外，民营企业舞弊者的舞弊动机大多与经济需求相关，民营企业的廉洁文化教育较少，员工法律意识淡薄，这些都是民营企业舞弊犯罪情况多发、频发的重要原因。目前，企业的刑事合规制度已经成为世界化的潮流。但除少数大型民营企业外，大多中小民营企业是在舞弊案件被司法机关立案调查之后才开始重视和整改，普遍对事前预防重视不够。为此，应重视民营企业内控体系建设、反舞弊工作的开展。

一般来说，企业合规主要涉及合规组织、合规风险管理、合规审计、合规的审查和问责机制、合规信息管理系统等基本要素。合规组织是企业合规的组织保障。企业设立企业合规部，领导各业务事业部的合规管理。企业业务

① 石瑾：《维护网络信息安全，国家主导是关键》，载《人民论坛》2017年第18期。

② 时延安：《以合规建设推动网络犯罪治理》，载《人民论坛》2021年第19期。

③ 靳高风、张雍锭、郭兆轩：《2021—2022年中国犯罪形势分析与预测》，载《中国人民公安大学学报(社会科学版)》2022年第2期。

部门是企业合规管理的责任单位，设合规专员协助部门负责人在本部门开展合规管理工作。企业合规管理的核心是合规风险管理，包括：合规风险的调查、识别并建立合规风险清单，合规风险的事先预防，合规风险分析评价，合规风险应对整改，合规风险日常监测和预警，企业刑事犯罪回应等。合规审计是企业内部审计部门对企业合规管理的适当性、合规性和有效性的独立审查、评价和监督。廉洁合规的关键在于执行，为了加强企业对合规执行的重视，有必要进一步加强企业刑事合规的审查和问责机制。建立科学的合规信息管理系统，对企业合规管理的报告机制提供系统支持，对适用于企业的合规规范进行收集、储存、分类和传递，将企业合规管理制度与流程与企业其他管理制度和流程有机衔接，对企业合规风险点进行储存、分类和监测，支持企业内部合规网络审查、评审及合规管理考核评价，支持企业合规网络培训，收集、储存和管理企业员工合规档案等。

为此，在网络信息犯罪治理中，也应根据法律、行政法规、部门规章、行业规范等构建内部管理制度和机制。企业做合规工作，首先要清楚自己的业务符合哪个法规中的角色，有哪些合规要求。例如，《网络安全法》对"网络运营者"有 10 条要求，对"关键信息基础设施运营者"有 10 条增强要求；《数据安全法》对"数据处理者"有 11 条要求，对"重要数据处理者"有 4 条增强要求。对于一个运营较大规模网络、处理较大规模数据的组织来说，会同时符合多部法规中的角色，也会面临来自各法规的合规要求。这就需要企业从合规落地的视角综合考虑，系统性地、有机地融合这些相关合规要求依规执行，而不能孤立地把每一部法规标准独立看待。[①] 应把网络安全、数据安全工作纳入最高管理层的议事日程，并设立专门机构、专门负责人、专门人员予以人力、财力和物力保障。建立责任体系、考核机制，一把手直接部署重点工作、参与重大事件处置等。另外，从网络运营视角考虑等级保护定级备案与测评、网络安全风险评估与报告、产品检测认证评估、漏洞管理、安全监测与事件处置、供应链安全管理、人员安全管理、安全审计、考核与问责等制度，也包括从数据处理视角的数据方面的合规制度。

---

① 刘海军：《企业视角看数据安全与网络安全：理解内涵演进，落实合规治理》，载《中国信息安全》2022 年第 9 期。

六、完善网络信息犯罪治理的保障措施

1. 加大对关键基础设施的保护力度

我国《关键信息基础设施安全保护条例》第 19 条规定:“运营者应当优先采购安全可信的网络产品和服务;采购网络产品和服务可能影响国家安全的,应当按照国家网络安全规定通过安全审查。”第 20 条规定:“运营者采购网络产品和服务,应当按照国家有关规定与网络产品和服务提供者签订安全保密协议,明确提供者的技术支持和安全保密义务与责任,并对义务与责任履行情况进行监督。”要着重关注重点基础信息设施的安全,在关系国计民生和国家安全的重点领域率先开发自主可控的系统,并配备相应的安防体系。应加快推进关键信息基础设施国产化替代,鼓励开发核心技术和底层技术。[①]对于医疗设备这类高度敏感的易受攻击的系统,有必要开发非开源的系统,对易受攻击的重点医疗设备按照不同的风险等级,设计不同的安全标准。

另外,从处罚角度讲,对侵入云平台、政府机关、银行系统等公共计算机信息系统的犯罪行为设定加重情节,从重处罚,以与侵入个人计算机系统的犯罪行为相区分。针对和利用关键信息基础设施实施的违法犯罪活动应大力提升处罚力度。国外也有类似做法,2021 年 6 月,美国参议院曾引入《2021 年国际网络犯罪预防法案》,提出修订《计算机欺诈与滥用法》(Computer Fraud and Abuse Act, CFAA),拟针对故意损害控制关键基础设施系统(如水坝、发电厂、医院和选举基础设施)计算机的行为创建专门罪名,将其犯罪未完成形态也纳入违法行为,同时加重处罚,并确保处罚实效。[②]

2. 完善网络信息安全执法体制,提升政府自身网络安全能力

过去我国网络信息安全执法更多以分散执法、各自为政为主,网络信息安全职能部门的作用发挥有限,难以适应大数据时代的网络信息安全形势要求。而目前,我国还没有国家层面专门打击网络信息犯罪的核心机构。为此,可以尝试构建一种“集中执法”模式,即将原来由数部门拥有的分散执法权交由一家具备执法能力的机关来统一行使,从根本上改变执法权分散、多头共治的情况,从而明确职责,提高效率。在遇有重大案件需要其他部门协

① 梁思雨:《从美国输油管道勒索攻击看关键信息基础设施保护》,载《中国信息安全》2021 年第 9 期。

② 黄道丽:《国家关键信息基础设施安全保护的法治进展》,载《中国信息安全》2022 年第 9 期。

同时，可由上级部门和本级政府协调。[①] 实际上，为了遏制网络诈骗犯罪与其他网络犯罪不断蔓延的趋势，2017 年 2 月成立的英国国家网络安全中心，即是网络犯罪治理的专门机构，该中心还与英国其他执法部门、国防机构、情报与安全机构以及国际合作伙伴开展相关合作，以促进英国形成安全的网上办公和互联网生活环境。[②]

另外，近年来，国家已对政府机构自身的网络信息安全事务投以更多关注。为提升政府自身网络信息安全能力、提高政府公信力，政府及其工作人员应严格遵守《网络安全法》《政府信息公开条例》的相关规定以及《个人信息保护法》《关键信息基础设施安全保护条例》中有关的技术标准，通过严格落实法律责任，提高政府部门及工作人员的网络安全意识。另外，应推动政务信息系统与互联网分离办公，避免泄露政府信息。建议采取将我国的政府机关办公系统与互联网进行分离的切断办法，一方面减少黑客入侵的机会，另一方面也能日积月累强化政务人员的机密保护意识。[③]

3. 加速推动信息领域核心技术突破

习近平总书记强调，网络信息技术是全球研发投入最集中、创新最活跃、应用最广泛、辐射带动作用最大的技术创新领域，是全球技术创新的竞争高地。要紧紧牵住核心技术自主创新这个“牛鼻子”，抓紧突破网络发展的前沿技术和具有国际竞争力的关键核心技术，加快推进国产自主可控替代计划，构建安全可控的信息技术体系。核心技术是国之重器，必须加速推动信息领域核心技术突破。集中科研力量加大对信息核心技术研发应用，摆脱信息核心技术的输入依赖，增强国家信息安全核心竞争力。建议在可采用国内技术的核心部分、关键部门的办公设备和网络设施，尽可能实行国产化设置。另外，需加快研发和推广以网络监管技术、身份认证技术、信息加密技术、网络隔离技术、容灾备份技术和应急处理技术等技术推广应用，从信息产生、运输、存储、提取、使用等全过程全方位提供技术保障，构筑信息安全的技术保障体系，确保信息在任何环节不被恶意攻击，堵住信息安全漏洞。[④]

① 范冠峰：《我国网络信息安全法治的困境与对策》，载《山东社会科学》2019 年第 5 期。
② 秦帅：《英国网络犯罪现状及治理》，载《现代世界警察》2022 年第 8 期。
③ 薛可：《亟待构建国家信息安全的防御屏障》，载《人民论坛》2017 年第 20 期。
④ 李典：《大数据时代信息安全的四大保障体系》，载《人民论坛》2020 年第 19 期。

5G、人工智能、区块链等新一代信息技术的发展如火如荼,应鼓励和支持大中型科技企业、科研院所加强合作,集中力量攻关信息核心技术,抓紧突破网络发展的前沿技术和具有国际竞争力的关键核心技术。国内的许多高校在信息安全技术方面的研究已走在国际前列,挖掘并利用高校丰富的科研创新能力与资源,打通基础研究和技术创新的衔接通道,以基础研究带动应用技术群体突破。

4. 加强国家安全学科建设及网络信息安全人才培养

为培养优秀的网络信息安全人才,应大力发展国家安全学科。国家安全学是研究国家安全思想、理论、历史、战略、政策、法律、制度、技术等方面的综合性、交叉性学科。国家安全学一级学科属于“交叉学科门类”,需要依托其他相关学科进行建设,为建设好这样一个学科,必须打破传统学科壁垒,组建一支专门从事国家安全学教学科研的交叉学科师资队伍。很多学校推进国家安全学学科建设时,最大的瓶颈问题就是缺少这样的交叉学科师资队伍。

2018 年以来,北京大学、清华大学、中国人民大学、中国政法大学、西南政法大学、西北政法大学、甘肃政法学院、复旦大学、上海交通大学等学校结合实际条件,先后成立各类国家安全学教学科研和智库机构,积极推进学科建设和人才培养。这些相关高等院校和科研机构均按照交叉学科概念建设国家安全学,同时结合自身的专业优势,力求将国家安全学打造为具有鲜明特色的新兴学科,而且已初步形成了国家安全学相关的学位制度和课程体系,国家安全学本科、硕士至博士培养方案均已相对完备。

科技人才是我国经济、政治、文化、社会、生态等各领域的“推动器”,更是实现中华民族伟大复兴中国梦的“智囊团”。维护科技安全,要牢牢把握人才队伍培养这一关键环节。习近平总书记在两院院士大会上强调,要牢固树立人才引领发展的战略地位,全面聚焦人才,着力夯实创新发展人才基础。要创新人才评价机制,建立健全以创新能力、质量、贡献为导向的科技人才评价机制。要完善科技奖励制度,让优秀科技创新人才得到合理回报,释放各类人才创新活力。要营造良好的创新环境,加快形成有利于人才成长的培养机制、有利于人尽其才的使用机制、有利于竞相成长各展其能的激励机制、有利于各类人才脱颖而出的竞争机制。另外,支持国内外优秀科技人才合作研发;鼓励在国外工作的科学技术人员回国,吸引外籍科学技术人员到中国从事科学技术研究开发工作，并完善相关社会服务和保障等规定。

在培养人才上，以色列高等教育重在培养实用型人才，注重提升学生攻防能力，设置了渗透测试、网络防御、数字取证、恶意软件分析等课程，并且提供"网络靶场"实践体验，通过模拟真实的网络攻击场景和攻防过程培养攻防能力。这种将教育与实践紧密结合的方式，为政府、军队和私营部门提供了高适配的网络人才，使得大学真正成为网络安全的摇篮。在当前的网络安全学科建设中，既要注重基础理论和技术方法的培养，同时也要加强实战型技术的实践，培养学生具有较高的网络安全综合专业素质，解决好高校和科研院所培养的网络安全基础研究型人才和高水平应用型人才无法满足企业需求的问题。①

① 桂畅旎：《以色列网络安全人才培养理念、实践及特点剖析》，载《中国信息安全》2022年第8期。